Grundlagen des operativen und strategischen Controllings

Boris Hubert

Grundlagen des operativen und strategischen Controllings

Konzeptionen, Instrumente und ihre Anwendung

2., überarbeitete Auflage

 Springer Gabler

Boris Hubert
Duale Hochschule Baden-Württemberg
Mosbach
Bad Mergentheim, Deutschland

ISBN 978-3-658-23005-0 ISBN 978-3-658-23006-7 (eBook)
https://doi.org/10.1007/978-3-658-23006-7

Die Deutsche Nationalbibliothek verzeichnet diese Publikation in der Deutschen Nationalbibliografie; detaillierte bibliografische Daten sind im Internet über http://dnb.d-nb.de abrufbar.

Springer Gabler
© Springer Fachmedien Wiesbaden GmbH, ein Teil von Springer Nature 2016, 2019

Springer Gabler ist ein Imprint der eingetragenen Gesellschaft Springer Fachmedien Wiesbaden GmbH und ist
ein Teil von Springer Nature.
Die Anschrift der Gesellschaft ist: Abraham-Lincoln-Str. 46, 65189 Wiesbaden, Germany

Vorwort zur 2. Auflage

Das unverändert hohe Interesse am Themengebiet Controlling lässt sich primär an Hand der Anzahl von Beschäftigten in entsprechenden Abteilungen von Unternehmen belegen. Darüber hinaus bieten Hochschulen immer mehr branchenspezifische Bachelor- und auch Masterstudiengänge wie zum Beispiel Bau- oder Gesundheitswesen mit dem Schwerpunkt Controlling an, um den Anforderungen an Fachpersonal und Nachwuchsführungskräften von Unternehmen zu begegnen. Das Bundesministerium für Arbeit hat ferner in seinen Statistiken der Erwerbstätigen nach Berufsgruppen den Bereich der Controller um diverse Tätigkeitsbeschreibungen erweitert und würdigt auf diese Weise ebenfalls die Wahrnehmung von Aufgaben und Verantwortung dieser Berufsgruppe.

Das Controlling ist ein interessantes Betätigungsfeld, welches den Einblick in nahezu alle wirtschaftlichen Bereiche eines Unternehmens ermöglicht. Die Anwendung entsprechender operativer und strategischer Tools mit dem Zweck der Sicherstellung von Liquidität, der Entscheidungsvorbereitung und letztendlich der Sicherung des Unternehmensfortbestands wird in Zeiten fortschreitender Globalisierung und des hieraus resultierenden Wettbewerbs immer bedeutsamer und Unternehmen schätzen – und vergüten – die jeweiligen Tätigkeiten entsprechend. Beginnend auf der Ebene der Mitarbeiterinnen und Mitarbeiter mit der Aufgabe der Bereitstellung von wissenschaftlich und empirisch basierten Informationen als Entscheidungsvorbereitung schaffen viele Controllerinnen und Controller den Sprung in Führungsebenen, was den Unternehmensbereich außerdem als Kaderschmiede für Führungskräfte qualifiziert.

Nicht alle Tools, die das Controlling bereitstellt sind für alle Unternehmen relevant bzw. für alle Studierenden interessant. Das Bestreben lag und liegt in der Bereitstellung eines Querschnitts operativer und strategischer Instrumente. Interessierten Praktikern und Studierenden liegt hiermit die vollständig durchgesehene, überarbeitete und erweiterte Neuauflage des Erstlingswerks vor, das gleichermaßen der Orientierung und der Anregung dienen soll.

Bad Mergentheim im Dezember 2018

Um die Lesbarkeit zu vereinfachen, wird auf die zusätzliche Formulierung der weiblichen Form verzichtet. Personenbezogene Bezeichnungen gelten für Männer und Frauen in gleicher Weise.

Vorwort

Die Existenz von Controllerinnen und Controllern bzw. Controlling-Abteilungen ist bereits seit vielen Jahren aus Unternehmen jedweder Größenordnung nicht mehr wegzudenken. Schlagworte wie Kostenrechnung, Entscheidungsvorbereitung, Unternehmenssteuerung sowie diesbezügliche Tools werden mit den Tätigkeiten der Menschen assoziiert, die Controlling betreiben. Regelmäßiges Berichtswesen, Prozesskostenrechnung oder Kennzahlen(-systeme) sind nur einige der Instrumente, die seitens des Controllings für die Unternehmensleitung zur Planung, Steuerung und Kontrolle von Geschäftsprozessen generiert und angewandt werden.

Aufbauend aus der auch im akademischen Bereich als „Unternehmensplanung und -kontrolle" bezeichneten Funktion haben sich, neben der Implementierung in der betrieblichen Praxis, Schwerpunkte und vollständige Studiengänge an Hochschulen entwickelt. Studierende werden dort auf die Ausübung der Tätigkeiten vorbereitet, die maßgeblich zur langfristigen Sicherung des Unternehmensfortbestands beitragen können.

Die wissenschaftliche Bearbeitung des Themas kann aus verschiedenen Perspektiven erfolgen. Beispielhaft seien unterschiedliche Controlling-Konzeptionen, die Anlehnung an Bereiche innerhalb der funktionsablauforientierten Struktur eines Unternehmens oder der zeitliche und organisatorische Horizont, der Entscheidungen zu Grunde liegt – die Unterteilung in operatives und strategisches Controlling – genannt. Angelehnt an die betriebliche Praxis insbesondere mittelständischer Unternehmen, ist das vorliegende Buch gemäß der letztgenannten Variante strukturiert.

Behandelt werden, neben der Entstehungshistorie des Controllings, ausgewählte, diesbezügliche Konzeptionen, Optionen zur Abgrenzung des operativen und strategischen Planungshorizontes in zeitlicher und organisatorischer Hinsicht sowie diesbezüglich ausgewählte Instrumente. Erläuterungen zu deren möglicher Anwendung erfolgen an Hand konkreter Beispiele mit Bezug zur betrieblichen Praxis unterschiedlicher Branchen.

Studierenden soll hiermit eine Begleitliteratur zu Hochschulveranstaltungen und Praktikern ein Nachschlagewerk zur Verfügung gestellt werden.

Bad Mergentheim   Boris Hubert
im Mai 2015

Abkürzungsverzeichnis

Abh.	Abhängigkeit
AfA	Absetzung für Abnutzung (handels- und steuerrechtliche Abschreibung von Vermögensgegenständen)
Anz.	Anzahl
AV	Anlagevermögen
BEA	Break-Even-Analyse
BSC	Balanced Scorecard
BWA	betriebswirtschaftliche Auswertung
bzw.	beziehungsweise
CO	Controlling
d. h.	das heißt
DRG	Diagnosis Related Groups
ERP	Enterprise Ressource Planning; Anglizismus für computergestützte Warenwirtschaftssysteme
et al.	et alii/aliae (lat.) und andere
FEI	Financial Executives Institute
ff.	fortfolgende
FiBu	Finanzbuchhaltung
FPV	Fallpauschalenverordnung
gem.	gemeinsam(e)
ggf.	gegebenenfalls
GoB	Grundsätze ordnungsmäßiger Buchführung
HGB	Handelsgesetzbuch
h. M.	herrschende Meinung
HWK	Handwerkskammer
ICD	International Classification of Diseases
i. d. R.	in der Regel
IHK	Industrie- und Handelskammer
i. H. v.	in Höhe von
int.	Intern/internes
i. V. m.	in Verbindung mit

KMU	klein- und mittelständische Unternehmen
lfd.	laufendes/das laufende...
MA	Mitarbeiterinnen und Mitarbeiter
MDC	Major Diagnostic Category
Mio.	Millionen
o. a.	oben abgebildet
o. ä.	oder ähnliches
o. g.	oben genannt
OPS	Operationenschlüssel
PKW	Personenkraftwagen
RHB	Roh-, Hilfs- und Betriebsstoffe
S.	Seite
s. o.	siehe oben
u. a.	unter anderem
u. U.	unter Umständen
VG	Vermögensgegenstände
Vgl.	Vergleiche
z. B.	zum Beispiel

Inhaltsverzeichnis

Abbildungsverzeichnis

Die Bedeutung und Funktion des Controllings in der Unternehmung

1.1 Historische Entwicklung des Controllings in Deutschland

Da die Ökonomie nicht als exakte Wissenschaft zu bezeichnen ist, muss ihre Teildisziplin Controlling das gleiche Votum gegen sich gelten lassen. Es ist daher nicht verwunderlich, dass für die Teildisziplin Controlling bis zum heutigen Tag keine umfassende und – insbesondere auf internationaler Ebene – allgemein anerkannte Definition existiert. Die kaufmännischen bzw. administrativen Tätigkeiten, die heute mit dem Begriff des Controllings assoziiert werden, lassen sich literarisch bis in das 15. Jahrhundert zurückverfolgen. Zu dieser Zeit lagen sie in der Aufzeichnung ein- und ausgehender Gelder am englischen Königshof. Im 19. Jahrhundert wurde die Leitung der staatlichen Bankenaufsicht in den USA erstmalig mit dem Begriff „Controlling" bezeichnet (Weber und Schäffer 2016, S. 3). Das ursprüngliche „Controller's Institute of America", welches sich 1962 in „Financial Executives Institute" umbenannte, veröffentlichte 1931 erstmalig einen Katalog von Aufgaben, die durch Mitarbeiterinnen und Mitarbeiter einer Abteilung, die heute unter dem Begriff „Controlling" zusammengefasst ist, zu übernehmen sind (Weißenberger 2002, S. 389). Hierzu gehören

© Springer Fachmedien Wiesbaden GmbH, ein Teil von Springer Nature 2019
B. Hubert, *Grundlagen des operativen und strategischen Controllings*,
https://doi.org/10.1007/978-3-658-23006-7_1

- Planung,
- Berichterstattung,
- Beratung,
- Steuerung
- Vermögenssicherung.

Die o. g. Begriffe wirken zunächst recht abstrakt. **Planung** erfolgt in Unternehmen beispielsweise hinsichtlich organisatorischer Strukturen, Budgets, Kosten und Leistungen sowie der Erlöse. Die **Berichterstattung** stellt nach wie vor den größten Teil der Controlling-Tätigkeit dar und wird aktuell mit dem Anglizismus des **Reporting** umschrieben. Eine Controlling Abteilung erstellt in vielen (Groß-)Unternehmen ein regelmäßiges Berichtswesen, in dem Kosten und Leistungen dargestellt bzw. gegenübergestellt sind und das der Geschäftsführung als Entscheidungsvorbereitung dient. Der diesbezügliche Anglizismus lautet **Operations Research**. Die Entscheidungsvorbereitung lässt sich mit den Begriffen der **Beratung** und **Steuerung** korrelieren, die grundsätzlich jedoch weit gefasst sind. In der Regel fragt eine Geschäftsleitung Informationen beim Controlling ab; die Mitarbeiter gehen selten aus eigenem Antrieb auf die Unternehmensführung zu. Die Bereitstellung von Informationen jedoch, kann durchaus als eine Beratung verstanden werden, auch wenn die Steuerung durch die Geschäftsführung selbst vorgenommen wird und das Controlling an dieser Stelle lediglich Zuarbeit leistet. Beratungs- und Steuerungstätigkeiten dienen der langfristigen Sicherung des Unternehmensfortbestands (Olfert 2005, S. 77), worin auch die Hauptaufgabe des strategischen Managements liegt. Horváth stellte diese Kernaufgabe bereits 1978 heraus, die sich wiederum mit Ziel der meisten deutschen Unternehmensinhaber deckt (Horváth 1978, S. 194). Die seitens des FEI formulierte Aufgabe der **Vermögenssicherung**, drückt – ungeachtet des bilanz-/finanzbuchhalterischen Klangs dieses Begriffs – jedoch nichts anderes aus. Solange die Werte der Verbindlichkeiten die Bestände der Vermögensgegenstände nicht übersteigen und das Eigenkapital durch eine umgekehrt eintretende Situation nicht aufgezehrt ist, steht dem Fortbestand des Unternehmens – zumindest in monetärer Hinsicht – nichts im Wege.

Die Tätigkeit des Controllings wird literarisch selten mit **Kontrolle** gleichgesetzt. Als Instrument wird jedoch häufig die Durchführung von **Soll-/Ist-Vergleichen** erwähnt, worin ein Widerspruch liegt. Sobald ein Vergleich von geplanten- mit Ist-Daten/-Situationen durchgeführt wird, praktizieren Mitarbeiterinnen und Mitarbeiter Kontrolle; ungeachtet der Tatsache, welcher Abteilung sie angehören.

Die erste dokumentierte Stelle eines Controllers wurde 1872 bei der Firma „General Electric", einem noch heute international tätigen Konzern, dessen Produktportfolio von Gasturbinen über Pipelinelösungen bis hin zu Finanzdienstleistungen reicht, eingerichtet. Seine Aufgaben bezogen sich zunächst schwerpunktmäßig auf das Management sowie die Kontrolle der Finanzbedarfe des Unternehmens (Graumann 2018, S. 7).

Die **Entwicklung** von Controlling-Tätigkeiten in **Deutschland** als Resultat einer zunehmenden Internationalisierung und Diversifizierung von Geschäftsprozessen, die mit einer erhöhten Komplexität und Heterogenität des Unternehmensumfelds einhergingen, begann in der späten 70er Jahren. Horváth gehörte zu den ersten, die sich mit dieser Thematik in wissenschaftlicher Hinsicht beschäftigen; die Erstauflage seines Lehrbuchs „Controlling" erschien 1979. Im Laufe der Zeit kristallisierten sich Kernaufgaben des Controllings heraus; Ossadnik nennt als **Schwerpunkte** in der Reihenfolge ihrer Relevanz

1. Budgetierung,
2. internes Berichtswesen,
3. operative Planung,
4. Investitionsrechnung und
5. internes Rechnungswesen (Ossadnik 2009, S. 11).

Hieraus lässt sich als Teil des Umfangs eines **Reportings** (Berichtswesens) die Erstellung von

- Kostenauswertungen,
- Erlösauswertungen,
- Investitionsrechnungen sowie
- Produkt-/Leistungsdeckungsbeitragsrechnungen

ableiten (Abb. 1.1).
Die Entwicklung des Controllings als **akademische Disziplin** begann in den 80er Jahren. Hier erfolgte die Gründung erster Lehrstühle an Hochschulen, die im Fachhochschulbereich jedoch zunächst noch häufig unter der Bezeichnung „Unternehmensplanung und -kontrolle" geführt wurden. Die Bezeichnungsumstellung der meist als Schwerpunkt in betriebswirtschaftlichen Studiengängen angebotenen Thematik erfolgte erst in den 90er Jahren. Die zunehmende Akademisierung und Etablierung der Wissenschaft als anerkann-

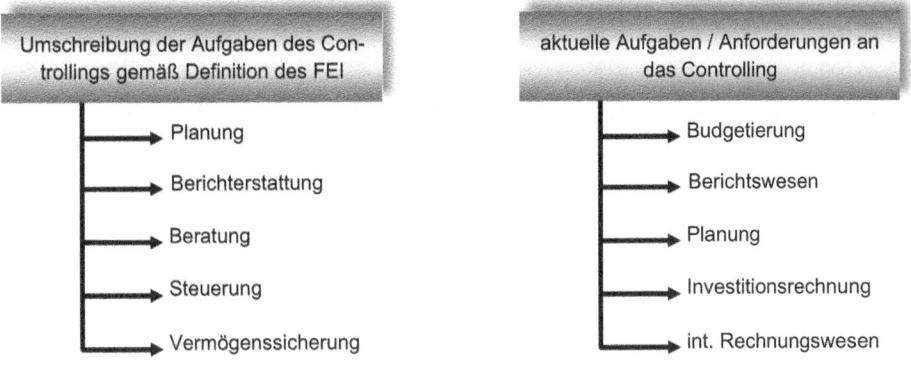

Abb. 1.1 Entwicklung der Controllingaufgaben

ter Beruf, der bei der Bundesagentur für Arbeit bis 2011 mit der Kennziffer 756[1] sowie seit 2012 mit der Kennziffer 722 codiert ist, haben die Nachfrage an Arbeitskräften, die sich mit dem Reporting zur Entscheidungsvorbereitung sowie der Planung und Kontrolle beschäftigen in den vergangenen Jahren ansteigen lassen.

Die Anzahl der in Deutschland tätigen Controller hat sich allein in den Jahren 2001 bis 2011 verdreifacht In Abb. 1.2 ist ferner ein **sprungfixer Anstieg** der Beschäftigten zwischen 2011 und 2012 erkennbar, der aus einer **Erweiterung** der **Tätigkeitsbeschreibungen** resultiert, welche das Bundesministerium für Arbeit dem Berufsfeld Controlling zugeordnet. Losgelöst von der auf diese Weise vorgenommenen Würdigung der Berufsgruppe ist ihre Relevanz aus der 5,36%igen Steigerung von 2012 bis 2016 im Vergleich zur 2,38%igen Steigerung der **Erwerbspersonen** im Allgemeinen ableitbar. In Abb. 1.2 ist die Gesamtzahl der Bevölkerung/Erwerbspersonen auf der linken- die **Anzahl** der **Controller** auf rechten Ordinate ablesbar.

Da 2012 die bei der Bundesagentur für Arbeit gelisteten Berufsbezeichnungen grundlegend verändert wurden, lassen sich die Daten von 2001 bis 2011 hiermit zwar nicht mehr vergleichen[2], doch macht die **Steigerung** der **geschaffenen** und besetzten **Stellen** von **Controllerinnen** und **Controllern** deutlich, welchen **Stellenwert** diese Tätigkeit inzwischen in Unternehmen einnimmt.

Ein weiterer, diesbezüglicher **Indikator** ist die Tatsache, dass Controlling längst **nicht** mehr als **zentrale**, **interdisziplinäre** Planungs- und Kontrollinstanz in Unternehmen implementiert ist. Viele Abteilungen beschäftigen Controllerinnen und Controller mit Spezi-

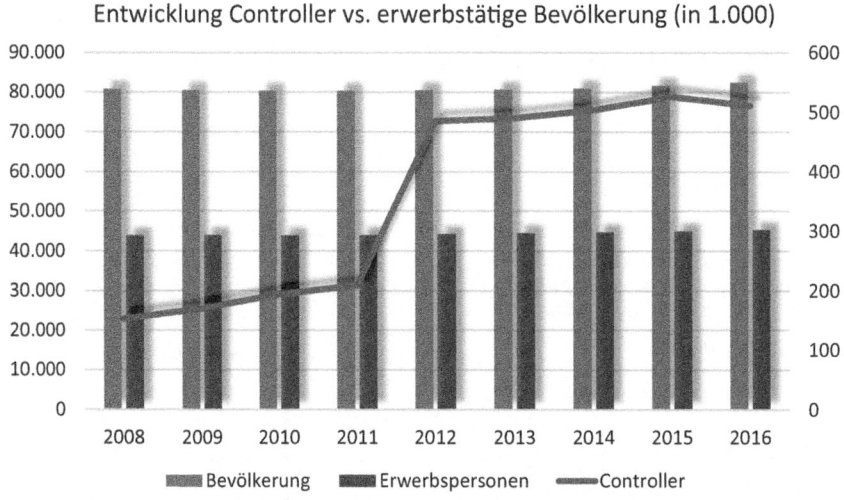

Abb. 1.2 Entwicklung Controller vs. erwerbstätige Bevölkerung in Deutschland (in 1000). (Vgl. Statistisches Bundesamt: Statistisches Jahrbuch 2017, Erwerbstätigkeit der Bevölkerung, S. 352)

---

[1] Vgl. Statistisches Bundesamt: Klassifikation der Berufsgruppen 1992 (KldB 92).
[2] Vgl. Statistisches Bundesamt: ET Berufsgruppen 2012.

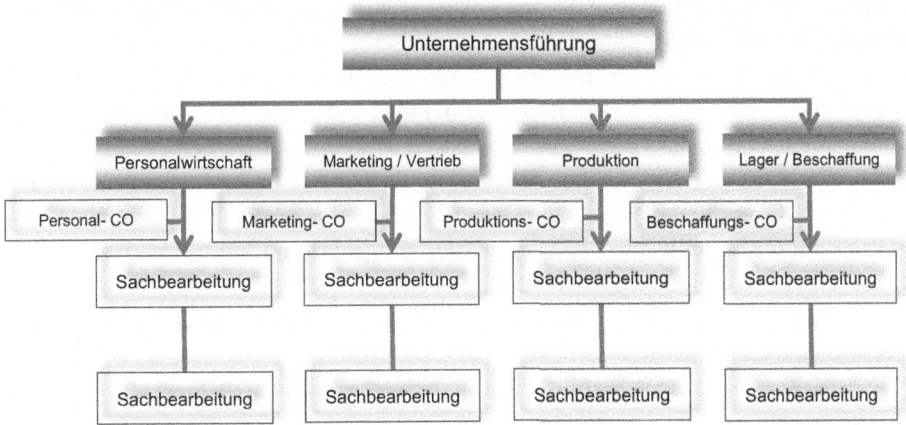

Abb. 1.3 Controlling-Stabsstellen in der funktionsablauforientierten Unternehmensorganisation

alkenntnissen des jeweiligen Gebietes, die Planungs-, Steuerungs- und Kontrollaufgaben wahrnehmen, welche **ausschließlich** auf den jeweiligen **Unternehmensbereich bezogen** sind. Beispielhaft sollen an dieser Stelle

- Personalcontrolling,
- Vertriebs-/Marketingcontrolling,
- Produktionscontrolling,
- Projektcontrolling,
- Beschaffungscontrolling oder auch das
- Medizin-Controlling in (Krankenhäusern)

genannt sein (Reichmann 2011, S. 197 ff.). Auf letzteres wird in Abschn. 3.8 genauer Bezug genommen.

Zusammenfassend lässt sich feststellen, dass ungeachtet der langen Zeitspanne zwischen der erstmaligen Formulierung von Controllingaufgaben durch das FEI und den in aktuellen Schriften formulierten Controllingaufgaben nur **geringe Unterschiede** bestehen. Durch das Controlling soll die

- Steuerung
  - z. B. eines Unternehmens oder einer Abteilung,
- die Beeinflussung
  - z. B. von Unternehmensprozessen zur Vermeidung von Abweichungen der Planung und
- das „unter Kontrolle halten"
  - z. B. von einer negativen Kostenentwicklung

verstanden werden (Ziegenbein 2012, S. 32–35).

Alle Formulierungen, ob jung oder alt, fokussieren sich auf die **Aufrechterhaltung** der **„finanziellen Gesundheit"** eines Unternehmens oder eines Konzerns und die langfristige Sicherung seines Fortbestands. Dies soll mittels der **Identifikation** von **Abweichungen** sowie hieraus resultierenden **Handlungsempfehlungen** an das Management geschehen, das durch den Einsatz geeigneter Steuerungsmaßnahmen dafür Sorge tragen kann, dass sich das Unternehmen in monetärer Hinsicht wieder stabilisiert. Auch wenn eine Definition der zum Controlling gehörenden Tätigkeiten weiterhin geschuldet bleibt, lässt sich, mit Blick auf die bisher behandelten Aspekte zusammenfassend feststellen, dass

- Controlling **Instrumente** bereitstellt, mit Hilfe derer **Unternehmensdaten transparent** erscheinen,
  - ... was in Form eines ausführlichen Berichtswesens sowie mittels eines Kennzahlensystems ermöglicht wird ... ,
- ... somit eine **Übersicht** der **Unternehmensaktivitäten** unter Kosten-/Erlösaspekten schafft,
  - ... was auch als Entscheidungsvorbereitung/Operations Research zu bezeichnen ist ... ,
- und hinsichtlich der **Anwendbarkeit** verfügbarer Instrumente **unternehmensindividuell gestaltbar** ist,
  - ... im Gegensatz zum durch Gesetze wie das EStG oder das HGB starr reglementierte, externe Rechnungswesen.

1.2 Controlling Konzeptionen

Als eine **Controlling-Konzeption** wird eine klar umrissene **Grundvorstellung** bezeichnet, die theoretisch fundiert und in der Praxis bewährt ist (Ossadnik 2009, S. 13). Anders ausgedrückt bedeutet dies, dass die literarischen Konzeptionen des Controllings zusammenzufassen versuchen, aus welchem Grund die hierzu gehörenden Tätigkeiten praktiziert werden und welcher Nutzen für Unternehmen und Konzerne hieraus resultiert.

Verschiedene Autoren korrelieren mit dem Controlling den Anspruch von Koordination im Rahmen der Unternehmensführung. Führung dient der Erreichung von Zielen und Controlling-Abteilungen sowie diesbezügliche -aktionen sind überall dort anzutreffen, wo Ziele zu erreichen sind und die zur Erreichung erforderlichen Prozesse geprüft und beeinflusst bzw. gesteuert werden müssen (Weber und Schäffer 2016, S. 33). Zur Umsetzung von seitens der Unternehmensleitung festgesetzten Zielen benötigen Mitarbeiterinnen und Mitarbeiter Informationen, um zielführende Tätigkeiten ausüben zu können. Aus dieser Notwendigkeit resultiert die dem Controlling literarisch vielfach zugedachte (Haupt-)Aufgabe der **Koordination** von Informationen und Methoden zum Zwecke der **Entscheidungsvorbereitung**. Diese Anforderungen machen das Controlling zu einer Management-Konzeption; oder anders ausgedrückt: zu einer **unabhängigen Institution**, welche die Unternehmensleitung – insbesondere im Rahmen der Führung – unterstützt. Wenn die Führung von Unternehmen

- an Hand von **Informationen** erfolgt,
- dargestellt in Form von **Kennzahlen** und/oder ausführlichen **Berichten**,
- die **losgelöst** von Regelungen des **Handels-** und/oder **Steuerrecht**s erstellt und aufgearbeitet werden,
- um der Unternehmensleitung als Entscheidungsvorlage (Operations Research) zu dienen,

dann geht mit diesen Anforderungen auch der Anspruch einher, die Aktivitäten aller Beteiligten durch Planung und Kontrolle zielorientiert zu **koordinieren** (Abb. 1.4).

In der Literatur findet sich seit vielen Jahren eine große Anzahl unterschiedlicher Konzeptionen zum Thema Controlling. An dieser Stelle soll lediglich eine kleine Auswahl betrachtet werden, um unterschiedliche Sichtweisen und Erwartungen zu verdeutlichen, den praktischen Bezug hierbei jedoch nicht zu vernachlässigen. Darüber hinaus werden Gemeinsamkeiten der Konzeptionen verschiedener Autoren verdeutlicht, um klarzustellen, dass trotz unterschiedlicher Formulierungen die Grundintention identisch ist: Transparenz und Information zur Sicherung des Unternehmensfortbestands. Konkret betrachtet werden

- die zielorientierte Koordination des Planungs- und Kontroll- sowie des informationsversorgenden Systems nach Horváth,
- die Koordination des Führungsgesamtsystems nach Küpper et al.,
- das Konzept der Rationalitätssicherung nach Weber und Schäffer sowie
- der kennzahlenbasierte Ansatz nach Reichmann (Abb. 1.5).

Die älteste, aus Deutschland stammende Controlling-Konzeption wurde von *Horváth* formuliert. Basierend auf zu Beginn der 70er Jahre in den vereinigten Staaten durchgeführte Untersuchungen stellte er 1978 die These auf, dass die Koordination als Hauptfunktion des Controllings über zwei unterschiedliche Aspekte verfügt. Gemäß seiner Ansicht ist das **Führungssystem** eines Unternehmens in das **Planungs-** und **Kontrollsystem** sowie das **Informationsversorgungssystem** zu unterteilen. Ferner sind innerhalb des bestehenden Systemzusammenhangs von Planung und Kontrolle kontinuierlich Abstimmungen erforderlich, welche der Sicherstellung der Informationsversorgung dienen. Der inhaltliche Teil des Planungs- und Kontrollprozesses ist jedoch nicht Teil der Controlling-

Abb. 1.4 Bestandteile der Koordinationsfunktion des Controllings. (Ziegenbein 2012, S. 32–35)

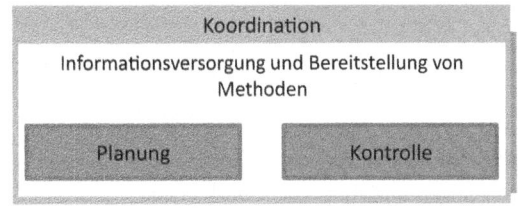

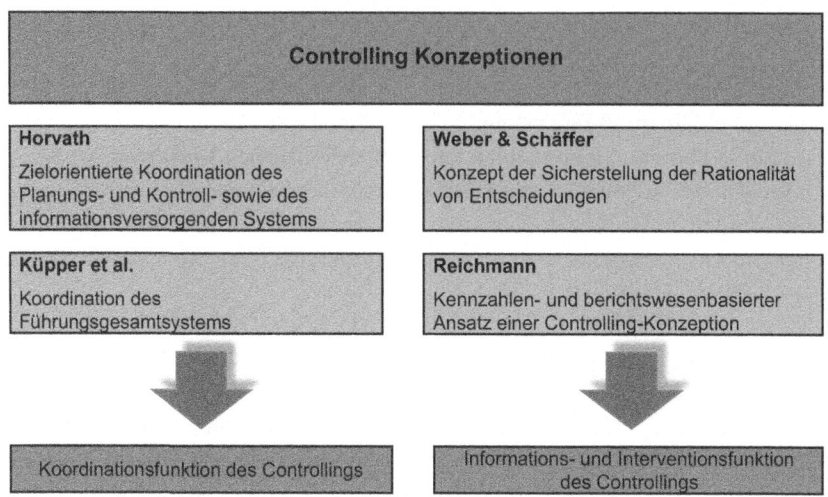

Abb. 1.5 Ausgewählte Controlling Konzeptionen. (Horváth et al. 2015, S. 60)

Aufgaben (Horváth, Konzeptionen 1978, S. 202). Bezogen auf eine funktionsablauforientierte Organisationsstruktur von Unternehmen, kann gemäß dieser Umschreibung das Controlling als **Bestandteil** der Führung angesehen werden, das lediglich **Informationsbeschaffung** und **-verarbeitung** zur Entscheidungsvorbereitung (Operations Research) betreibt. Es trifft **keine** unternehmenspolitisch relevanten **Entscheidungen**, sondern **koordiniert** diese **lediglich** zwischen den Beteiligten und **stimmt** sie untereinander **ab**. Der inhaltliche Teil des laufenden Planungs- und Kontrollprozesses ist kein Bestandteil der Controllingfunktion, sondern obliegt vielmehr denjenigen, die Handlungsanweisungen in der Lage sind, auszusprechen.

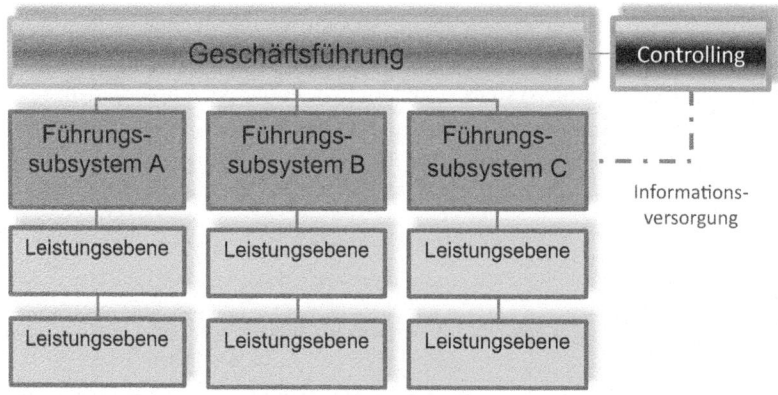

Abb. 1.6 Einbindung des Controllings in die funktionsablauforientierte Organisationsstruktur gemäß Controlling-Konzept nach Horváth

Die Tätigkeiten geschehen mit dem Ziel, stets das **Rationalitätsprinzip** bei der Entscheidungsfindung zu berücksichtigen. Die seitens des Controllings aufbereiteten Informationen erhalten – je nach organisatorischer Einbindung der Abteilung in die Unternehmensstruktur – neben der Unternehmensleitung sowohl die Beteiligten der Führungssubsysteme als auch die Mitarbeiterinnen und Mitarbeiter der Leistungsebenen; Vgl. hierzu Abb. 1.6.

Beispiel

Ein international operierender Stahlhandelskonzern mit Sitz in Deutschland plant die Errichtung eines neuen Standortes im Bundesgebiet. Die Arbeitsgruppe, die sich mit der Thematik auseinandersetzt, benötigt Informationen bezüglich

- der geografischen Lage des neuen Standortes,
  - damit keine Konkurrenz im eigenen Haus geschaffen wird und der Materialan- und -abtransport problemlos vorzunehmen ist,
- regionaler Umsatzzahlen,
  - damit eine Identifikation der Region mit den besten Erfolgsaussichten möglich ist sowie
- Angaben zur finanziellen Gesamtsituation des Unternehmens,
  - damit ein Budget für die Realisierung des Plans erstellt werden kann.

Die Planung eines neuen Standortes würde zunächst ein Gespräch mit

- der Geschäftsleitung,
- den Leitern der umliegenden Niederlassungen sowie
- einzubindenden Sachbearbeitern aus den Bereichen
  - Vertrieb,
  - Logistik/Materialwirtschaft und
  - Rechnungswesen

bedingen, um die umseitig genannten Fragestellungen zu klären. Die Informationen können auf Grund der Tatsache, dass eine Controlling-Abteilung ein Unternehmen in der Regel aus der „Vogelperspektive" betrachtet – d. h. ihr nahezu alle Informationen zur Verfügung stehen – aufbereitet, und vorab an die Beteiligten versandt werden, damit diese bis zum Gesprächstermin Gelegenheit haben, sich hiermit vertraut zu machen.

An Hand dieses Modells ist festzustellen, dass das Controlling somit **lediglich** eine **Informationsversorgungsaufgabe** ausübt, **keine Entscheidungen** trifft und demnach **keine** Mitarbeiterinnen und Mitarbeiter **führt**. Die Konzeption von Horváth lässt sich also auch mehr als 40 Jahre nach ihrer Veröffentlichung nach wie vor als realistisch und praxisbewährt ansehen.

Die seitens *Küpper* und seinen Co-Autoren Friedl, Y. Hofmann, C. Hofmann und Pedell entwickelte Controlling-Konzeption geht über die von Horváth entwickelte hinaus.

Seitens Küpper et al. wird die Ansicht vertreten, dass es sich beim Controlling um eine **Managementkonzeption** handelt, die sich **umfassend** auf die **Koordination** von **Führungsteilsystemen** bezieht. Ihre Kritik an Horváth zielt auf die fehlende **Ausweitung** der **Koordinationsfunktion** auf die **Organisation** bzw. das **Personal** ab (Küpper et al. 2013, S. 32–33). Gemäß ihrem Verständnis muss die Koordination eines Führungsgesamtsystems sowie deren zielgerichtete Lenkung die **Personalführung** umfassen, die mit der Schaffung von **Anreizsystemen** einhergeht. Somit wird Controlling zu einer Komponente der Führung sozialer Systeme, welche die Unternehmensleitung bei Lenkungsaufgaben unterstützt und die selbst mit einer **limitierten Weisungsbefugnis** ausgestattet ist. Diese Forderung deckt sich mit der seitens Küpper et al. getätigten Aussage, dass für das **Controlling** grundsätzlich **keine** betriebswirtschaftliche **Aufgabe ausgeschlossen** ist (Küpper et al. 2013, S. 13). Eine Bestätigung hierfür findet sich auch in der Konzeption nach Reichmann, der Controlling-Aktivitäten in allen Unternehmensbereichen als sinnvoll erachtet (Reichmann 2011, S. 197 ff.).

Beispiel

Zu Grunde gelegt sei das bereits umseitig erwähnte Stahlhandelsunternehmen mit Sitz in Deutschland, das die Errichtung eines neuen Standortes plant. Die zu klärenden Fragen werden, ebenso wie die beteiligten Personen/Abteilungen, als identisch unterstellt. Hinsichtlich der seitens Küpper et al. genannten Forderung nach Weisungsbefugnis, könnte das Controlling die Besprechung leiten, alle Vorschläge bezüglich der Größe und der Lage eines neuen Standortes zur Kenntnis nehmen, hieraus resultierende Ziele formulieren und die Durchsetzung seitens der Führungssubsysteme sowie der Leistungsebenen gleich anweisen. Abb. 1.7 verdeutlicht die hierzu erforderliche, organisatorische und mit Weisungsbefugnis für die der Geschäftsführung nachgeordneten Ebenen ausgestattete Einbindung des Controllings im Unternehmen bzw. im Konzern.

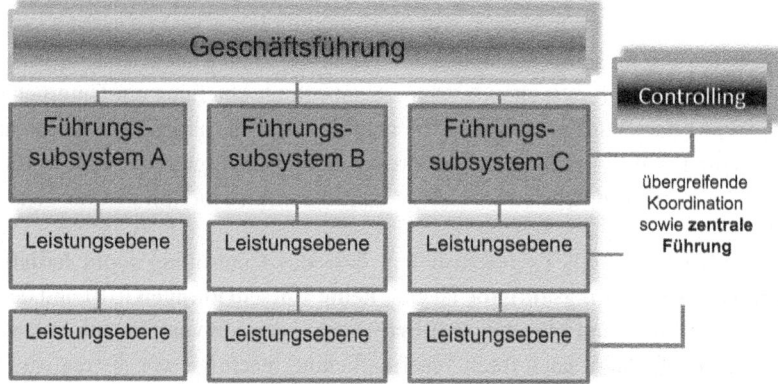

Abb. 1.7 Einbindung des Controllings in die funktionsablauforientierte Organisationsstruktur gemäß Controlling-Konzept nach Küpper et al. (2013)

Die Kontrolle der Einhaltung von Zielvorgaben ist für das Controlling obligatorisch. Die Entwicklung eines **erfolgsabhängigen Vergütungssystems** für Mitarbeiterinnen und Mitarbeiter des Vertriebs kann in diesem Zusammenhang als **Beispiel für** die seitens Küpper et al. geforderte Schaffung von **Anreizsystemen** im Rahmen der Führungsunterstützung genannt werden.

Auch das Konzept nach Küpper et al. kann mit Blick auf die o. g. Situationsbeschreibung als realistisch und praxisbewährt angesehen werden, wenn die organisatorischen Strukturen, insbesondere hinsichtlich der Hierarchien, eindeutig geregelt sind.

Gemäß der Konzeption nach Horváth ist das Controlling lediglich zur **Bereitstellung** von **Informationen** sowie zur Sicherstellung „berechtigt", damit diese auch alle ihre Adressaten erreichen. Laut der Konzeption nach Küpper et al. benötigt das Controlling **Weisungsbefugnis**, um die Umsetzung der Pläne einerseits **anzuweisen** und zu **kontrollieren**. Sofern die Personalführung ebenfalls ausgeübt werden soll und entsprechend verantwortet werden muss, ist außerdem die Nichteinhaltung von Anweisungen zu **sanktionieren** (Olfert, Personalwirtschaft 2015, S. 250). Beide Konzeptionen werden literarisch kontrovers diskutiert. Auf Grund ihres späteren Erscheinungsdatums und ihrer Parallelen zu Horváth muss die seitens Küpper et al. formulierte als eine **Weitentwicklung** bezeichnet werden, was jedoch ihre Praxisbewährung nicht ausschließt.

Die Controlling-Konzeption nach *Weber und Schäffer* stellt in erster Linie einen Ansatz zur **Rationalitätssicherung** sowie eine spezifische **Führungsperspektive** dar. Beide gehen davon aus, dass innerhalb der Führungsspitze von Unternehmen Fehler gemacht werden, da gemäß ihrer Ansicht die Führung von Unternehmen durch Manager vollzogen wird, deren *„kognitive Fähigkeiten individuell begrenzt"* sind und **Rationalitätsdefizite** durch *„Wollens- und Könnensbeschränkungen"* der Manager entstehen (Weber und Schäffer 2016, S. 27). Die Aufgabe des Controllings soll darin bestehen, Denkfehler und Muster für die Unternehmensführung erkennbar zu machen und außerdem entsprechende Instrumente bereitzustellen, um sie für eine erfolgreiche Reflexion zu moderieren. Dies aus dem Grund, dass seitens des Managements häufig verhaltensorientierte Entscheidungen getroffen werden, die auf Erfahrungen und/oder Emotionen in Abhängigkeit des situativen Verhaltens basieren (Gehrig und Breu 2013, S. 47).

Diese Äußerungen sollen sicherlich keinesfalls abwertend aufgefasst werden sondern vielmehr darstellen, dass **Fehler** im Rahmen menschlicher Arbeitsleistungen geradezu axiomatisch **auftreten** und nicht ausgeschlossen werden können. **Wichtig** ist **nicht**, den **Fehler** zu **ahnden**, der begangen wurde sondern **vielmehr** einerseits **schnellstmöglich** eine **Lösung** für Probleme zu finden und diese zu beseitigen und darüber hinaus Lehren aus begangenen Fehlern für die Zukunft zu ziehen. Als Rationalität wird in diesem Zusammenhang die Fähigkeit verstanden, in einer Art und Weise zu führen, die den Anforderungen an gestellte **Zweck-Mittel-Beziehungen** entspricht. Diese Prämisse bedeutet nichts anderes als die Voraussetzung, betriebliche Finanzmittel lediglich zu einem klaren Zweck einzusetzen, der sich in der unternehmerischen Praxis beispielsweise in der

- Umsatz-/Gewinnsteigerung,
- der Erweiterung von Marktpotentialen oder
- der Sicherung des Unternehmensfortbestands

manifestiert.

Beispiel

Als Anwendungsbeispiel soll an dieser Stelle erneut das Stahlhandelsunternehmen dienen, das die Eröffnung eines neuen Standorts plant. Angenommen, die letzte Niederlassung wurde basierend auf einer nicht empirisch basierten Intuition der Geschäftsführung vorgenommen und hat sich, auf Grund der Tatsache, dass die geografische Lage
sowie die Absatzwege nicht optimal sind, als wenig rentabel herausgestellt. Vor der
Eröffnung wurden diese Aspekte nicht geprüft; das Controlling nicht mit einer entsprechenden Untersuchung beauftragt.

In einem solchen Szenario lag der Entscheidung ein „Denkfehler" zu Grunde, der
nicht wiederholt werden und durch das Controlling bzw. die Anwendung entsprechender Instrumente vermieden werden soll. Als Instrumente können in dieser Situation die
bereits im Rahmen der Beschreibung der Konzeption nach Horváth angesprochene

- Situationsanalyse/Ist-Datenerfassung,
- Planungsrechnung und
- Budgetierung

angeführt werden.

Weber und Schäffer sprechen im Rahmen ihrer Konzeption auch von der Not-
wendigkeit einer Nutzenmaximierung, die sich, bezogen auf o. g. Beispiel, in der
Erreichung des größtmöglichen Umsatzes oder des größtmöglichen Marktanteils in
Deutschland darstellen könnte.

Die letzte an dieser Stelle zu betrachtende Controlling-Konzeption ist die nach ***Reichmann***. Er stützt seine Aussagen auf den kennzahlenbasierten Ansatz, nach dem das Controlling mittels Informationsversorgung die Entscheidungsqualität auf allen Führungsebenen verbessern soll.

- Die Voraussetzung hierfür ist die Festlegung von Entscheidungsbereichen auf Basis der
  funktionsablauforientierten Organisation.
  - Das Controlling soll nicht ausschließlich dem Top-Management zugeordnet sein,
    sondern es sollen „Unterabteilungen" wie Finanzcontrolling, Marketingcontrolling,
    Produktionscontrolling etc. vorhanden sein (vgl. hierzu Abb. 1.3).
- Durch die auf diese Weise geschaffenen Datenbasen soll Transparenz durch Information aus allen Bereichen für alle Bereiche geschaffen werden und
  - die Informationsversorgung soll in diesem Zusammenhang insbesondere die Daten
    des externen Rechnungswesens (Finanz-/Bilanzbuchhaltung) berücksichtigen.

Mit dem Ziel der höchstmöglichen **Qualität** aller **Informationen** sollen die Systemteile (Finanz-, Marketing-, Produktionscontrolling bis zur Geschäftsführung) durch ein **Kennzahlensystem** miteinander verbunden werden, damit für die Geschäftsführung und deren **Entscheidungsfindung** die größtmögliche **Transparenz** hinsichtlich aller Geschäftsprozesse eines Unternehmens oder eines Konzerns vorherrscht.

Gemäß dem Konzept nach Reichmann wäre der Idealfall des **Operations Research** in Form der nahezu vollständigen Transparenz erreicht. Das Vorliegen aller erdenklichen Informationen kann die Entscheidungsqualität durch die Möglichkeit zur Berücksichtigung aller Eventualitäten verbessern.

Reichmann weist in der Beschreibung seiner Konzeption darauf hin, dass bei der **Bearbeitung** der zur Entscheidungsvorbereitung erforderlichen **Daten** das **externe Rechnungswesen** zu **berücksichtigen** ist und ein **Kennzahlensystem** als **Bindeglied** zwischen den einzelnen Systemteilen implementiert werden muss. Reichmann fokussiert seine Ausführungen auf monetäre Kennzahlen; an dieser Stelle sei jedoch die Anmerkung gestattet, dass auch nicht-monetäre Kennzahlen, wie der **Angebotserfolg** oder die Anzahl akquirierter **Neukunden**, existieren.

Beispiel

Letztmalig soll jetzt das bereits im Rahmen der bisher genannten Controlling-Konzeptionen genannte Stahlhandelsunternehmen als Beispiel dienen. Nach wie vor wird die Situation unterstellt, dass die Eröffnung einer neuen Niederlassung in Deutschland geplant ist. Sofern in diesem Unternehmen eine **funktionsablauforientierte Organisationsstruktur** existiert und die einzelnen **Abteilungen** über „eigene" **Controller** verfügen, **sollte** sich einerseits die **Zeit** für die Bereitstellung benötigter Informationen **reduzieren**, da diese von einem zentral operierenden Controlling nicht mehr aufwendig aufbereitet/bereitgestellt werden sondern lediglich koordiniert, d. h. den jeweiligen Adressaten in adäquater Form und zeitnah zur Verfügung gestellt werden müssen.

Darüber hinaus sollten sich „Streuverluste" vermeiden lassen, die bei der Aufbereitung von Daten durch „fachfremde" Personen – zentral operierende Controller sind nicht immer unbedingt über alle Details z. B. der Produktion informiert – entstehen können.

Zusammengefasst lässt sich feststellen, dass das Operations Research (Entscheidungsvorbereitung) in qualitativer und quantitativer Hinsicht (sofern man den Zeitfaktor als quantitativ messbar bezeichnet) durch eine Vorgehensweise in Anlehnung an die Konzeption nach Reichmann eine Verbesserung erfahren kann.

Bei der Betrachtung der **vier** Controlling-**Konzeptionen** nach Horváth, Küpper et al., Weber/Schäffer sowie Reichmann **entsteht** zunächst der **Eindruck**, dass diese völlig **unterschiedliche Ziele** verfolgen und dem Controlling ebenso völlig voneinander **abweichende** Aufgaben zudenken. Von der Koordinationsfunktion, der Rationalitätssicherung sowie der Schaffung von Transparenz ist die Rede und die Formulierungen erwecken den **Eindruck**, dass die **Tätigkeiten** von Controllerinnen und Controllern nur **wenig** miteinander **gemeinsam** haben. Betrachtet man **jedoch** die **Instrumente**, welche die verschiedenen Autoren in Autoren in ihren Werken als relevant für die Controlling-Tätigkeiten beschreiben, so finden sich sehr wohl Übereinstimmungen. Beispielsweise wird die Balanced Scorecard (vgl. hierzu detaillierte Erläuterungen in Abschn. 3.2) in allen Werken als relevantes Instrument des strategischen Controllings bezeichnet und an Hand von Anwendungsbeispielen erläutert.

- **Horváth** stellt die Erfordernis zur **Absprache** zwischen **Führungsteilsystemen** durch das Controlling in den Vordergrund seiner Konzeption;
  - dies geschieht im Rahmen der Verwendung einer Balanced Scorecard und durch die Betrachtung verschiedener Perspektiven von Unternehmen, wodurch verschiedene Leistungsbereiche miteinander interagieren.
- **Reichmann** fordert die **Informationsversorgung** in Unternehmen durch die Verwendung von Kennzahlen oder in Form eines ausführlichen Berichtswesens (Reporting), um auf diese Weise **Transparenz** zu schaffen und die Qualität von Entscheidungen zu verbessern.
  - Die Balanced Scorecard beinhaltet für die Ziele jeder Perspektive Kennzahlen, an Hand derer diese messbar sind.
- Aus der Existenz einer **Informationsversorgung** und der hieraus folgenden Verbesserung der Entscheidungsqualität **resultiert** dann ggf. die seitens **Weber und Schäffer** geforderte **Wertsteigerung** im Unternehmen.
- Bei Erreichung von Zielen kann die Führung die seitens **Küpper et al.** geforderte **Unterstützung** in Form der Kalkulation erfolgsabhängiger Vergütungssysteme durch das Controlling erhalten.

An Hand der Fallstudien wird sichtbar, dass sich die **Ansätze** aller an dieser Stelle behandelten Controlling-Konzeptionen **auf** die betriebliche **Praxis übertragen** lassen. Insofern ist die Forderung nach Praxistauglichkeit bzw. deren Bewährung, wie sie seitens Ossadnik gefordert wird, in allen vier Fällen erfüllt.

Die ideale Controlling-Konzeption scheint demnach nicht zu existieren. Dieser Anschein legt die Vermutung nahe, dass derartiges, abgestimmt auf die unternehmensindividuellen Bedürfnisse, nur dann zu konstruieren ist, wenn die relevanten Anteile jeder verfügbaren Konzeption extrahiert und zu einer individuellen Konzeption zusammengefügt werden (vgl. Abb. 1.8).

- Wenn die vollständige **Informationstransparenz** wie von Reichmann gefordert vorliegt, kann das Controlling auf die **Einhaltung** des **Rationalitätsprinzips** einwirken.
- Wenn das Unternehmen bzw. der Konzern sehr groß ist, können Geschäftsprozesse durch das Controlling vorbereitet und wie von Küpper et al. gefordert, kontrolliert und verantwortlich (mit Weisungsbefugnis ausgestattet) durchgeführt werden.
- In kleinen und überschaubaren Unternehmen kann die Aufgabe in der reinen Informationsversorgung bestehen, wie Horváth sie beschreibt.

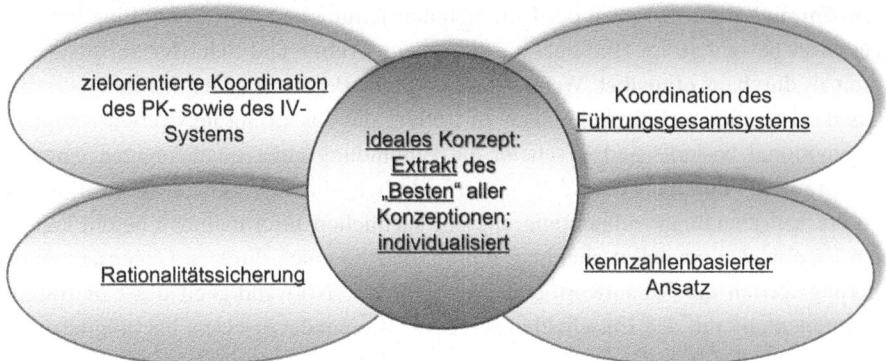

Abb. 1.8 Individualisierte Controlling-Konzeption

1.3 Organisatorische und hierarchische Eingliederung des Controllings in Unternehmen bzw. in Konzernen

Bereits im Rahmen der Ausführungen zu den Konzeptionen des Controllings wurde die Frage nach der **hierarchischen Position** einer solchen Abteilung in der Unternehmensstruktur gestellt. In Abhängigkeit der Unternehmensgröße, des Aufgabenumfangs und der Tatsache, ob es sich bei der jeweilig betrachteten Einrichtung um einen Konzern handelt, sind unterschiedliche Konstellationen der Implementierung in die Unternehmens-/Konzernstruktur denkbar. Beispielhaft ist in diesem Zusammenhang eine Linien- oder Stabsstelle zu nennen.

Horváth bezeichnet das Controlling in seinem Buch als „**Sparringspartner**" der Unternehmer bzw. der Geschäftsführung. Diese Umschreibung, die auf mögliche, regelmäßi-

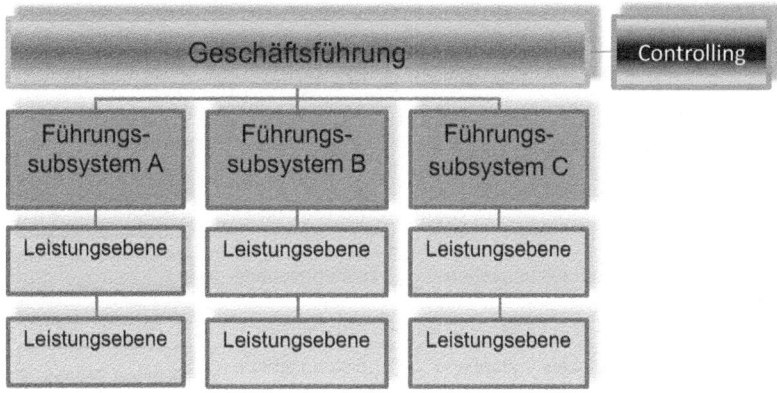

Abb. 1.9 Controlling als Stabsstelle der Geschäftsführung in funktionsablauforientierter Organisationsstruktur

ge **Unstimmigkeiten** zwischen der Unternehmensleitung und dem Controlling hinweist, erscheint insbesondere im Hinblick auf die seitens **Weber** und **Schäffer** verfasste Konzeption als durchaus **plausibel**. Wenn verantwortliche Personen in der unternehmerischen Praxis dazu tendieren, Entscheidungen zu treffen, die aus Erfahrungswerten resultieren und „emotional basiert" sind, erscheint die Einbindung einer unabhängigen, „**neutralen" Instanz** als durchaus plausibel und erforderlich, die sich ggf. im Controlling manifestiert. Entscheidungsvorbereitung, die auf sachlichen Informationen beruht kann zu einem Ergebnis/zu einer Entscheidung führen, das/die einen direkten Gegensatz zu den Erfahrungswerten der Verantwortlichen darstellt. Die Notwendigkeit des Controllings, sich argumentativ mit den Entscheidungsträgern auseinanderzusetzen, hat möglicherweise zur Prägung des Begriffs Sparringspartner geführt. Sofern diese Konstellation seitens der Geschäftsführung gewünscht ist, sollte das Controlling in einer Art und Weise im Unternehmen eingebunden sein, die eine **maximale** Einsicht in die verfügbaren **Informationen** des internen und externen Rechnungswesens ermöglicht. Darüber hinaus ist der Zugriff durch andere Abteilungen jedoch zu unterbinden. In Abb. 1.10 ist diese Konstellation dargestellt, welche das Controlling als **Stabsstelle** direkt den **Weisungen** der **Unternehmensführung** zuordnet, die keine anderen als die von der Unternehmensleitung übertragenen Aufgaben übernimmt. Diese Variante empfiehlt sich für Unternehmen, in denen das Management „viel" Unterstützung in Form von Zuarbeit und Operations Research benötigt und in denen Controllerinnen und Controller nicht in die Bewältigung von Aufgaben des Tagesgeschäfts anderer Abteilungen eingebunden sind.

Übernimmt das Controlling in einem mittelständischen Unternehmen vielfältige Aufgaben z. B. in Form

- des internen Rechnungswesens,
- eines regelmäßigen Reportings oder
- der Pflege eines Kennzahlensystems

Abb. 1.10 Einbindung des Controllings als Linienstelle in funktionsablauforientierter Organisationsstruktur

und kann die Geschäftsführung die dort beschäftigten Mitarbeiterinnen und Mitarbeiter nicht in Vollzeit „auslasten", bietet sich eine andere Form der Organisation an, der auf Ebene der Führungssubsysteme ggf. noch eine leitende Kraft vorgeschaltet ist. In der Struktur der **Funktionsablauforientierung** wird das Controlling als **Linienstelle** neben Abteilungen wie z. B. der Produktion, dem Marketing, der Materialwirtschaft etc., implementiert.

Für die Unternehmensleitung entfällt bei dieser Konstellation die Notwendigkeit zur direkten Kontrolle der Leistungsebene, die durch ein **Führungssubsystem** übernommen wird. Die Ansprache erfolgt über die Abteilungs-/Bereichsleitung Controlling, welche gemäß der Umschreibung von Horváth auch weiterhin die Funktion eines **Sparrings** übernehmen kann. Eine organisatorische Einordnung des Controllings, die der Umschreibung einer Stabsstelle entspricht, wurde seitens Horváth bereits 1978 prognostiziert (vgl. Horváth 1978, S. 205). Als Tendenz der zukünftigen Entwicklung des Controlling-Konzepts formuliert er, basierend auf Untersuchungen in US-amerikanischen Unternehmen, dass der Anschein entsteht, die Entwicklung der Konzeptionen führe zu mehrdimensionalen Organisationsstrukturen. Dies wiederum führt dazu, dass das Controlling die Rolle eines „Management-Services", also einer Beratung der Unternehmensführung übernimmt.

In einigen Unternehmen bilden das **Controlling und** das **externe Rechnungswesen** (Finanz-/Bilanzbuchhaltung) **eine Abteilung**, bzw. sind hierarchisch einem Abteilungsleiter Rechnungswesen zugeordnet. Mit Blick auf die Tatsache, dass die Leistung der Entscheidungsvorbereitung (Operations Research) auch nach dem Willen von Reichmann unter besonderer Berücksichtigung der Daten des externen Rechnungswesens erfolgen soll (vgl. Abschn. 1.2 Konzeptionen des Controllings), erscheint diese Konstellation als durchaus sinnvoll, um die **Schnittstellenüberwindung** an dieser Stelle so einfach und effizient wie möglich zu gestalten.

Die **Entscheidung**, in welcher **Form** das Controlling in die Organisation eines Unternehmens eingebunden wird, muss **individuell** vorgenommen werden und hängt u. a. von

- der Größe des Unternehmens,
- der Bedeutung, die eine Unternehmensleitung einer solchen Institution beimisst,
- der Möglichkeit der Unternehmensleitung, eine derartige Institution in Vollzeit auszulasten und auch
- der überwiegenden Anzahl der Vor- und Nachteile, welche die jeweilige organisatorische Lösung mit sich bringt,

ab.

Einer Controlling-**Linienstelle** wird innerhalb des restlichen Unternehmens auf Grund der **sozialen Präsenz** u. U. eine höhere **Akzeptanz** entgegengebracht als einer anonym und abgeschirmt operierenden Stabsstelle. Für die **Unternehmensleitung** ist die Linienorganisation insofern **vorteilhaft**, dass den dort tätigen Mitarbeiterinnen und Mitarbeitern auf Grund ihrer Entscheidungskompetenz eine **höhere Verantwortung übertragen** werden kann, was zur Entlastung des Managements beiträgt. Als **nachteilig** hingegen können sich **Tätigkeiten** auswirken, welche die **Einbindung** einer Linienstelle **in das Tages-**

geschäft mit sich bringt. Beispielhaft sei in diesem Zusammenhang die Erstellung von Auswertungen für andere Abteilungen genannt.

Zur Sicherstellung der Möglichkeit einer kontinuierlichen **Fokussierung** auf die seitens der Geschäftsführung übertragenen Aufgaben bietet sich die **Stabsstelle** an. Als weitere Vorteile sind bei dieser Form der organisatorischen Einbindung die Entwicklung von **Spezialwissen**, resultierend aus dem kontinuierlichen Kontakt zur Unternehmensleitung, und eine **gesamtunternehmensbezogene Sichtweise** der Controllerinnen und Controller zu nennen. Als **nachteilig** kann die Trennung der Kompetenz und Entscheidung, insbesondere bei ausschließlicher Informationsfunktion sowie eine ggf. **geringe Akzeptanz** seitens der übrigen Abteilungen innerhalb des Gesamtunternehmens genannt werden (Graumann 2018, S. 24).

Auf welche Weise die Einbindung im Unternehmen erfolgt, liegt letztlich im Ermessen und der **Controlling Affinität der Verantwortlichen**. Grundsätzlich ist jedoch wahrscheinlich, dass die Anzahl der im Controlling beschäftigten Personen mit der Anzahl des gesamten Personals und der Anzahl der Aufgaben wächst. Sofern eine steigende Anzahl von Geschäftsprozessen miteinander zu korrelieren ist und der Grad der Komplexität steigt, betrifft dies auch den Arbeitsaufwand und die Anzahl des erforderlichen Personals zur Bewältigung der Aufgaben.

Ein im Vergleich zu Einzelunternehmen sowie GmbHs ohne Beteiligungen gesteigerter Grad der Komplexität von Aufgaben und Geschäftsprozessen liegt in einem **Konzern** vor. Gemäß der Definition des Handelsgesetzbuches bildet ein **Mutterunternehmen** mit nur **einem Tochterunternehmen**, auf das es **beherrschenden Einfluss** nehmen kann, bereits einen Konzern (Vgl. § 297 HGB).

Anders ausgedrückt heißt das: Ist ein Unternehmen X an einem anderen Unternehmen Y beteiligt und umfasst die Summe der Anteile mehr als die Hälfte der hierin erfassten Vermögensgegenstände, so kann X in Bezug auf die unternehmerischen Entscheidungen beherrschenden Einfluss auf Y ausüben und wäre somit verpflichtet, am Ende des Geschäftsjahres eine Konzernbilanz zu erstellen. Liegt eine derartige Unternehmenskonstellation vor und existieren darüber hinaus auch noch mehrere betriebliche Standorte, so werden ggf. Controllerinnen und Controller und möglicherweise diesbezügliche, vollständige Abteilungen an jedem Standort des Unternehmens benötigt. Die Zusammenfassung der Ergebnisse aus allen Betriebsstätten erfolgt in der betrieblichen Praxis häufig durch ein sogenanntes **Konzerncontrolling**, das auch direkt an die Unternehmensleitung, bzw. bezogen auf kapitalmarktorientierte Unternehmen an den Vorstand, berichtet. In organisatorischer Hinsicht handelt es sich bei dieser Konstellation um eine Stabsstelle, wie sie in Abb. 1.9 dargestellt ist. Die organisatorische Einbindung der Controllingabteilungen einzelner Betriebsstätten bleibt von der Struktur des Konzerncontrollings zunächst unberührt. Auf Grund der Tatsache jedoch, dass ein Konzerncontrolling hinsichtlich der Geschäftsvorgänge aller Unternehmensbereiche Informationen und Entscheidungsvorlagen liefern soll, werden die dort tätigen Mitarbeiterinnen und Mitarbeiter möglicherweise Zuarbeiten seitens der Betriebsstättencontroller anfordern. Schematisch kann die Gesamtorganisation wie in Abb. 1.11 dargestellt gestaltet sein, wobei neben den Führungssubsystemen A und B selbstverständlich viele weitere existieren können.

Auf Grund der verschiedenen Ebenen entsteht möglicherweise der Eindruck, dass im Controlling, losgelöst von anderen Abteilungen der Funktionsablauforientierung eine zusätzliche Hierarchie entsteht, wenn ...

- das Konzerncontrolling ein Unternehmen aus der „Vogelperspektive" betrachtet und Gesamtzusammenhänge eher wahrnimmt als z. B. ein Betriebsstättencontroller,
- das Konzerncontrolling gegenüber der Geschäftsführung/des Vorstands das Reporting durchführt und bezüglich Abweichungen z. B. von Zielvereinbarungen (Erlöse, Kosten, Leistungen) informiert (Durchführung von Operations Research),
- das Konzerncontrolling zur Wahrnehmung seiner Aufgaben u. U. beim Betriebsstättencontrolling weitergehende Information für/in Form von Auswertungen anfordert.

Die Geschäfts-/Unternehmensführung ist als oberste Instanz gefragt, ihr Führungsverhalten kooperativ zu gestalten und Hierarchien so klar zu formulieren, dass das oberste/gemeinsame Ziel der **Überwindung** von **Schnittstellen** zwischen allen Bereichen/Abteilungen des Gesamtunternehmens nicht gefährdet wird.

In Anlehnung an ein Beispiel aus einer früheren Auflage des Werkes von Horváth, das auf einer Untersuchung in der betrieblichen Praxis basiert, lässt sich ein Modell zur Einbindung des Controllings in Konzernen erstellen (vgl. Abb. 1.12). Horváth vertritt die Ansicht, dass das Controlling fachlich und disziplinarisch der Leitung des Rechnungswesens unterstellt sein soll. Hinsichtlich der hierarchischen Zuordnung ist jedoch fraglich,

- ob eine Überordnung bezüglich der Bereichsleitung für Finanzen erfolgt,
- oder ob das Konzerncontrolling parallel hierzu als eigenständige und insbesondere eigenverantwortlich agierende Institution auf gleicher Ebene angesiedelt wird.

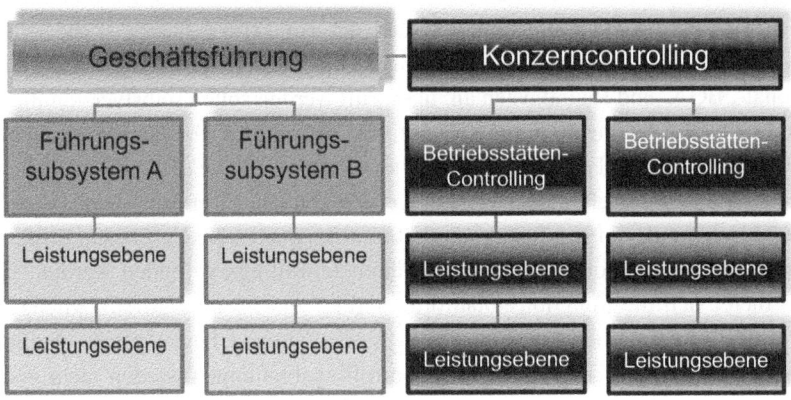

Abb. 1.11 Betriebsstätten- und Konzerncontrolling

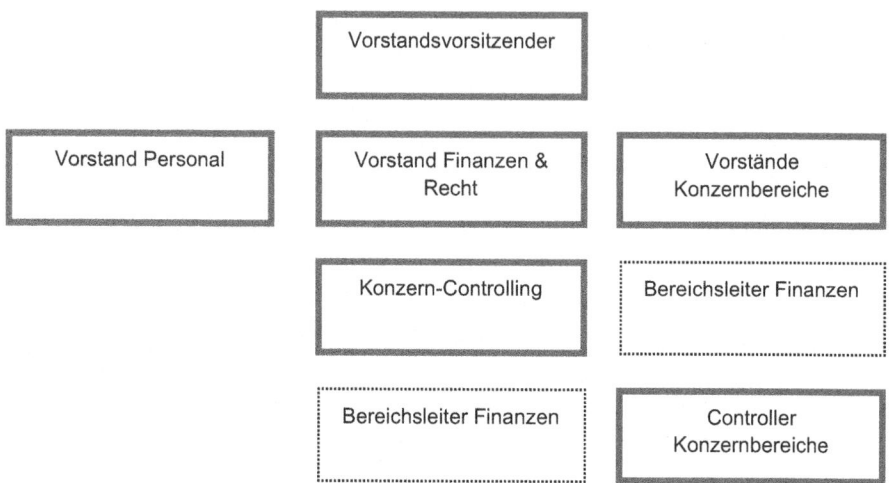

Abb. 1.12 Organisatorische Einbindung des Controllings im Konzern. (Horváth 1996, S. 20)

Die Verantwortlichkeit lässt sich im Einzelfall der betrieblichen Praxis wahrscheinlich lediglich aus der Situation hinsichtlich der Aufgabenvielfalt und der individuellen Kenntnisse und Fertigkeiten heraus entscheiden. Für die modellhafte, organisatorische Einbindung des Controllings im Konzern sollen jedoch beide Optionen als grundsätzlich möglich erachtet werden.

Fallstudie/Beispiel

Ein international tätiger Maschinenbau-Konzern mit insgesamt 3.500 Beschäftigten unterhält insgesamt 8 Betriebsstätten, von denen sich jeweils 4 an den Standorten Berlin und Hamburg befinden und welche in den jeweiligen Städten rechtlich selbständige Körperschaften sind.

Alle Körperschaften berichten an den Träger/Vorstand des Gesamtunternehmens, dessen Sitz sich in Hamburg befindet. Ziel des Konzernvorstands ist die langfristige Sicherung des Unternehmensfortbestands. Im Konzern fallen die obligatorischen Personal-, BGA- und Raumkosten an; überprüft werden sollen selbstverständlich auch die erbrachten Leistungen, deren Gesamthöhe seitens des Vorstands vorgegeben ist. Entwickelt werden soll ein organisatorisches Konzept, bei welchem das UN-Ziel gesichert ist und Schnittstellen überwunden werden können. Ein Lösungsansatz kann hier abweichend von der in den bisher angeführten Beispielen beschriebenen Struktur des Konzern- und nachgeordneten Betriebsstättencontrollings gefunden werden. Einmal mehr bietet sich die Funktionsablauforientierung an, um eine größtmögliche Transparenz der Informationen sowie eine hieraus resultierende, bestmögliche Qualität von **Entscheidungen** herbeizuführen. Die Controllingabteilungen werden nicht nach Betriebsstätten, sondern zentral nach den Funktionen

- Finanzen,
- Produktion sowie
- Kosten und Erlöse

in Sparten eingerichtet und organisiert und arbeiten die Informationen **betriebsstättenübergreifend** auf. Diese Sparten berichten an ein **zentrales Konzerncontrolling**, welches hierarchisch übergeordnet ist und seinerseits die Informationen **bedarfsorientiert** an die Unternehmensleitung übermittelt (Abb. 1.13).

Auch wenn auf diese Weise neben der Funktionsablauforientierung eine weitere Hierarchie zwischen den Controllingbereichen (Konzern/Sparten) entsteht, erscheint diese Lösung mit Blick auf den Informationsfluss und die Notwendigkeit zur **Überwindung** der **Schnittstellen** zwischen den drei existierenden Sparten als sinnvoll. Um eine hohe Zahl von Rückfragen seitens des Konzerncontrollings an die Sparten zu vermeiden, sollten rudimentäre Kenntnisse aus allen drei Sparten vorhanden sein, da Rückfragen und Anmerkungen seitens der Unternehmensleitung zeitnah und qualifiziert beantwortet werden müssen. Die **Notwendigkeit** zur Existenz eines funktionierenden **ERP** ist **obligatorisch** und soll in der heutigen Zeit nicht mehr in Frage gestellt werden. Die Möglichkeit zur **Korrelation** aller Abbildungen von **Geschäftsprozessen** miteinander in **elektronischer Form** stellt ebenso eine unabdingbare **Notwendigkeit** für die Praktizierung eines effizienten **Operations Research** dar wie die Anforderung, diese Daten allen Adressaten in kürzester Zeit in maschinenlesbarer Form (papierlos) zur Verfügung stellen zu können (Vgl. hierzu vertiefend Abschn. 1.4).

Abb. 1.13 Lösung Fallstudie; organisatorisches Konzept der Betriebsstättencontroller und des Konzerncontrollings. (Eigene Darstellung)

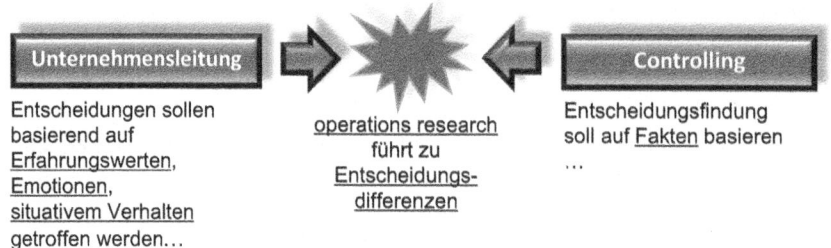

Unternehmensleitung

Controlling

Entscheidungen sollen
basierend auf
Erfahrungswerten,
Emotionen,
situativem Verhalten
getroffen werden…

operations research
führt zu
Entscheidungs-
differenzen

Entscheidungsfindung
soll auf Fakten basieren
…

Abb. 1.14 Controlling als „Sparringspartner" des Managements

Ungeachtet der Tatsache, ob Controlling in unabhängigen Unternehmen, Konzernen, als Linien- oder Stabsstelle praktiziert wird, scheint bei der Betrachtung der von verschiedenen Autoren formulierten Konzeptionen und organisatorischer Implementierungen doch die **Kernaufgabe** in der **Informationsbereitstellung** und der **Entscheidungsvorbereitung** zu bestehen. Die Hauptintention liegt in der Sicherstellung einer wirtschaftlichen Unternehmensführung an Hand von Informationen zur langfristigen Sicherung des Unternehmensfortbestands. Die seitens Horváth geäußerte, etwas jovial anmutende Formulierung des „Sparringspartners" für die Unternehmensleitung ist, unter Berücksichtigung der **Konzeption** nach **Weber und Schäffer**, die begrenzte kognitive Fähigkeiten des Managements als Ursache für eine mangelnde Rationalität bei der Entscheidungsfindung ansehen, nachvollziehbar (vgl. Abschn. 1.2). Die Aufgabe des Controllings besteht in der Bereitstellung von Informationen zur Entscheidungsvorbereitung. Hieraus kann die Situation resultieren, dass einer Unternehmensleitung Informationen präsentiert werden, die diese nicht sehen möchte, da sie sich nicht mit ihren Vorstellungen decken. Eine der **Aufgaben** des **Controllings** besteht in diesem Fall in **argumentativer Überzeugungsarbeit** um die Rationalität der Entscheidungen sicherzustellen. Dass Unternehmensleitung und Controlling in solchen Situationen nicht stets der gleichen Meinung sind, liegt auf der Hand, was die Bezeichnung des „Sparringspartners" als absolut plausibel erscheinen lässt. Auf diese Weise erklärt sich auch die in der unternehmerischen Praxis häufig vorgenommene, organisatorische Einbindung des Controllings als **Stabsstelle**. Niemand außer der Geschäftsleitung soll die Leistungen des Controllings in Anspruch nehmen können, damit das Potential der dort tätigen Mitarbeiterinnen und Mitarbeiter in vollem Umfang dem Management zur Verfügung steht (Abb. 1.6 und 1.7).

Die literarisch häufig genannten Aufgaben von Controllern, zu denen u. a.

- die Durchführung der Planung,
- die Berichterstattung und Interpretation (von Ergebnissen des Berichtswesens/Reportings),
- Bewertung und Beratung bei betriebswirtschaftlichen Fragestellungen sowie
- Revisions- und Kontrolltätigkeiten

zählen (Weißenberger 2002, S. 389), können also um die **Beratung** und auch die **Schlüsselqualifikation** der „**Diplomatie**" ergänzt werden, da angeregte Argumentationen mit der Unternehmensleitung ebenso wie die Datensammlung und -analyse zum Tagesgeschäft dieser Berufsgruppe zu zählen sind.

Die Ausübung von **Controllingtätigkeiten** im Unternehmen setzt jedoch das voraus, was als **Controllingbewusstsein** bezeichnet werden kann. Sofern Mitarbeiterinnen, Mitarbeiter und insbesondere die Geschäftsführung davon überzeugt sind, dass Controlling eine **wichtige** und **sinnvolle Tätigkeit** ist, liegt hierin die **Grundvoraussetzung** für eine solide **Entscheidungsvorbereitung**. Nur wenn Entscheidungsträger im Unternehmen selbst der Überzeugung sind, dass die Führung mit Controlling-Unterstützung erfolgreicher ist als ohne, wird diese Management-Konzeption sach- und zieldienlich sein und zur Zufriedenheit aller Beteiligten beitragen (Ziegenbein 2012, S. 24). Eine **Gefahr** besteht allerdings auch darin, dass aus dem **Selbstverständnis** heraus etwas **resultiert**, das als **Selbstcontrolling** bezeichnet wird und zu subjektiven **Überbewertungen** seitens des Controllings und darüber hinaus auch seitens Unternehmensleitung führt. Um diesem Phänomen entgegenzuwirken sollte das Controlling daher institutionalisiert und mit klaren Aufgaben und Kompetenzen ausgestattet sein. Als Subsystem der Führung muss das Controlling stets unabhängig und neutral arbeiten, da

- **falsche Informationen** zu **Fehlentscheidungen** seitens der Geschäftsführung führen und
- **Fehlentscheidungen** die **Existenz** des Unternehmens **gefährden** (Ziegenbein 2012, S. 34).

Aus o. g. Gründen existieren Überlegungen zur organisatorischen Einbindung des Controllings im Unternehmen, da die Neutralität i. V. m. der Nähe und der stetigen Interaktion mit der Geschäftsleitung unbedingt im Sinne einer höchstmöglichen Transparenz und Qualität von Informationen sichergestellt sein muss.

1.4 Datenbasen des Controllings: das interne und externe Rechnungswesen

In den vergangenen Kapiteln wurde Controlling bereits als **Subsystem der Führung** dargestellt, welches

- ein **Steuerungssystem** verkörpert, das führungsunterstützend arbeitet und **Transparenz** von Geschäftsprozessen und Handlungen sicherstellt und darüber hinaus
- eine **Servicefunktion** hinsichtlich der Bereitstellung von Daten für die Führung und ggf. das gesamte Unternehmen übernimmt sowie
- eine **Querschnittsfunktion** über alle Bereiche und Ebenen des Unternehmens

darstellt (Graumann 2018, S. 11).

Ebenso wie in den **Natur- bzw. Ingenieurwissenschaften** lassen sich **nur** diejenigen **Dinge/Vorgänge/Prozesse steuern**, die sich auch **messen** lassen. Insofern sind an Daten und Zahlen, durch welche die relevanten Sachverhalte in einem Unternehmen ausgedrückt werden, folgende Anforderungen zu stellen:

- **Übereinstimmung**, der zufolge auch das gemessen wird, was gemessen werden soll,
- **Zuverlässigkeit** – eine wiederholte Messung muss ein identisches Ergebnis liefern,
- **Objektivität** – unterschiedliche Personen sollen identische Ergebnisse feststellen,
- **Wirtschaftlichkeit** – der Nutzen der Messung muss größer sein, als die hierdurch verursachten Kosten (Ziegenbein 2012, S. 192).

In Summe stellen diese Aspekte hohe Anforderungen an die Qualität der Datenbasen des Controllings, aus dem **Entscheidungen** resultieren, welche die **wirtschaftliche Existenz** und die **Zukunft** von Unternehmen **sicherstellen** müssen. Gemäß Reichmann sollen **Kennzahlen** und **Reportings** des Controllings zu einem erheblichen Teil auf Daten des **externen Rechnungswesens basieren**. Diese Forderung hat einen guten Grund, da das externe Rechnungswesen in Form

- der Grundsätze ordnungsmäßiger Buchführung,
- der handelsrechtlichen Vorschriften zur Erstellung von Jahresabschlüssen
  – bestehend aus zumindest der Bilanz sowie der Gewinn- und Verlustrechnung
- sowie den Bewertungsvorschriften von Vermögensgegenständen und Verbindlichkeiten gemäß des Einkommensteuergesetzes

juristisch reglementiert ist und somit eine „zuverlässige" Datenquelle darstellt (Hubert 2017, S. 5 ff.). Die auf dem externen Rechnungswesen basierenden Finanzrechnungen haben primär die Aufgabe der **Liquiditätsplanung**, **-steuerung** und **-kontrolle**. Operativen Finanzierungsrechnungen liegen **periodengerecht** zugerechnete **Ein-** und **Auszahlungen** zu Grunde, die in kurz-, mittel- und langfristige Finanzpläne einfließen und die **Grundlage** für das **Finanzbudget** bilden (Horváth 1996, S. 423). Je fundierter und korrekter die zu Grunde liegenden Daten sind, desto genauer und sicherer können basierend hierauf Pläne und Handlungsanweisungen zur Unternehmenssteuerung erstellt werden.

Da im externen Rechnungswesen bzw. der Finanz-/Bilanzbuchhaltung „lediglich" Erlöse und Aufwendungen rechtskonform (s. o.) für die Darstellung in Jahresabschlüssen verarbeitet werden, jedoch keine Unterscheidung zwischen Kosten und Leistungen erfolgt, existiert neben dem externen-, auch noch ein zusätzliches, internes Rechnungswesen. Die Bereitstellung ist u. a. von der Größe sowie der organisatorischen Struktur eines Unternehmens abhängig. Hier wird, basierend auf den Daten des externen Rechnungswesens die Kosten- und Leistungsrechnung praktiziert. Deren Aufgabe besteht in der Abgrenzung der betrieblichen Kosten und Leistungen von den (bilanz-)buchhalterischen Aufwendungen und Erlösen. Die Kostenrechnung unterstützt somit die Bilanzrechnung bei der Ermittlung der Herstellungskosten von Vermögensgegenständen (Wedell und Dilling 2014, S. 240),

Abb. 1.15 Informationsfluss
und -verarbeitung von Daten
des Rechnungswesens

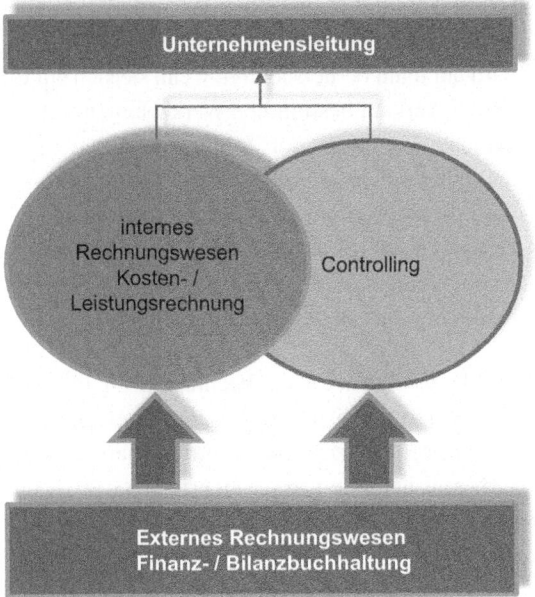

was einerseits für die Ermittlung des Wertes anderer aktivierte Eigenleistungen aber auch für die Kalkulation von Preisen für Güter und/oder erbrachte Dienstleistungen relevant ist.

Beispiel

Ein Maschinenbauunternehmen erwirtschaftet 10 Mio. € Erlöse aus dem Verkauf selbst produzierter Werkzeugmaschinen. 3 Mio. € Erlöse fließen ihm zusätzlich in Form von Zinserträgen sowie Dividendenzahlungen aus Beteiligungen an einer börsennotierten Kapitalgesellschaft zu.

3 Mio. € Aufwendungen entstehen in Form des Verbrauchs von Roh-, Hilfs- und Betriebsstoffen, die zu 25 % auf Büromaterial zurückzuführen sind; der Rest wird durch die Fertigung verursacht. 500.000 € werden für Mietzahlungen der Produktionsstätte und 1,5 Mio. € Zinsen für in Anspruch genommenes Fremdkapital, das aus der Erstellung eines neuen Verwaltungsgebäudes resultiert, aufgewandt.

Zur Ermittlung von Verkaufspreisen müssen die Erlöse aus dem Verkauf der selbst gefertigten Werkzeugmaschinen von den Erlösen aus Zinsen und Beteiligungen getrennt werden, da letztere keinen betrieblichen Ursprung haben und somit bei der Kalkulation nicht zu berücksichtigen sind. Die Finanzbuchhaltung erfasst die Zahlungseingänge, die aus dem Verkauf von Produkten und aus den Aktivitäten am Kapitalmarkt resultieren zwar auf unterschiedlichen Konten, unterscheidet jedoch nicht zwischen betrieblichen sowie nicht-betrieblichen Leistungen und Erlösen. Eine identische Situation liegt bei der Behandlung der Aufwendungen vor. Im Produktionsprozess entstandene Aufwendungen für verbrauchte Rohstoffe wie Stahl oder zugekaufte elektronische

Bauteile sind als Kosten bei der Kalkulation von Verkaufspreisen zu berücksichtigen, da sie einen betrieblichen Ursprung haben. Die Miete für genutzte Geschäftsräume wird nur dann berücksichtigt, wenn sie sich auf die Produktionsstätte bezieht, in der die für den Verkauf bestimmten Werkzeugmaschinen gefertigt werden. Die verursachungs-gerechte Verteilung der Zahlungen erfolgt mit Hilfe der sog. Abgrenzungsrechnung und einer entsprechenden Tabelle, die auch als Betriebsergebnisrechnung bezeichnet wird (Schmolke und Deitermann 2016, S. 361). Kalkulatorische Kosten sollen in o. g. Beispiel zunächst unberücksichtigt bleiben; der Fokus liegt hier auf der Trennung von Aufwendungen/Kosten und Erlösen/Leistungen, um die Notwendigkeit des internen Rechnungswesens zu verdeutlichen.

- Die € 10 Mio. sind buchhalterisch als Erträge zu behandeln und entsprechen kosten- und leistungsrechnerisch Leistungen, da ihr Ursprung rein betrieblich ist.
- Die buchhalterischen Zinserträge haben keinen betrieblichen Ursprung und sind da-her als neutrale Erträge zu erfassen.
- Die Roh-, Hilfs- und Betriebsstoffe wurden „nur" zu 75 % betrieblich verursacht; daher sind 750.000 € als neutraler Aufwand (3.000.000 € × 25 % = 750.000 €) und der Rest als Kosten zu erfassen.
- Der Zinsaufwand i. H. v. 1,5 Mio. € resultiert aus dem Bau eines Verwaltungsge-bäudes, ist nicht betrieblich bedingt und daher als **neutraler Aufwand** zu erfassen.

Die aus den Beispieldaten gebildete Ergebnistabelle ist in Abb. 1.16 dargestellt.

Das Gesamtergebnis des Unternehmens beträgt 8 Mio. €, das sich aus den Erträgen i. H. v. 13 Mio. € sowie den Aufwendungen i. H. v. 5 Mio. € errechnet.

Von den gesamten Unternehmensaufwendungen entfallen auf die Produktion jedoch nur 10 Mio. € Leistungen und 2,75 Mio. € Kosten. Das betriebliche Ergebnis beträgt somit 7,25 Mio. € und nicht 8 Mio. €. Diese Unterscheidung ist insbesondere für die Ermittlung von Produkt- und Leistungspreisen relevant, da eine auf zu hohen Ergeb-nissen basierende Kalkulation eine zu niedrige Preisermittlung bewirken kann. Eine

Bezeichnung	Finanzbuchhaltung		Kosten- und Leistungsrechnung			
	Aufwen-dungen	Erträge	neutrale Auf-wendungen	neutrale Erträge	Kosten	Leistungen
Umsatzerlöse		10.000.000				10.000.000
Zinserträge		3.000.000		3.000.000		
RHB	3.000.000		750.000		2.250.000	
Mietaufwand	500.000				500.000	
Zinsaufwand	1.500.000		1.500.000			
	5.000.000	13.000.000	2.250.000	3.000.000	2.750.000	10.000.000
	8.000.000		**750.000**		**7.250.000**	
	Gesamtergebnis		neutrales Ergebnis		Betriebsergebnis	

Abb. 1.16 Betriebsergebnisrechnung

derartige Vorgehensweise verschlechtert mittelfristig das Unternehmensergebnis. Zu hohe Preise, die aus der Vermischung von betrieblichen und neutralen Erträgen und Aufwendungen resultieren, ziehen ggf. zu niedrige Preise nach sich, was sich ebenfalls negativ auf das Gesamtergebnis auswirkt. Die Notwendigkeit der Separation der betrieblichen Kosten und Leistungen von den finanzbuchhalterischen Aufwendungen und Erträgen wird auf diese Weise deutlich.

Das **interne** Rechnungswesen stellt somit eine „Verfeinerung" bzw. „**Differenzierung**" des **externen Rechnungswesens** dar. Reichmann äußert in seinem Werk die Forderung nach Berücksichtigung der Informationen des externen Rechnungswesens bei der Erstellung von Reports zum Zweck des Operations Research. Wie an o. g. Beispiel erkennbar wird, können diese Daten jedoch **nicht direkt verwendet** und in Berichten und/oder Kennzahlen verarbeitet, **sondern** müssen **zunächst aufbereitet** und **bereinigt** werden, da sie **ansonsten** zu **falschen Entscheidungen** führen. Im vorliegenden Fall würde aus der Berücksichtigung aller buchhalterischen Aufwendungen in der Kalkulation von Verkaufspreisen ein deutlich zu hoher Preis resultieren, der nicht mehr marktfähig ist, was wiederum die Existenz des Unternehmens gefährdet.

Im Umkehrschluss würde die Berücksichtigung aller o. g. und betriebsfremden Erlöse zu einem deutlich zu niedrigen Verkaufspreis führen, der letztendlich durch die hieraus resultierenden, zu niedrigen Umsätze ebenfalls zu existenzbedrohlichen Umsatzeinbrüchen führt.

Ungeachtet der Tatsache, ob das externe Rechnungswesen in Verbindung mit einem regelmäßigen oder unregelmäßigen Berichtswesen durch das Controlling erstellt wird, ist die Bereinigung der buchhalterischen Ergebnisse erforderlich, um eine solide Datenbasis für die Entscheidungsvorbereitung bereitzustellen.

Basierend auf den Informationen erstellt, die in den Jahresabschluss einfließen, soll die Zuverlässigkeit und Validität der Ergebnisse insofern nicht in Frage gestellt werden. Wird das mit dem Ergebnis des internen Rechnungswesens abzustimmende interne Rechnungswesen sogleich durch das Controlling erstellt, lassen sich auf diese Weise Streuverluste von Informationen durch die Aufhebung einer Schnittstelle bewirken (vgl. Abb. 1.15). Die Erstellung des internen Rechnungswesens durch das Controlling ist in vielen Unternehmen eine gängige Praxis.

Je **größer** das **Unternehmen** ist, in dem eine Controlling-Abteilung ihre Dienste verrichtet, desto **umfangreicher** ist die **Anzahl** der **Geschäftsprozesse**, die zu erfassen sind und umso **größer** ist die **Datenbasis**, die das Controlling zur Erstellung von **Unternehmensberichten** zu bearbeiten hat.

In heutiger Zeit, in der nahezu jede Privatperson ein internetfähiges Smartphone besitzt und mindesten ein Mikrocomputer in jedem privaten Haushalt zu finden ist, erübrigt sich die Diskussion bezüglich der Entwicklung von IT und muss nicht mehr über die Notwendigkeit und Möglichkeiten der EDV-Unterstützung des Controllings gesprochen werden. Im Gegensatz zu den Zeiten der Anfänge des Controllings in den 80er, Jahren ist dies in der heutigen Zeit eine Selbstverständlichkeit. Die Erfassung von Geschäftsprozessen erfolgt in vielen Unternehmen heutzutage unter Verwendung von Warenwirtschaftssystemen, die mit dem Anglizismus „Enterprise Ressource Planning" (Abkürzung: ERP) bezeichnet sind.

In Abb. 1.17 ist schematisch die Organisation der Netzwerklösung eines auf einem Zentralserver bereitgestellten ERP mit Zugriffsmöglichkeiten durch verschiedene Abteilungen innerhalb einer funktionsablauforientierten Struktur dargestellt.

Hierzu gehören Softwares, die speziell zugeschnittene Eingabemasken für alle Abteilungen des Unternehmens wie

- FiBu
  - Berücksichtigung der Grundsätze ordnungsmäßiger Buchführung,
- Materialwirtschaft
  - Bereitstellung einer vollständigen Artikeldatenbank,
- Produktion
  - Fertigungsschritte und Materialverbräuche,

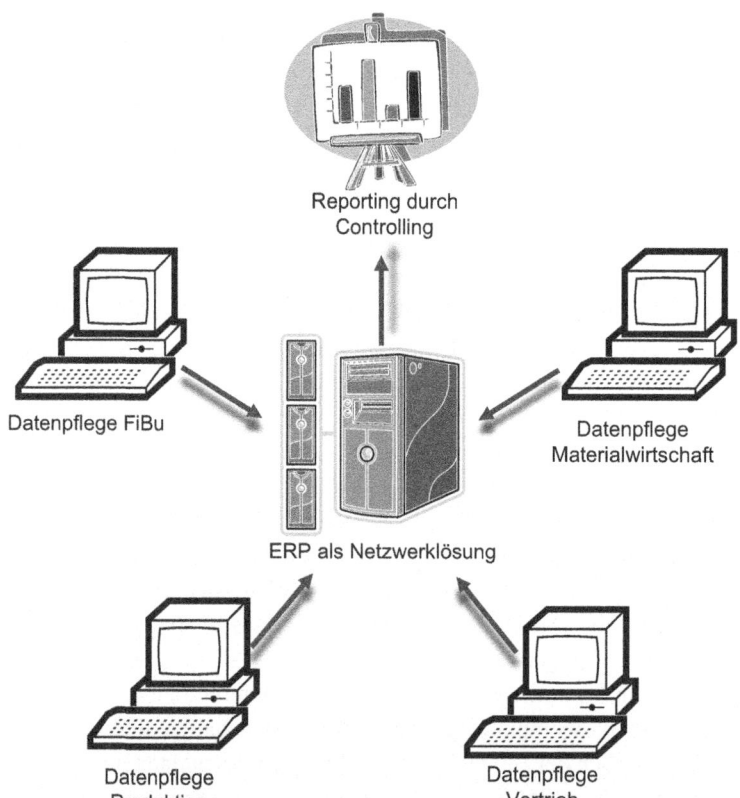

Abb. 1.17 ERP-Zugriff in Unternehmen ohne Beteiligungen (Funktionsablauforientierung)

- Marketing/Vertrieb
  - vollständige Kundendatenbank mit Angaben zu Umsätzen, Kaufverhalten, Kreditlinien, etc.

bieten. Häufig sind diese Programme modular aufgebaut, damit Unternehmen die Möglichkeit haben, lediglich die Module zu erwerben, die im Haus benötigt werden.

Der seit vielen Jahren international operierende Softwareanbieter SAP verfährt beispielsweise nach dieser Prämisse und bietet mit dem Paket „Business One" als zentrale Bestandteile

- Finanzen,
- Einkauf und Lager,
- Fertigung
- Konzernintegration,
- Vertrieb und Verkauf,
- Marketing und Service.

Auf den in englischer Sprache online gestellten Seiten ist eine zusätzliche Obergruppe aufgeführt, die als „Management & Administration" bezeichnet ist. Aufbauend auf dem jahrelangen, erfolgreichen Konzept der „Business Suite" sind die Obergruppen der Anwendung noch in Teilmodule zergliedert, um die Anforderungen aller Abteilungen an die Bearbeitungsmasken eines ERP bedienen zu können. Einige Module sollen beispielhaft an dieser Stelle aufgeführt werden[3].

- Rechnungswesen
  - *Rechnungswesen allgemein/Finanzbuchhaltung*
  - *Anlagenbuchhaltung*
  - *Controlling*
  - *Berichtswesen*
- Einkauf und Lager
  - *Beschaffungsmanagement*
  - *Lagerwirtschaft*
  - *Kreditorenbuchhaltung*
- Fertigung
  - *Produktionsplanung*
  - *Stücklistenmanagement*
  - *Disposition*
  - Disposition

---

[3] Die o. g. Informationen liegen nicht in Printform vor, sondern werden seitens der SAP AG lediglich online auf ihrem „Help Portal" zur Verfügung gestellt. An dieser Stelle haben interessierte User die Möglichkeit, ausführliche Informationen hinsichtlich der Anwendungsgebiete und der Module zu erhalten. Die vollständige URL des SAP Help Portal ist im Literaturverzeichnis angegeben.

- Konzernintegration
  - *Collaboration (unternehmensübergreifende Vernetzung)*
  - *Systemintegration (cloudbasiert)*
- Vertrieb und Verkauf
  - *Verkaufs- und Vertragsmanagement*
  - *Kundenmanagement*
  - *Servicemanagement*
- Marketing und Service
  - *Preisfindung im Vertrieb*
  - *Marktdatenverwaltung*
  - *Lebenszyklusanalyse*

In derartigen Programmen stehen i. d. R. umfangreiche **Downloadoptionen** zur Verfügung (bei SAP obligatorisch), um auf diese Weise die Datenbasen für das Controlling bzw. die Auswertungen/Reports zu liefern. Die Software ist i. d. R auf einem **Server** installiert, auf den alle im Unternehmen befindlichen **Workstations**/Sachbearbeiter **Zugriff** haben, um die erforderlichen **Eingaben** zur virtuellen **Abbildung** der **Geschäftsprozesse** zu tätigen. Im Rahmen einer solchen Organisation können dem Controlling Zugriffsrechte für die gesamte Datenbank eingeräumt werden, damit für die Erstellung von Reports die Möglichkeit zur Korrelation sämtlicher Geschäftsprozesse miteinander gegeben ist (Abb. 1.18).

Die einzelnen Module sind bei der Anwendung von SAP nicht konkret aufzufinden bzw. zu identifizieren. In der Startmaske „Easy Access", die in Abb. 1.19 dargestellt ist, sind in einer dem MS Windows Explorer ähnlichen Struktur alle verfügbaren Funktionen, Transaktionen und Reports aufrufbar. Der verfügbare Umfang bzw. die Anzahl der

Abb. 1.18 Struktur des ERP SAP Business One

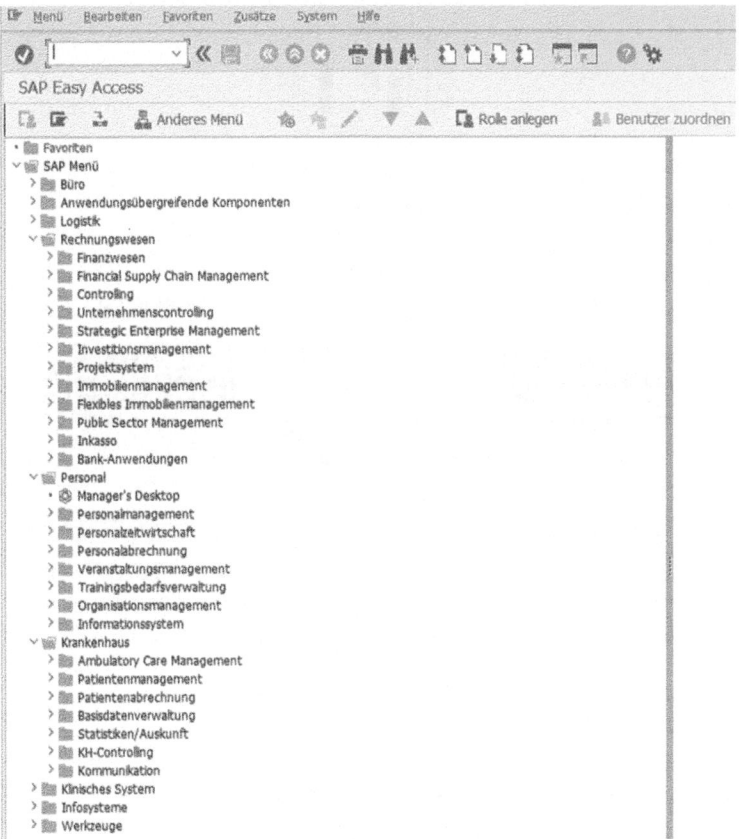

Abb. 1.19 Funktionsmenü in der Startmaske SAP Easy Access. (Screenshot erstellt mit Schulungs-mandant des UCC Magdeburg, System A51 (1), Mandant 905; Aufruf am 26.06.2018)

Funktionen ist abhängig vom Umfang der Module, die seitens des Anwenders bzw. des Unternehmens erworben wurden. In Abb. 1.19 ist beispielsweise der Bereich „Kranken-haus" erkennbar, der aus dem zusätzlichen Erwerb des Moduls IS-H (Information System Hospital) resultiert.

Besteht ein Unternehmen aus **mehreren**, ggf. rechtlich selbständigen **Einheiten** und/oder handelt es sich um einen **Konzern**, so müssen die für das Controlling er-forderlichen Daten nicht nur aus verschiedenen Abteilungen sondern auch noch von verschiedenen Standorten bereitgestellt werden. Die in Abb. 1.17 dargestellte Netzwer-klösung eines ERP erstreckt sich dann eine Ebene weiter über die Standorte sowie die dort befindlichen Abteilungen. Sämtliche Abteilungen aller Standorte pflegen ebenfalls die zur Abbildung von Geschäftsprozessen erforderlichen Daten in die entsprechenden Eingabemasken. Diese Daten können dann wiederum ggf. über ein Konzern-Controlling (vgl. Abschn. 1.3) abgerufen und für die Erstellung von Reports, Kennzahlen, etc. ver-

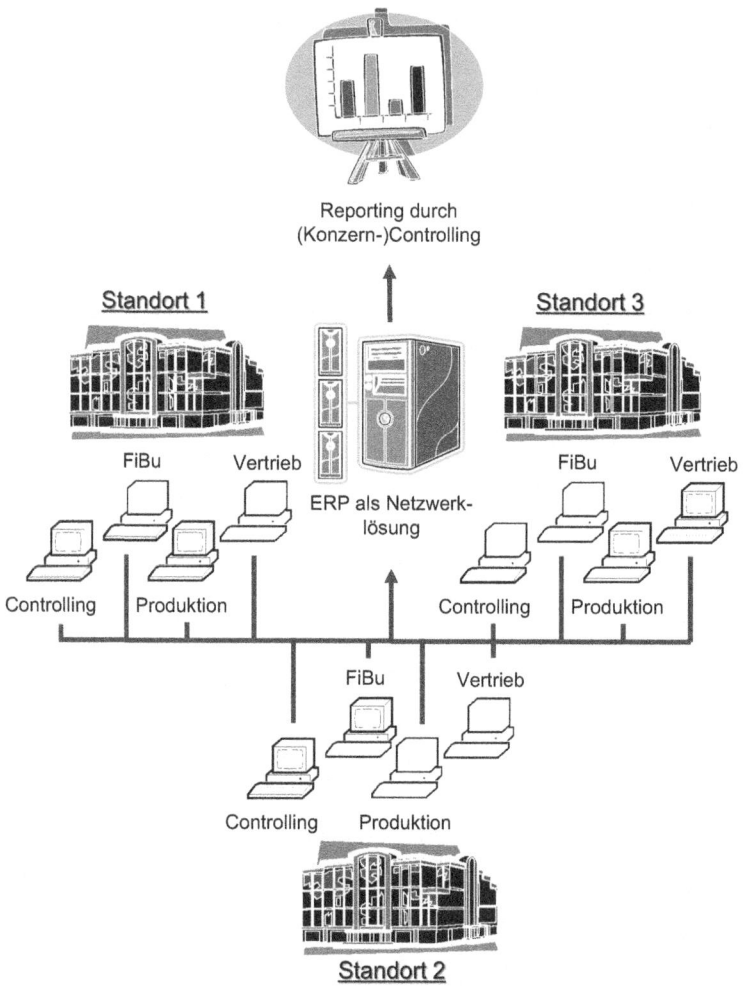

Abb. 1.20 ERP-Zugriff im Konzern/Unternehmen mit mehr als einem Standort

wendet werden. Abb. 1.20 zeigt schematisch die Organisation einer Netzwerklösung unter Verwendung eines oder mehrerer zentral im Zugriff befindlicher Server.

Die abstrakt anmutende Formulierung der **Korrelation** von **Geschäftsprozessen**, welche durch die im Unternehmen tätigen Mitarbeiterinnen und Mitarbeiter erfolgt bedeutet konkret, dass

- Leistungen,
- Umsätze,
- Erlöse,
- Kosten

in Beziehung zueinander gesetzt werden sollen. Auf diese Weise wird deutlich,

- welche Standorte oder Leistungen besonders umsatzträchtig oder kostenintensiv sind,
- welche Zeiträume des Geschäftsjahres die umsatzstärksten und welche die umsatz-schwächsten waren,
- welche Auffälligkeiten bezüglich der Kosten- oder Mitbewerbersituation bestehen.

Zur Verdeutlichung ist in Abb. 1.21 ein Auszug des Downloads aus einem ERP darge-stellt. Zu Grunde liegt ein Beratungsunternehmens mit insgesamt 5 Standorten in Berlin und Hamburg. Zu sehen ist, dass die Organisation des Reports dergestalt aufgebaut ist, dass die Vorgangsnummer/die Beratungsleistung das **maßgebliche Kriterium** darstellt und jeder Beratungsleistung

- die Stadt, aus welcher die Unternehmensberater gestartet sind,
- eine Vorgangsnummer,

Lfd.Nr.	Stadt	Vorgangs-nr.	Reklama-tion	Standort	Beginn	Ende	Berater-tage	Umsätze	Kosten
1	Berlin	323150.4		HAUS 2	02.01.2013	10.01.2013	8,8	4.421,88	3.537,50
2	Berlin	101109441	-1.823,61	HAUS 2	22.11.2013	25.11.2013	3,6	-1.823,61	1.458,89
3	Hamburg	35651.4		HAUS 4	04.01.2013	07.01.2013	3,5	1.760,42	1.408,33
4	Berlin	93382.12		HAUS 2	20.04.2013	22.04.2013	2,5	1.250,00	1.000,00
5	Berlin	9922.4		HAUS 2	18.04.2013	21.04.2013	3,5	1.725,69	1.380,56
6	Berlin	101106991		HAUS 2	07.11.2013	08.11.2013	1,6	815,97	652,78
7	Hamburg	1104755		HAUS 1	03.05.2013	10.05.2013	7,7	3.840,28	3.072,22
8	Berlin	169598.8		HAUS 2	14.01.2013	22.01.2013	8,7	4.333,33	3.466,67
9	Berlin	335402.3		HAUS 2	28.12.2010	03.01.2013	6,6	3.282,99	2.626,39
10	Hamburg	1100312		HAUS 1	11.01.2013	21.01.2013	10,6	5.317,71	4.254,17
11	Hamburg	1108202		HAUS 1	01.08.2013	12.08.2013	11,7	5.843,75	4.675,00
12	Hamburg	131100623		HAUS 1	06.10.2013	12.10.2013	6,7	3.346,53	2.677,22
13	Berlin	339073.1		HAUS 3	17.01.2013	28.01.2013	11,5	5.750,00	4.600,00
14	Hamburg	1104793		HAUS 1	03.05.2013	19.05.2013	16,7	8.354,17	6.683,33
15	Hamburg	1108599		HAUS 1	11.08.2013	25.08.2013	14,8	7.389,93	5.911,94
16	Hamburg	109821.9		HAUS 5	29.06.2013	30.06.2013	1,4	700,00	560,00
17	Berlin	125480.10		HAUS 2	06.01.2013	28.01.2013	22,7	11.333,33	9.066,67
18	Hamburg	15971.6		HAUS 5	27.06.2013	28.06.2013	1,4	687,50	550,00
19	Berlin	173689.5		HAUS 2	14.03.2013	06.04.2013	23,5	11.770,83	9.416,67
20	Hamburg	174276.5		HAUS 5	10.05.2013	11.05.2013	1,5	765,28	612,22
21	Berlin	188803.5		HAUS 2	30.03.2013	13.04.2013	14,8	7.385,42	5.908,33
22	Berlin	18904.70		HAUS 2	04.07.2013	15.07.2013	11,6	5.791,67	4.633,33
23	Berlin	192623.19		HAUS 2	02.03.2013	23.03.2013	21,5	10.729,17	8.583,33
24	Berlin	194226.5		HAUS 2	05.04.2013	14.04.2013	9,5	4.760,42	3.808,33
25	Hamburg	198400.10		HAUS 5	14.07.2013	14.07.2013	0,7	354,17	283,33

Abb. 1.21 Download aus ERP; Datenbasis zur Korrelation elektronisch erfasster Geschäftsprozesse

Zeilenbeschriftungen	Anzahl von Vorgangsnr.	Summe von Beratertage	Summe von Erlös	Summe von Kosten
Berlin	14	150	71.527	60.139
HAUS 2	13	139	65.777	55.539
HAUS 3	1	12	5.750	4.600
Hamburg	11	77	38.360	30.688
HAUS 1	6	68	34.092	27.274
HAUS 4	1	4	1.760	1.408
HAUS 5	4	5	2.507	2.006
Gesamtergebnis	25	227	109.887	90.827

Abb. 1.22   Auswertungsbeispiel (Ergebnisse auf ganze Zahlen gerundet)

- der Standort des erbringenden Hauses (Berlin oder Hamburg)
- der Leistungszeitraum,
- die Dauer der Leistungserbringung in Tagen,
- die Erlöse sowie
- die Kosten

zugeordnet sind.

Werden jetzt die Inhalte der Spalte mit den Standortbezeichnungen und die Umsätze miteinander in Korrelation gesetzt, so erhält man als Anwender das Ergebnis, welcher Standort des Konzerns die höchsten Umsätze erwirtschaftet hat. Setzt man die Umsätze und die Erlöse miteinander in Beziehung, so erhält man als Anwender eine **Information** darüber, in welchem **Monat** oder an welchem Standort die höchsten- und an welchem die niedrigsten Umsätze erwirtschaftet wurden (Abb. 1.22).

Über die reine „handwerkliche" Korrelation der Daten unter Verwendung z. B. einer Tabellenkalkulation hinaus, bedeutet die bereits zu Beginn des Kapitels erwähnte Interpretation von Daten nach Weißenberger (Weißenberger 2002, S. 389) die Möglichkeit und Fähigkeit, aus den auf o. g. Art und Weise ermittelten Ergebnissen **Schlüsse** und **Handlungsoptionen** für Führungssubsysteme und Leistungsebenen zu generieren. Bezüglich der eingangs genannten Umsatzschwankungen können diese von konzernweiten Betriebsferien in Zeiten von wiederholt durchweg schlechten Umsatzperioden bis zur Schließung von im Vergleich zum Rest des Konzerns schlechte Ergebnisse erwirtschaftenden Standorten reichen.

Derartige **Maßnahmen** können in Form von direkten **Gesprächen** zwischen der **Unternehmensleitung** und den **Kostenstellenverantwortlichen** erfolgen, um Ursachen für Umsatz- oder Leistungsrückgänge zu ergründen und stellen das dar, was im Sinne des Controllings unter den Tätigkeiten des **Messens** und **Regelns** verstanden wird, die auch in den Natur- und Ingenieurwissenschaften praktiziert werden und sich für die Sozial- und

Geisteswissenschaften stellvertretend im Controlling manifestieren. Pläne, die seitens der Unternehmensleitung basierend auf z. B. Vergangenheitswerten erstellt werden, stellen die Vergleichsgrundlage dar. Gemessen werden Leistungen an Hand der im Rahmen dieses Kapitels beschriebenen Ergebnisse, die durch eine Controlling Abteilung erstellt werden. „Regelungstatbestände" können die Maßnahmen und Handlungsanweisungen verstanden werden, die eine Unternehmensleitung als Konsequenz für präsentierte Ergebnisse gegenüber nachgeordneten Mitarbeiter- oder Führungsebenen ausspricht.

1.5 Zusammenfassung

Die **Entwicklung** von **Controlling**-Tätigkeiten in Form der Aufzeichnung ein- und ausgehender Gelder am englischen Königshof lässt sich bis das **15. Jahrhundert** zurückverfolgen. Die erste diesbezügliche Organisation gründete sich 1931 als „Controller's Institute of America" in den USA und benannte sich **1962** um in „**Financial Executives Institute**". Als akademische Disziplin entwickelte sich das Controlling in Deutschland zu Beginn der 80er Jahre. Dennoch **existiert** bis heute **keine** umfassende und als **allgemeingültig** anerkannte **Definition** für den Teil der Wirtschaftswissenschaften und die entsprechenden betrieblichen Tätigkeiten, die als Controlling bezeichnet werden. Ungeachtet dieser Tatsache ist die Anzahl der in Controllingabteilungen tätigen Mitarbeiterinnen und Mitarbeiter in den vergangenen 15 Jahren kontinuierlich angestiegen, was deren Relevanz sowie die Akzeptanz ihrer Tätigkeiten in Unternehmen verdeutlicht. Diese Tätigkeiten fokussieren sich primär auf die **Informationsbereitstellung**, die **Beeinflussung** von Prozessen und das „**unter Kontrolle halten**" von negativen Aspekten, z. B. von Kostenentwicklungen, die das Gesamtergebnis des Unternehmens negativ beeinflussen könnten.

Als **akademische Disziplin** seit inzwischen **über 30 Jahren** anerkannt, wurden viele literarische Konzeptionen entwickelt, welche die Frage klären sollen, aus welchem Grund überhaupt ein Controlling in Unternehmen existiert und welche Aufgaben ihm primär seitens der Unternehmensleitung zugedacht werden. In diesem Zusammenhang existiert beispielsweise der **Koordinationsansatz** nach **Horváth** der besagt, dass die Konzeption des Controllings in der zielorientierten Koordination des Planungs- und Kontroll- sowie des **informationsversorgenden** Systems besteht, ohne dass hiermit eine Weisungsbefugnis des Controllings einhergeht. Die **Koordination** des **Führungsgesamtsystems**, die **mit** der Übertragung von **Weisungsbefugnis** auf das Controlling einhergeht, ist die **Konzeption** die seitens **Küpper et al.** entwickelt wurde. Gemäß Weber und **Schäffer** besteht die **Konzeption** des Controllings in der **Sicherstellung** der **Rationalität** von **Entscheidungen** der Unternehmensleitung und **Reichmann** verfolgt einen kennzahlen- und **berichtswesenbasierten** Ansatz.

Im Rahmen der Anwendung aller Konzeptionen auf Beispiele aus der betrieblichen Praxis lässt sich feststellen, dass die im Rahmen dieses Werkes geprüften, o. g. Konzeptionen **durchweg** zutreffend und auch **praxistauglich** zu sein scheinen, da alle dem „Wohl" des Unternehmens dienen, das sich

- in der langfristigen Sicherung des Fortbestands und
- der Liquiditätssicherung

darstellt und sie sich auf Geschäftsprozesse transferieren lassen. Ein **ideales Konzept** lässt sich jedoch erst als **Extrakt** aus **allen** verfügbaren **Konzeptionen** generieren und sollte **individualisiert** für das jeweilige Unternehmen konzipiert werden.

- In **organisatorischer** Hinsicht lässt sich das Controlling in Unternehmen ohne Beteiligungen als **Stabsstelle** zur Geschäftsführung/Unternehmensleitung oder als
- **Linienstelle** innerhalb der funktionsablauforientierten Organisationsstruktur

implementieren.

In **klein** und **mittelständischen** Unternehmen besteht darüber hinaus die Möglichkeit, einen bzw. auch mehrere Controllerinnen und/oder Controller in die Abteilung des externen und internen Rechnungswesen zu integrieren und ihn/sie hierarchisch der Leitung des Finanz- und Rechnungswesens zuzuordnen. Gemäß Horváth übernimmt das Controlling die Funktion eines „Sparringspartners" der Unternehmensleitung und sollte dieser hierarchisch so nah und frei von externen Einflüssen wie möglich zugeordnet werden.

Innerhalb eines **Konzerns** entsteht zwischen den Controllingebenen ggf. eine **zusätzliche Hierarchieebene**, wenn Betriebsstättencontroller dem Konzerncontrolling zuarbeiten und letzteres den erstgenannten Abteilungen hierarchisch übergeordnet ist.

Innerhalb der Vorstandsebene z. B. kapitalmarktorientierter Konzerne stellt sich einmal die Frage, ob die Abteilung der Leitung des Rechnungswesens untergeordnet oder als eigenständig und eigenverantwortlich agierende Institution auf gleicher Ebene angesiedelt wird.

In der heutigen Zeit werden die für die Erstellung von Berichten erforderlichen Datenbasen des Controllings, die zu einem großen Teil auf Informationen des externen Rechnungswesens basieren, EDV-gestützt bereitgestellt. Viele Unternehmen verwenden zur virtuellen Abbildung ihrer Geschäftsprozesse sog. „**Enterprise-Ressource-Plannings**" (ERP), die im Deutschen als Warenwirtschaftssysteme bezeichnet werden. Diese Softwares sind häufig modular aufgebaut, werden auf zentral zugänglichen Servern bereitgestellt, auf deren Speichermedien alle organisatorischen Ebenen von Unternehmen ihre Daten eingeben und sichern. Das Controlling greift auf die auf diese Weise gepflegten Daten zu und verwendet diese zur Erstellung von Reportings (Berichtswesen) und Kennzahlen. Neben der handwerklichen Erstellung von Berichten liegt der Sinn und Zweck der Controllingtätigkeiten in der Interpretation der erstellten Ergebnisse und der Korrelation von Teil-Geschäftsprozessen miteinander. Auf diese Weise können Sollabweichungen ermittelt und hieraus Handlungsanweisungen abgeleitet werden. Diese Prozesse ähneln den natur- und ingenieurwissenschaftlichen Vorgängen des **Messens** und des **Regelns**, die auch in den Sozial- und Geisteswissenschaften existieren und sich im Controlling manifestieren.

1.6   Wiederholungs- und Kontrollfragen

1. **Historische Entwicklung des Controllings in der Unternehmung – Bezug:** Abschn. 1.1
   Wann wurde Controlling als akademische Disziplin anerkannt?

2. **Controlling-Konzeptionen – Bezug:** Abschn. 1.2
   Erläutern Sie, worum es sich bei einer Controlling-Konzeption handelt.

3. **Controlling-Konzeptionen – Bezug:** Abschn. 1.2
   Erläutern Sie die Unterschiede der Controlling-Konzeptionen nach Horváth sowie Küpper et al.

4. **Organisation und hierarchische Eingliederung des Controllings in Unternehmen bzw. in Konzernen – Bezug:** Abschn. 1.3
   Erläutern Sie den Ausdruck „Operations Research" und nennen Sie Beispiele hierfür.

5. **Organisation und hierarchische Eingliederung des Controllings in Unternehmen bzw. in Konzernen – Bezug:** Abschn. 1.3
   Erläutern Sie, in welcher Weise eine Controllingabteilung in die Unternehmensstruktur implementiert werden kann.

6. **Organisation und hierarchische Eingliederung des Controllings in Unternehmen bzw. in Konzernen – Bezug:** Abschn. 1.3
   Was ist unter der Formulierung zu verstehen, die Controlling als einen Sparring des Unternehmers bzw. des Managements bezeichnet?

7. **Datenbasen des Controllings: das interne- und externe Rechnungswesen – Bezug:** Abschn. 1.4
   Ein Fertigungsunternehmen stellt im Rahmen der Erstellung des Jahresabschlusses folgende Ergebnisse des abgelaufenen Geschäftsjahres fest:
   - Es wurden Umsatzerlöse durch den Verkauf selbst gefertigter Güter i. H. v. 15 Mio. € erwirtschaftet.
   - Aus nicht-betriebsbedingten Kapitalanlagen erhielt das Unternehmen Zinszahlungen i. H. v. 1 Mio. €.
   - Roh-, Hilfs- und Betriebsstoffe wurden für 4 Mio. € beschafft; hiervon entfielen 25 % auf Bürobedarf der lediglich der Verwaltung und nicht der Fertigung zuzurechnen ist.
   - Die Miete für Produktionsstätten belief sich auf 750.000 €.
   - Durch Fremdkapitalzinsen entstand ein Aufwand i. H. v. 1.250.000 €.
   Ermitteln Sie das Gesamt-, das neutrale- und das Betriebsergebnis.

8. **Datenbasen des Controllings: das interne- und externe Rechnungswesen – Bezug:** Abschn. 1.4
   Auf welche Weise lässt sich Controlling in Konzernen organisieren und welche Probleme können hierbei entstehen?

9. **Datenbasen des Controllings: das interne- und externe Rechnungswesen – Bezug:** Abschn. 1.4
   Erläutern Sie den i. d. R modularen Aufbau eines ERP wie z. B. SAP.

10. **Datenbasen des Controllings: das interne- und externe Rechnungswesen – Bezug:** Abschn. 1.4

Ein Maschinenbauunternehmen, das in der Rechtsform einer Aktiengesellschaft tätig ist und gemäß § 297 HGB zur Konzernbilanzierung verpflichtet ist unterhält 3 Standorte mit jeweils rechtlich selbständigen Betrieben:

- Standort Rostock
  - Produktion und Lagerstätte für Rohstoffe
- Standort Frankfurt
  - Vertriebszentrale
- Standort Düsseldorf
  - Verwaltung, Finanzwesen sowie Personalwesen.

In der gesamten Unternehmensgruppe bzw. im gesamten Konzern sind 200 Mitarbeiterinnen und Mitarbeiter tätig.

Welche Module eines ERP werden seitens des Konzerns benötigt, um die Anforderungen aller Standorte berücksichtigen zu können? Entwickeln Sie ein Konzept zur Implementierung des Controllings; stellen Sie es grafisch/schematisch dar.

1.7   Lösungen Kapitel 1

1. Zu Beginn der 80er Jahre wurde Controlling als akademische Disziplin anerkannt und an Fachhochschulen zunächst primär als Schwerpunkt für wirtschaftswissenschaftliche Studiengänge vermittelt.

2. Als Controlling-Konzeption wird eine Grundvorstellung bezeichnet, die sowohl theoretisch fundiert als auch in der Praxis bewährt ist. Die literarischen Konzeptionen des Controllings fassen alle Gründe zusammen, welche die Implementierung einer derartigen Institution im Unternehmen erforderlich oder zumindest sinnvoll machen, und stellen ihren Nutzen dar.

3. Beide Konzeptionen, sowohl die nach Horváth als auch die nach Küpper et al., stellen die Koordinationsfunktion des Controllings in den Mittelpunkt der Aufgaben. Der grundlegende Unterschied besteht darin, dass Küpper et al. im Gegensatz zu Horváth verlangen, dem Controlling (Führungs-)Verantwortung in Form einer limitierten Weisungsbefugnis zu übertragen. Horváth negiert diese Option und weist dem Controlling eine reine informationsversorgende Funktion zu, die sich jedoch auf die Geschäftsführung, die hierarchisch nachgeordneten Führungssubsysteme und auch die Leistungsebenen bezieht.

4. Als Operations Research werden die Leistungen des Controllings bezeichnet, die entscheidungsvorbereitend für das Management sind. Hierzu gehört die Bereitstellung von Informationen in Form von Kennzahlen oder Berichten auf die sich unternehmerische Handlungsanweisungen und Maßnahmen stützen, welche die langfristige Existenz des Unternehmens in monetärer Hinsicht sichern sollen. Als Beispiele hierfür können

- Preiskalkulationen
- Umsatz-, Erlös-, Kostenstatistiken,
- Bilanzielle, monetäre Kennzahlen (Entwicklung der Eigenkapitalquote),
- nicht monetäre Kennzahlen (Angebotserfolg, abs. Anzahl aktiver Kunden),
- Kostenauswertungen,
- Erlösauswertungen,
- Investitionsrechnungen sowie
- Produkt-/Leistungsdeckungsbeitragsrechnungen

  genannt werden.

5. In der funktionsablauforientierten Organisationsstruktur eines Unternehmens lässt sich das Controlling einerseits als Linienstelle, ggf. mit einer übergeordneten Führungskraft einbinden. In dieser Konstellation können die dort tätigen Mitarbeiterinnen und Mitarbeiter (zusätzlich) Aufgaben übernehmen, die aus dem Tagesgeschäft anderer Abteilungen resultieren und sind nicht ausschließlich den Weisungen der Unternehmensleitung unterworfen. Der Nachteil dieser Organisationsform ist in der fehlenden Möglichkeit zur Fokussierung auf Problemlösungen der Unternehmensleitung sowie der Bildung von Spezialwissen zu sehen. Eine andere Variante ist die Einbindung der Abteilung als Stabsstelle der Unternehmensleitung. In dieser Konstellation operieren die dort tätigen Mitarbeiterinnen und Mitarbeiter losgelöst von allen anderen Abteilungen, empfangen lediglich Weisungen des Managements und führen keinerlei Tätigkeiten aus, die aus anderen Abteilungen an sie herangetragen werden. Der Vorteil liegt in der Konzentration auf die Belange des Managements, die erschöpfend und präzise berücksichtigt werden können. Nachteilig ist die Gefahr einer nur geringen Akzeptanz seitens der Beschäftigten übriger Unternehmensbereiche.

6. Der Begriff des Controllers als Sparringspartner der Unternehmensleitung wurde zwar ursprünglich von Horváth geprägt, doch stellen insbesondere Weber und Schäffer in ihrer Controlling-Konzeption heraus, dass im Management Fehlentscheidungen häufig auf Erfahrungswerten oder auf Emotionen basieren, die als Entscheidungsgrundlage verwendet wurden. Dies steht im Widerspruch zur Rationalität, der nach Weber und Schäffer jedoch oberste Priorität bei der Entscheidungsfindung eingeräumt werden muss. Aufgabe des Controllings ist u. a. die Sicherstellung der Beachtung des Rationalitätsprinzips, was jedoch bei Vorliegen einer von den eigenen Kenntnissen und Fertigkeiten stark von sich selbst überzeugten Unternehmensleitung zu Problemen und zu Konfrontationen führen kann. Ein hohes Maß an diplomatischem Geschick, Einfühlungsvermögen und Überzeugungskraft ist daher für Controllerinnen und Controller unbedingt erforderlich, um die gestellten Aufgaben in einer Art und Weise wahrzunehmen, welche die wirtschaftliche Existenz des Unternehmens durch rational getroffene Entscheidungen sichern.

Bezeichnung	Finanzbuchhaltung		Kosten- und Leistungsrechnung			
	Aufwendungen	Erträge	neutrale Aufwendungen	neutrale Erträge	Kosten	Leistungen
Umsatzerlöse		15.000.000				15.000.000
Zinserträge		1.000.000		1.000.000		
RHB	4.000.000		1.000.000		3.000.000	
Mietaufwand	750.000				750.000	
Zinsaufwand	1.250.000		1.250.000			
	6.000.000 16.000.000		2.250.000 1.000.000		3.750.000 15.000.000	
	10.000.000		**1.250.000**		**11.250.000**	
	Gesamtergebnis		neutrales Ergebnis		Betriebsergebnis	

8. Innerhalb von Konzernen besteht die Möglichkeit, dass bei Existenz verschiedener Betriebsstätten neben den Controllerinnen und Controllern der jeweiligen Standorte ein zusätzliches, übergeordnetes „Konzerncontrolling" erforderlich wird. Dieses fordert Informationen aus/von den Betriebsstätten an, verdichtet die Inhalte und berichtet, im Falle der Rechtsform einer Aktiengesellschaft, direkt an den Vorstand. Problematisch in diesem Zusammenhang ist möglicherweise die Tatsache, dass neben der Hierarchie in der funktionsablauforientierten Organisation eine zusätzliche Hierarchie innerhalb des Controllings entsteht, was wiederum zu Schnittstellen, Streuverlusten und Kompetenzüberschneidungen führen kann. Die Anforderung an die Unternehmensleitung lautet in dieser Konstellation, klare Aufgabenzuordnungen und -abgrenzungen zu schaffen.

9. Als modular wird ein ERP bezeichnet, wenn für unterschiedliche Funktionsbereiche/Abteilungen eines Unternehmens anforderungsspezifische Eingabe- und Auswertungsmasken existieren. Unternehmen haben bei derartigen Anwendungen die Möglichkeit, lediglich eine Auswahl von Modulen zu erwerben. Sie sind nicht gezwungen, in eine Gesamtlösung zu investieren, deren Funktionen sie nicht in ihrem vollen Umfang nutzen können. Die Oberbegriffe der Module in SAP sind als
- Rechnungswesen
- Einkauf und Lager
- Fertigung
- Konzernintegration
- Vertrieb und Verkauf
- Marketing und Service
bezeichnet und beinhalten Funktionen zur Generierung von Reports/Auswertungen.

10. *Musterlösung*:

Bei den zur Abbildung aller anfallenden Geschäftsprozesse benötigten Modulen eines ERP handelt es sich

- für den Standort Rostock um ein
  - – Warenbestands- und -bewegungs- sowie
  - – ein Modul für die Produktionsprozessplanung;
- für den Standort Frankfurt um
  - – eine Kundendatenbank mit Textverarbeitung zur Angebotserstellung sowie
- für den Standort Düsseldorf um
  - – eine Finanz-/Bilanzbuchhaltung sowie
  - – eine Lohnbuchhaltung inklusive der Mitarbeiterinnen und Mitarbeiterverwaltung.

Aufgrund der recht geringen Anzahl von Abteilungen und der für einen Konzern bzw. eine Unternehmensgruppe geringe Anzahl von Mitarbeiterinnen und Mitarbeitern bietet sich für die in der Aufgabenstellung beschriebene Organisationsstruktur die Einrichtung eines zentralen Controllings an. Auf einem zentral bereitgestellten Server wird ein ERP installiert, das alle zur Erstellung eines Reportings erforderlichen Daten enthält. Die Einrichtung zusätzlicher (Betriebsstätten-)Controllingabteilungen oder -stellen schafft zum einen unnötige, zusätzliche Schnittstellen und verursacht Kosten, die durch eine zentrale Stelle bzw. eine zentrale Abteilung zu umgehen sind.

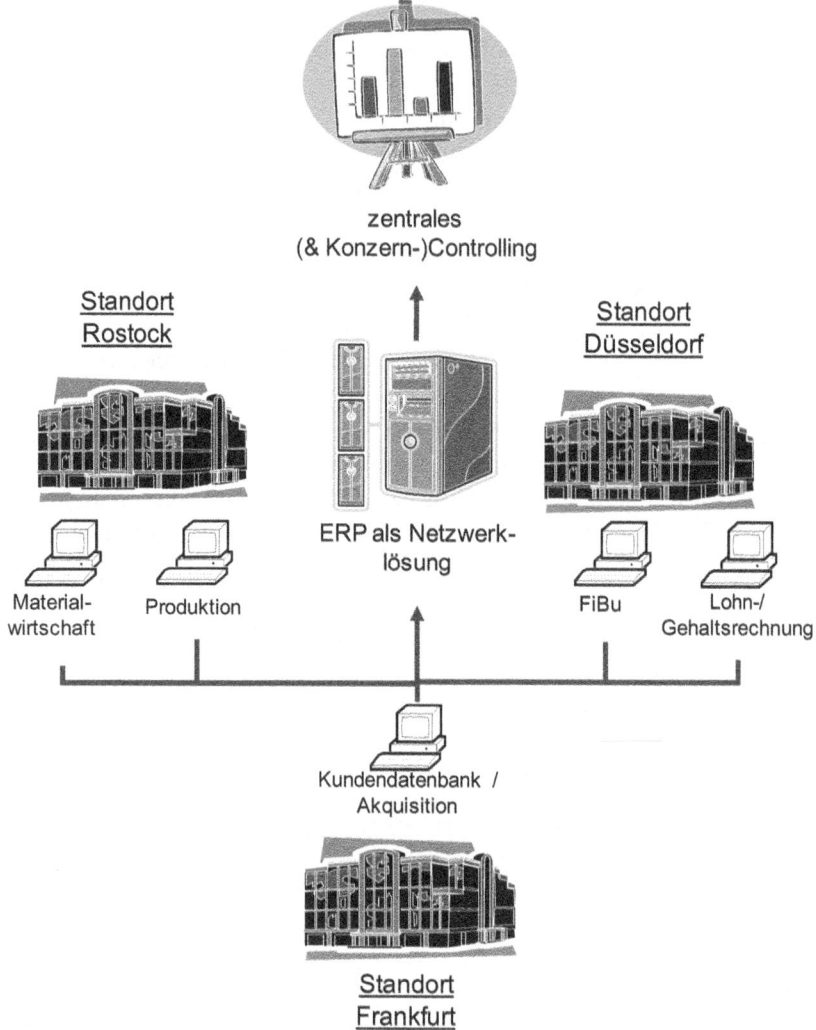

Schematisch/grafisch lässt sich die organisatorische Struktur ähnlich darstellen, wie dies in Abschn. 1.4 am Beispiel des Konzerncontrollings bereits erfolgte. Ausgespart ist an dieser Stelle lediglich das Betriebsstättencontrolling pro Standort. Die Bereitstellung eines ERP als Netzwerklösung stellt hingegen ein grundsätzliches Erfordernis dar.

Literatur

Gehrig, M., Breu, M.: Controlling hilft, strategische Denkfehler zu vermeiden. Control. Manag. Rev. **3/2013**, 47 (2013)

Graumann, M.: Controlling, Begriff, Elemente, Methoden und Schnittstellen, 5. Aufl. NWB, Herne (2018)

Horváth, P.: Konzeption"; Controlling – Entwicklung und Stand einer Konzeption zur Lösung der Adaptions- und Koordinationsprobleme der Führung. Zfb Z. Betriebswirtsch. **48**(3), 195–205 (1978)

Horváth, P.: Controlling, 6. Aufl. Vahlen, München (1996)

Horváth, P.: Controlling, 12. Aufl. Vahlen, München (2011)

Horváth, P., Gleich, M., Seiter, M.: Controlling, 13. Aufl. Vahlen, München (2015)

https://www.sap.com/germany/products/business-one.html#Produktdetails. Zugegriffen: 22. Juni 2018

https://www.sap.com/products/business-one/features.html#industry-specific. Zugegriffen: 22. Juni 2018

Hubert, B.: Einführung in die Bilanzierung und Bewertung, 2. Aufl. Springer, Wiesbaden (2017)

Küpper, et al.: Controlling Konzeption, Aufgaben, Instrumente, 6. Aufl. Schäffer-Poeschel, Stuttgart (2013)

Olfert, K.: Kompakt Training Einführung in die Betriebswirtschaftslehre. Kiehl, Ludwigshafen (2005)

Olfert, K.: Personalwirtschaft, 16. Aufl. Kiehl, Herne (2015)

Ossadnik, W.: Controlling, 4. Aufl. Oldenbourg, München (2009)

Reichmann, T.: Controlling mit Kennzahlen, 8. Aufl. Vahlen, München (2011)

SAP Affiliate Company: SAP Business One Introduction,

Schmolke, S., Deitermann, M.: Industrielles Rechnungswesen IKR, 45. Aufl. Winklers, Braunschweig (2016)

Statistisches Bundesamt: Klassifikation der Berufsgruppen (1992). KldB 92

Statistisches Bundesamt: Erwerbstätige nach Berufsgruppen (2012–2016) (2016)

Statistisches Bundesamt: Statistisches Jahrbuch (2017)

Weber, J., Schäffer, U.: Einführung in das Controlling, 15. Aufl. Schäffer-Poeschel, Stuttgart (2016)

Wedell, H., Dilling, A.: Grundlagen des Rechnungswesens, 14. Aufl. NWB, Herne (2014)

Weißenberger, B.E.: Controlling als Teilgebiet der Betriebswirtschaftslehre – konzeptionelle Einordnung und Konsequenzen für Forschung und Lehre. In: Weber, J., Hirsch, B. (Hrsg.) Controlling als akademische Disziplin. Gabler, Wiesbaden (2002)

Ziegenbein, K.: Kompakt Training Controlling. Kiehl, Ludwigshafen (2006)

Ziegenbein, K.: Controlling, 10. Aufl. Kiehl, Herne (2012)

Planungshorizont des operativen und des strategischen Controllings

2

Lernziele

- Kenntnis der abweichenden Zeithorizonte der operativen, des taktischen sowie des strategischen Controllings und der zugeordneten Instrumente
- Verständnis für die Notwendigkeit der Zuordnung von Instrumenten ohne Berücksichtigung des zeitlichen Horizonts
- Einblick in den Aufbau und das Zustandekommen eines ausführlichen Controllingberichtswesens/Reportings

2.1 Abgrenzung des operativen und des strategischen Controllings

Literarisch werden operative und strategische Planung sowie die hierzu gehörenden Instrumente häufig im Hinblick auf ihren zeitlichen Horizont gegeneinander abgegrenzt. Darüber hinaus wird oft noch die die taktische Planung als zusätzliche Stufe zwischengeschaltet. So bezieht sich

- **operative Planung**,
  - zu der als Instrumente das Berichtswesen, Soll-Ist-Vergleiche oder das Target Costing genannt werden können,
  - auf einen Zeitraum von bis zu **einem Jahr**.
- Die **taktische Planung**,
  - zu der als Instrumente bspw. Kennzahlen und ggf. die Balanced Scorecard zählen können,
  - bezieht sich auf einen Zeitraum zwischen **zwei und fünf Jahren**.

© Springer Fachmedien Wiesbaden GmbH, ein Teil von Springer Nature 2019
B. Hubert, *Grundlagen des operativen und strategischen Controllings*,
https://doi.org/10.1007/978-3-658-23006-7_2

- Die **strategische Planung**,
  - zu der Instrumente wie das Benchmarking oder die strategische Umsatzplanung gehören,
  - bezieht sich hingegen auf einen Zeitraum von **bis zu 10 Jahren**.

Im Rahmen der **operativen Planung** werden Aspekte wie

- monatliche Kosten,
- Bestellmengen von Roh-, Hilfs- und Betriebsstoffen sowie
- personelle und maschinelle Kapazitäten

geplant.

Gegenstand der **taktischen Planung** sind Unternehmensinterna wie

- personelle und maschinelle Kapazitäten,
- Lieferverträge oder
- Produkt- und Leistungsstrukturen.

Die Betrachtungsweise der **strategischen Planung** richtet sich auf

- die Entwicklung von Potentialen,
- von Kernkompetenzen oder
- langfristig angelegt, organisatorische Veränderungen, zu denen beispielhaft die Errichtung neuer Betriebsstätten gezählt werden kann (Unternehmensentwicklung; vgl. Wöhe et al. 2016, S. 76).

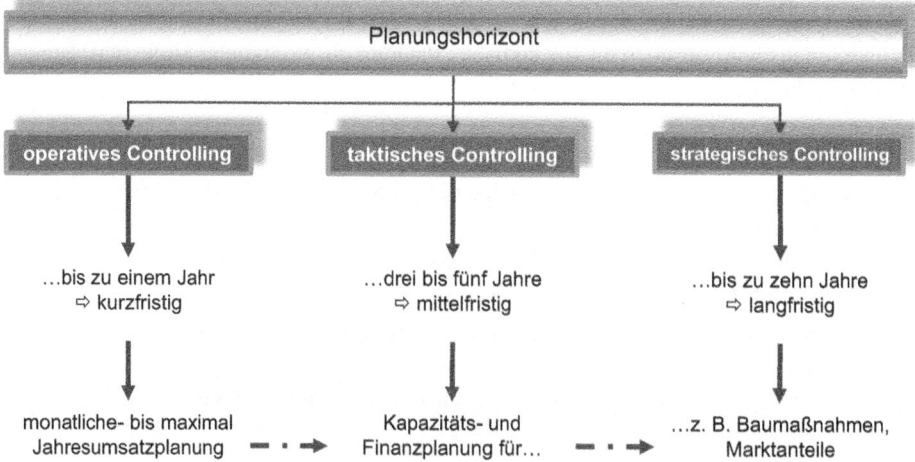

Abb. 2.1 Planungshorizont des operativen-, des taktischen- sowie des strategischen Controllings

Die **taktische Planung** führt in der Literatur ein regelrechtes „Schattendasein". Selbständige Schriften hierzu existieren kaum und auch hinsichtlich der Praktikabilität muss die Frage gestellt werden, ob zwischen kurz- und langfristiger Planung sowie der **Anwendung** der entsprechenden Instrumente tatsächlich ein Zwischenschritt erforderlich ist. Aus diesem Grund soll die taktische Planung im vorliegenden Werk keine weitere Berücksichtigung erfahren und sollen die ausgewählten Instrumente des Controllings **lediglich** in **operative** und **strategische** unterteilt sowie die Anwendungsbeispiele lediglich auf diese beiden Horizonte bezogen werden (Abb. 2.1).

Ungeachtet der Tatsache jedoch, ob eine **Zwischenstufe** für die Planung und die Identifikation der adäquaten Instrumente **erforderlich** ist, erscheint der **zeitliche Horizont** als **Abgrenzungskriterium** als **zu eng** und zu **unpräzise**. Der Grund hierfür liegt in der Tatsache, dass Geschäftsprozesse mit **langfristigen Konsequenzen** und der hiermit einhergehenden Notwendigkeit zu entsprechender Planung **innerhalb kurzer Zeit –** mit Blick auf die o. g. Definitionen innerhalb eines Geschäftsjahres – **abgeschlossen** werden können und definitorisch **somit** zur **operativen Planung** gerechnet werden müssten.

Beispiel

Ein Gebäude, welches seitens eines Produktionsunternehmens zur Erweiterung der Kapazitäten erstellt wird und neben einem Fertigungsbereich auch Räumlichkeiten für die Verwaltung bereitstellt, gehört auf Grund der Tatsache, dass mit diesem Projekt eine Potentialentwicklung einhergeht, definitorisch unbestreitbar zur strategischen Planung. Da moderne Bauweisen jedoch in der heutigen Zeit die Fertigstellung von Gebäuden innerhalb eines Zeitraums von weniger als einem Jahr ermöglichen, dürfen nicht ausschließlich langfristige, sondern müssen auch kurzfristige Aspekte in der Planung berücksichtigt und darüber hinaus die entsprechenden Instrumente angewandt werden.

Eine ergänzende Definition bzw. Abgrenzung, die den zeitlichen Horizont zunächst unberücksichtigt lässt und sich auf die für die **Umsetzbarkeit** von Maßnahmen verfügbaren Kapazitäten und die **Tragweite** geplanter Aspekte bezieht, erscheint mit Blick auf das o. g. Beispiel etwas griffiger. So könte die **operative Planung** und die hiermit verbundenen Maßnahmen als diejenigen bezeichnet werden, die sich mit den **Kapazitäten** und den **organisatorischen Strukturen** realisieren lassen, welche im **Tagesgeschäft** verfügbar sind. Als Beispiel kann in diesem Kontext die Planung und Steuerung der

- kurzfristigen Liquidität oder
- die Sicherstellung der Möglichkeit von Lohn- und Gehaltszahlungen am Ende des Monats genannt werden.

Im **Gegensatz** hierzu bedingen **strategische Maßnahmen** stets **organisatorische Veränderungen**, die sich nicht nur auf **räumliche**, sondern auch auf **personelle Kapazitäten** beziehen und sind nicht mehr mit den im Tagesgeschäft verfügbaren Ressourcen zu bewältigen. Das Beispiel der Errichtung eines Gebäudes zur Erweiterung der Produktions- und

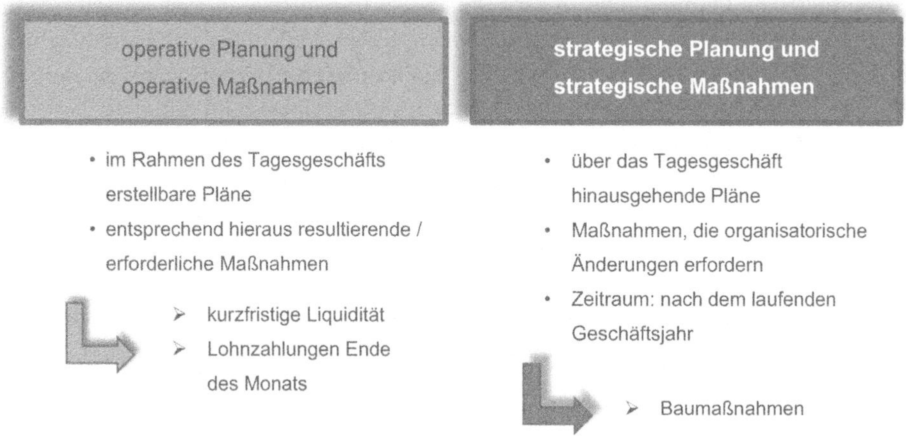

| operative Planung und operative Maßnahmen | strategische Planung und strategische Maßnahmen |

- im Rahmen des Tagesgeschäfts erstellbare Pläne
- entsprechend hieraus resultierende / erforderliche Maßnahmen

  ➢ kurzfristige Liquidität
  ➢ Lohnzahlungen Ende des Monats

- über das Tagesgeschäft hinausgehende Pläne
- Maßnahmen, die organisatorische Änderungen erfordern
- Zeitraum: nach dem laufenden Geschäftsjahr

  ➢ Baumaßnahmen

Abb. 2.2 Erläuterung des operativen- sowie des strategischen Controllings ohne Berücksichtigung des zeitlichen Horizonts

Verwaltungskapazitäten erscheint als Beispiel geeignet, da die Ausweitung der Kapazitäten zumindest mittelfristige Auswirkungen hat, wenn man Kündigungsfristen von neu einzustellenden Mitarbeiterinnen und Mitarbeitern sowie die Notwendigkeit von Tilgungszahlungen eines hierfür aufgenommenen Darlehens bedenkt. Letzteres ist zu bedenken, sofern das Gebäude nicht ausschließlich durch Eigenkapital finanziert wurde. Das Gebäude selbst mag innerhalb eines Jahres fertiggestellt sein und der zeitliche Horizont somit auf eine operative Planung hindeuten, die **Auswirkungen** beziehen sich jedoch auf einen **Zeitraum** von möglicherweise bis zu **zehn Jahren**. Der **Planungshorizont** ist daher **langfristig** zu sehen und in die Kategorie der **strategischen Planung** und der strategischen Instrumente einzuordnen (Abb. 2.2).

Ungeachtet eines präzisen und kalendarisch messbaren zeitlichen Horizonts lassen sich **operatives Controlling** und **operative Planung** mit Blick auf die literarisch fixierten Zeiträume als kurzfristige Planung und/oder die Steuerung und Kontrolle kurzfristiger Geschäftsprozesse bezeichnen. Im Umkehrschluss soll weiterhin das strategische Controlling sowie die diesbezüglichen Instrumenten und Maßnahmen „langfristig" genannt werden. **Literarisch** wird diese These auch durch die Autoren bestätigt, deren Controlling-Konzeptionen bereits in Kap. 1 dargestellt und erläutert wurden.

2.2 Reporting/Controlling-Berichtswesen

Die **Komplexität** und der **Aufwand** zur Planung und Steuerung von Geschäftsprozessen **reduziert** sich **nicht** auf Grund der Tatsache, dass sich ihre **Ergebnisse** und **Ziele** auf Zeiträume beziehen, die **in** relativ **naher Zukunft** liegen; das **Gegenteil** hiervon ist der Fall. Kurzfristige Planung muss insbesondere aus dem Grund sorgfältig betrieben und die diesbezüglichen Ergebnisse und Ziele so präzise wie möglich prognostiziert werden, weil nur wenig Zeit für Korrekturen bleibt. Diese können sowohl durch Fehler in der Planung, als auch durch unvorhersehbare Ereignisse erforderlich werden. Beispielhaft sei an dieser Stelle die weltweite Wirtschaftskrise in den Jahren von 2009 bis 2010 genannt, in denen offenbar keine Planungs- und Steuerungsmaßnahmen die extrem hohe Zahl von Unternehmensinsolvenzen abzuwenden vermochten[1].

Um die **Fehlerintensität** zu **minimieren** und die **Qualität** der Entscheidungsvorbereitung im Gegensatz hierzu zu **maximieren** muss die **primäre Anforderung** an das Controlling in der **Bereitstellung** von **Informationen** bestehen, die

- ausführlich,
- fehlerfrei,
- anschaulich,
- auf die Anforderungen der Entscheidungsebene zugeschnitten sowie darüber hinaus
- zur Entscheidungsvorbereitung geeignet

sind. Im Hinblick auf die in Kap. 1 behandelten Konzeptionen des Controllings erscheint diese Forderung als besonders relevant.

Zur Erinnerung:die gesamte Controlling-Konzeption nach Reichmann ist auf der Existenz eines Kennzahlensystems bzw. eines Informationssystems, das im weiteren Verlauf der Betrachtung mit einem ausführlichen Berichtswesen gleichgesetzt werden soll aufgebaut, das

- auf der Festlegung von **Entscheidungsbereichen** basiert,
- in der funktionsablauforientierten Struktur eines Unternehmens implementiert ist,
- **nicht ausschließlich** dem **Top-Management** zugeordnet ist, sondern auch innerhalb anderer Bereiche existiert,
- (u. a.) auf den **Daten** des externen **Rechnungswesens** basiert und
- durch **Transparenz** von Geschäftsprozessen sowie der monetären Situation zur Verbesserung der Entscheidungsqualität beiträgt (vgl. Reichmann 2011, S. 11).

Als **Instrument** mit der **größten Relevanz** für die kurzfristige **Planung und Steuerung** der **Unternehmensprozesse** soll daher an dieser Stelle zunächst das **Berichtswesen/Reporting** behandelt werden, dessen Erstellung den **größten Anteil** der gesamten **Tätigkeit** von Controllerinnen und Controllern (vgl. Weber und Schäffer 2016, S. 13), sowie hinsichtlich seiner Informationsfunktion und Relevanz für Transparenz und das Operations Research den „Dreh- und Angelpunkt" des Controllings darstellt[2].

---

[1] Vgl. Statistisches Bundesamt; Unternehmen, Handwerk: die Zahl der Unternehmensinsolvenzen stieg in den Jahren 2009 um 11,6 % auf 32.687.

[2] Etwa 75 % ihrer Arbeitszeit verwenden Controllerinnen und Controller für die Erstellung regelmäßiger/monatlicher Kosten- und Leistungsberichte sowie die Erstellung von hierüber hinausgehenden Sonderauswertungen auf Anforderung der Unternehmensleitung. Die Kommunikation mit unter-

Der Sinn und Zweck von Berichten reicht vom Vorliegen der Informationen „schwarz auf weiß" zur Untermauerung von Entscheidungen und Handlungsanweisungen gegenüber Mitarbeiterinnen und Mitarbeitern seitens der Unternehmensleitung bis zur Möglichkeit der Demonstration von Unternehmenspotentialen gegenüber Anteilseignern, Kapitalgebern, etc.

Es empfiehlt sich, zwischen **regelmäßig** erstellten **„Standardberichten"**, die zur Steuerung und Kontrolle neuralgischer Aspekte wie der Liquidität oder des Produktions- und Leistungsoutputs eines Unternehmens und **Sonderauswertungen** zu **unterscheiden**. Eine Controlling-Abteilung kann neben regelmäßigen Berichten bezüglich der Kosten- und Leistungsentwicklung eines Unternehmens oder eines Konzerns auf Anforderung der Geschäftsführung auch Berichte erstellen, die sich

- auf ausgewählte Leistungen,
- ausgewählte Standorte oder
- ausgewählte Bereiche/Abteilungen

beziehen, um diese mit anderen zu vergleichen oder ihre Entwicklung herauszustellen.

Ungeachtet der Tatsache, ob es sich um eine Sonderauswertung oder einen Report handelt, der als regelmäßig zu bezeichnen ist: durch die reine, unbearbeitete Darstellung der in Abb. 2.3 genannten Datenbasen ist noch kein Berichtswesen erstellt. Erst die Korrelation aller verfügbaren Daten der Märkte sowie des externen Rechnungswesens bringt derartiges zu Stande.

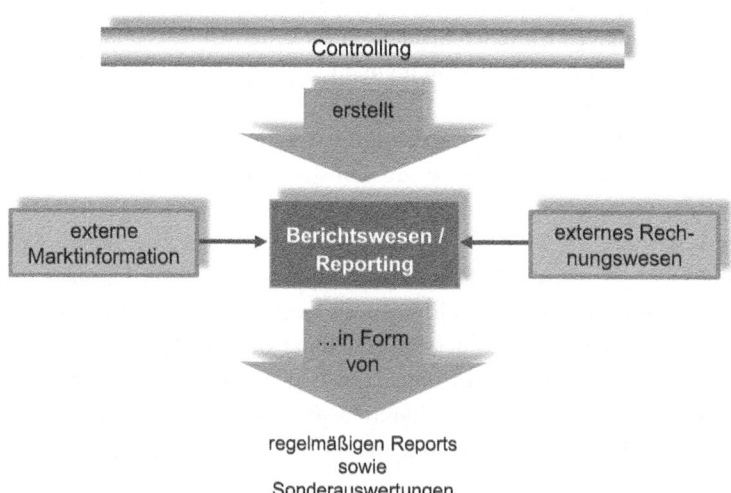

Abb. 2.3 Zustandekommen des Berichtswesens/Reportings durch das Controlling

nehmensexternen Parteien oder die Teilnahme an Konferenzen nimmt im Vergleich zum Reporting einen nur geringen Stellenwert ein.

Die **gesetzlichen Regelungen** des externen Rechnungswesen führen dazu, dass Geschäftsprozesse

- in chronologischer Reihenfolge,
- verursachungsgerecht,
- gemäß handels- und steuerrechtlicher Richtlinien **korrekt bewertet**

im **Jahresabschluss** vorliegen,

- damit potentielle Geschäftspartner die Möglichkeit haben, sich ein realistisches Bild hinsichtlich der wirtschaftlichen Situation des Unternehmens zu verschaffen und
- die Finanzbehörden in die Lage versetzt werden, die steuerliche Belastung korrekt zu ermitteln.

Finanzbuchhalterische Daten zeigen zwar

- das Verhältnis von Forderungen und Verbindlichkeiten (vgl. auch Abschn. 3.6 und die hierin genannten Ausführungen zu Bilanzkennzahlen)
- die Entwicklung des Eigenkapitals
  - zumindest dann, wenn mehrere Jahresabschlüsse zum Vergleich miteinander vorliegen (Hubert 2017, S. 136 ff.),

jedoch sind zur Planung von Geschäftsprozessen, die mit der Erteilung von Handlungsanweisungen einhergehen, detailliertere Informationen erforderlich (vgl. Abschn. 1.1: aus dem Controlling resultiert die Beeinflussung z. B. von Unternehmensprozessen mit dem Ziel der Vermeidung von Planabweichungen).

Fragen, die im Rahmen der Planung auftreten und Steuerungsmaßnahmen erforderlich machen sind zum Beispiel,

- welche Unternehmenssparte/welche Abteilung des Unternehmens oder des Konzerns die meisten Verbindlichkeiten verursacht;
- an welcher Stelle des Unternehmens oder des Konzerns entstehen Aufwendungen in einer Höhe, welche die Entwicklung des Eigenkapital gefährden kann;
- welche sind die ertragsträchtigsten Unternehmensleistungen/-produkte darstellen;
- etc.

Externe Marktinformationen, die sich z. B. auf die politische-, die Umwelt- oder die Mitbewerbersituation hinsichtlich

- des Marktanteils,
- der Absatzzahlen oder
- Preise

beziehen, sind erst dann für die Planung und Steuerung nützlich, wenn sie in Relation zu den eigenen Absatz- und Umsatzzahlen gesetzt werden. **Steigende Absatzzahlen** der Mitbewerber, die einen konjunkturellen **Aufschwung** vermuten lassen müssen in Beziehung zum eigenen Produktions- und Leistungsportfolio sowie den eigenen Kapazitäten gesetzt werden, um erforderliche Entscheidungen oder Handlungsanweisungen zu identifizieren. Bevor dies jedoch möglich ist, müssen die Daten des externen Rechnungswesens in einer Form vorliegen, die diesen Vergleich ermöglicht.

Auch wenn in der Finanzbuchhaltung alle **Geschäftsprozesse** zu erfassen und alle Vermögensgegenstände jährlich zu bewerten sind, steht in keinem Gesetz geschrieben, dass die Ergebnisse

- einzelner Standorte (… zumindest so lange diese keine eigenständigen Rechtspersönlichkeiten darstellen),
- einzelner Produkte oder
- Leistungen

Lfd. Nr.	Stadt	Vorgangsnr.	Reklamation	Standort	Beratertage	Umsatz	Kosten	Zusatzkosten	Beginn Monat	Ende Monat	UN-Größe
1	Berlin	306886.2		HAUS 3	95,7	47.833,33	38.266,67	200	2012-10	2013-01	1
2	Berlin	101100394		HAUS 3	75,6	37.787,15	30.229,72	0	2013-09	2013-11	1
3	Berlin	180264.2		HAUS 3	72,6	36.295,83	29.036,67	0	2012-10	2013-01	1
4	Berlin	26263.13		HAUS 3	66,6	33.284,72	26.627,78	0	2012-12	2013-02	1
5	Hamburg	40539.12		HAUS 4	66,4	33.208,33	26.566,67	0	2013-05	2013-07	1
6	Berlin	333520.9		HAUS 2	61,7	30.871,18	24.696,94	0	2013-02	2013-04	1
7	Berlin	101103101		HAUS 2	61,5	30.765,63	24.612,50	0	2013-10	2013-12	1
8	Berlin	101106234		HAUS 2	57,5	28.729,17	22.983,33	100	2013-11	2013-12	2
9	Berlin	341988.1		HAUS 3	55,8	27.895,83	22.316,67	0	2013-03	2013-05	1
10	Berlin	101106133		HAUS 3	51,8	25.906,25	20.725,00	0	2013-11	2013-12	1
11	Berlin	340736.1		HAUS 2	51,6	25.812,50	20.650,00	100	2013-02	2013-04	1
12	Berlin	340455.2		HAUS 2	50,5	25.239,58	20.191,67	0	2013-03	2013-04	2
13	Hamburg	101101856		HAUS 4	49,4	24.718,75	19.775,00	0	2013-10	2013-11	1
14	Berlin	226706.21		HAUS 3	47,7	23.864,58	19.091,67	0	2012-11	2013-01	1
15	Berlin	346245.2		HAUS 3	47,5	23.739,58	18.991,67	0	2013-07	2013-08	1
16	Berlin	131950.4		HAUS 3	47,4	23.708,33	18.966,67	0	2013-01	2013-02	1
17	Hamburg	220032.4		HAUS 4	44,1	22.068,75	17.655,00	200	2012-12	2013-01	1
18	Berlin	101103777		HAUS 2	42,9	21.431,25	17.145,00	100	2013-10	2013-12	1
19	Berlin	106889.17		HAUS 2	42,7	21.327,43	17.061,94	0	2013-01	2013-03	1
20	Hamburg	1100898		HAUS 1	42,6	21.291,67	17.033,33	0	2013-01	2013-03	1
21	Berlin	101104864		HAUS 3	42,5	21.262,50	17.010,00	0	2013-10	2013-12	1
22	Berlin	331142.2		HAUS 2	41,7	20.864,58	16.691,67	100	2013-01	2013-03	2
23	Hamburg	101106122		HAUS 4	41,5	20.729,17	16.583,33	0	2013-11	2013-12	1
24	Berlin	333510.5		HAUS 2	41,4	20.718,75	16.575,00	0	2013-01	2013-02	2
25	Berlin	101100366		HAUS 3	41,4	20.705,21	16.564,17	0	2013-09	2013-10	1
26	Hamburg	1104157		HAUS 1	40,7	20.366,67	16.293,33	0	2013-04	2013-05	1

Abb. 2.4 Daten des externen Rechnungswesens/Datendownload. (Fingierter Datenbankauszug)

separat auszuweisen sind. Alle **Ergebnisse** laufen in der **Bilanz** bzw. auch in der **Gewinn- und Verlustrechnung** zusammen und sind für die Beantwortung der o. g., exemplarischen Fragen wenig dienlich. Die Korrelation dieser Daten, die Reichmann als „Informationsaufbereitung" bezeichnet (vgl. Reichmann 2011, S. 12), dient der Entscheidungsfindung und erfolgt zunächst z. B. mittels Datendownload aus einem ERP (SAP, Datev, o. ä.; vgl. hierzu Abschn. 1.4) sowie der Weiterbearbeitung mit Tabellenkalkulationen wie MS-Excel. Abb. 2.4 zeigt einen der Abb. 1.18 ähnlichen, jedoch erweiterten Datendownload zur Weiterbearbeitung bzw. Korrelation der Informationen und soll für das folgende Beispiel als Datenbasis dienen.

▶ **Hinweis** Beim nachfolgend genannten Beispiel handelt es sich um ein fingiertes Unternehmen.

Beispiel

Zu Grunde gelegt sei ein Beratungsunternehmen mit 2 Standorten in Berlin und 3 Standorten in Hamburg, das über ein Konzerncontrolling sowie Controller in jeder der fünf Betriebsstätten verfügt. Erfassungs- und Zuordnungskriterium der im Finanz- und Rechnungswesen gepflegten Geschäftsprozesse sind abgeschlossene Beratungsdienstleistungen. Hierzu werden erfasst:

- der erbringende Standort,
- in der entsprechenden Stadt,
- die Leistungsdauer,
- die Umsätze,
- die entstandenen Kosten (einschließlich der Personalkosten),
- Zusatzkosten (z. B. durch Wochenendarbeit),
- die Klassifikation, ob es sich beim Kunden um ein Großunternehmen handelt (Kennziffer „2"; Unternehmen mit > 250 Mitarbeiterinnen und Mitarbeitern) oder nicht (Kennziffer „1"; Unternehmen mit ≤ 250 Mitarbeiterinnen und Mitarbeitern) sowie
- Reklamationen.

Jedem Vorgang wird eine eindeutige Nummer zugeordnet. Im Download sind alle abgeschlossenen Beratungs-Dienstleistungen des Jahres 2014 enthalten. Die vollständige Liste umfasst mehr als 261.000 Datensätze in über 8700 Zeilen. Abb. 2.4 zeigt hieraus lediglich einen Auszug. Die Unternehmensleitung beauftragt das Konzern-Controlling mit der Erstellung von Sonderauswertungen zur Beantwortung der Fragen

- welches Haus hinsichtlich der Umsätze die größten Erfolge aufweist,
- welcher Standort das größere Wachstumspotential aufweist (Relation Anzahl der Standorte zum Umsatz),
- welche die erfolgreichsten/umsatzstärksten Monate des Jahres waren,

- in welchem Haus die meisten Reklamationen auftraten,
- bei wie vielen Aufträgen vor der Vergabe Mitbewerber sowie deren Anzahl identifiziert werden konnten.

Eine Beantwortung der Fragen ist an Hand des „unbearbeiteten" Downloads aus dem externen Rechnungswesen nicht möglich. Als Zuordnungskriterium wurde der jeweilige Vorgang und nicht die Betriebsstätte ausgewählt. Die Leistungen und Kosten der Standorte und Häuser sind nicht chronologisch und die vollständige Liste ist zu lang, als dass eine händische Zählung mit Blick auf die potentielle Fehlerquote und den Zeitbedarf erfolgversprechend wäre. Die Korrelation der Daten, ihr logisches und zielgerichtetes in Beziehung zueinander setzen, wird für das vorliegende Beispiel mittels der Standardsoftware MS-Excel durchgeführt. Die hierin enthaltenen Funktion der „Pivot-Tables" ist im Menü „Einfügen" per Mausklick direkt auswählbar.

Wie in Abb. 2.5 erkennbar, werden in der Grundmaske der Funktion „Pivot-Tables" alle Spalten-Überschriften wie Stadt, Vorgangsnummer, Reklamation, Standort, etc. der in Abb. 2.4 zu sehenden Basis-Datentabelle als sogenannte „Pivot-Table-Felder" dargestellt. Diese lassen sich per Drag-and-Drop in die darunter liegenden Felder Spalten, Zellen und Werte ziehen und auf diese Weise miteinander korrelieren und zu Kreuztabellen kombinieren, aus denen die

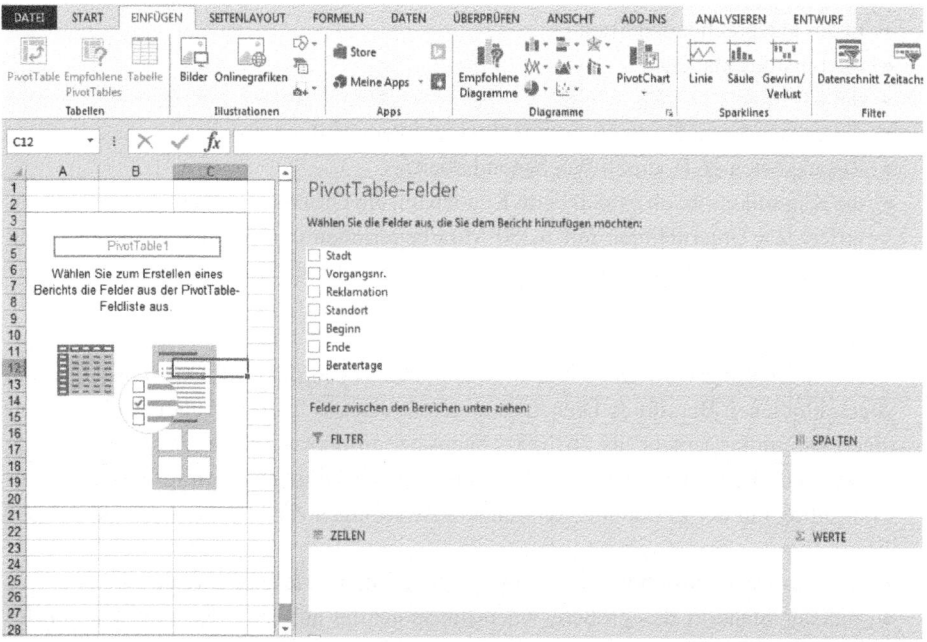

Abb. 2.5 Pivot-Table-Grundmaske. (Erstellt mit MS-Excel; Softwarelizenz MS-Office von 2013)

- Umsätze pro Standort,
- Anzahl der Vorgänge pro Stadt,
- Reklamationen pro Standort,
- etc.

erkennbar sind.

Werden die Spaltenüberschriften „Stadt" und „Standort" in das Feld „Zeilen" und wird hiernach die Spaltenüberschrift „Umsatz" in das Feld „Werte" gezogen, erstellt Excel eine Tabelle, aus der sich die ersten beiden Fragen nach dem Umsatz pro Haus und Standort sowie der Relation der Anzahl der Standorte zum Umsatz gleichermaßen beantworten lassen (Abb. 2.6). Die o. a. Tabelle verdeutlicht, dass der Standort Berlin, an dem eine Niederlassung weniger zur Verfügung steht, mit € 12.022.434 höhere Umsätze als der Standort Hamburg erwirtschaftet (€ 11.199.339).

Bezogen auf die in Kap. 1 behandelte Auswahl von Controlling-Konzeptionen und die ihnen zugedachten Aufgaben lässt sich das o. g. Ergebnis wie folgt zusammenfassen: die Kontrolle identifiziert Berlin als den Standort mit dem höheren Potenzial. Eine diesbezügliche Entscheidung oder Steuerungsmaßnahme könnte lauten, künftige Expansionen eher am Standort Berlin als am Standort Hamburg zu planen.

Als nächstes erfolgt die Identifikation der umsatzstärksten- und umsatzschwächsten Monate des Jahres 2013. Dies ist unter Verwendung der Pivot-Tables sowohl für

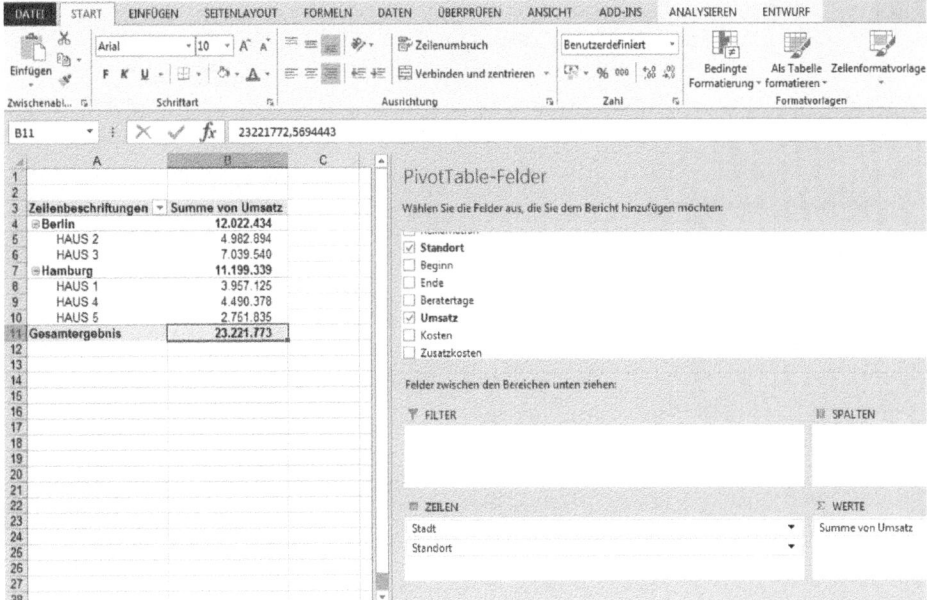

Abb. 2.6 Korrelation der Standorte mit den Umsätzen. (Erstellt mit MS-Excel; Softwarelizenz MS-Office von 2013)

beide Standorte gemeinsam als auch separat problemlos möglich. Zunächst soll das Gesamtergebnis beider Standorte betrachtet werden.

Die Spaltenüberschrift „Stadt" wird zu diesem Zweck in das Feld Filter gezogen, in welchem hiernach in der Haupttabelle die beiden hinterlegten Städte Hamburg und Berlin zu selektieren sind. Der Filter wird nicht auf einen der beiden Standorte eingestellt sondern in der Einstellung der Gesamtselektion belassen. Im nächsten Schritt wird das Pivot-Table-Feld „Ende Monat" in das Feld „Zeilen" sowie das Pivot-Table-Feld „Umsatz" in das Feld „Werte" gezogen. Als Ergebnis erhält man eine Tabelle, welche die Umsätze beider Standorte nach Monaten des Jahres 2014 anzeigt (vgl. Abb. 2.7).

Die generierte Kreuztabelle weist eindeutig die Monate Januar bis März als die umsatzstärksten mit Ergebnissen von stets > 2 Mio. € aus. Ob dies an „guten Vorsätzen" der Kunden liegt, zu Beginn des neuen Geschäftsjahres eine Verbesserung der Geschäftsprozesse herbeizuführen, ist selbstverständlich Spekulation. Dennoch erscheint es als interessant, herauszufinden, ob diese Situation an beiden Standorten vorherrscht und zu diesem Zweck die Einzelergebnisse zu isolieren. Hierzu muss lediglich der Filter des Feldes „Stadt" auf Berlin limitiert werden und hinsichtlich der hohen Einzelergebnisse lässt sich feststellen, dass der Standort Berlin die Entwicklung maßgeblich auslöst (vgl. Abb. 2.8).

Wird der Filter auf den Standort Hamburg begrenzt fällt auf, dass sich die Umsätze und somit die Leistungen keinesfalls auf die ersten Monate des Jahres konzentrieren,

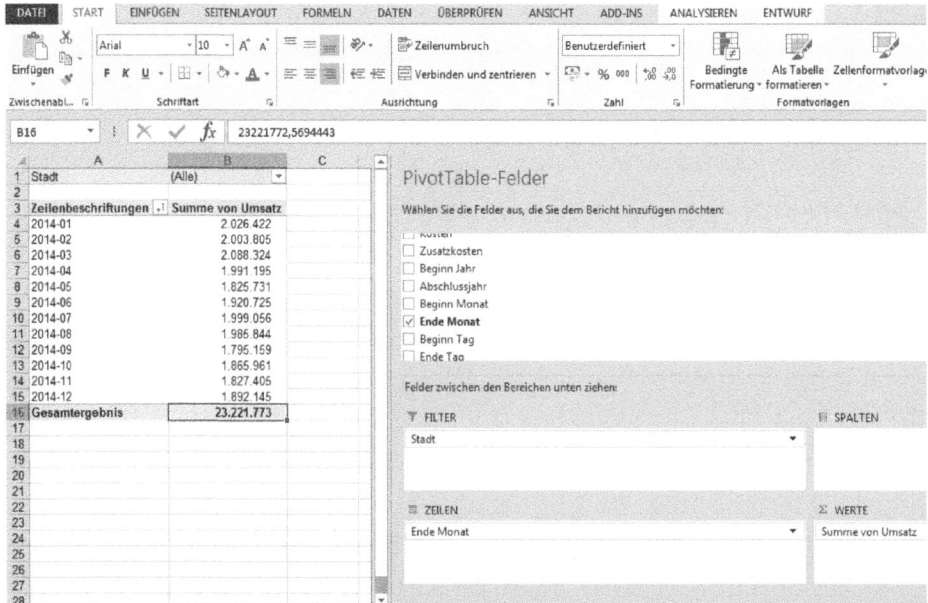

Abb. 2.7 Korrelation der Umsätze mit den Standorten sowie den Zeiträumen der Leistungserbringung. (Erstellt mit MS-Excel; Softwarelizenz MS-Office von 2013)

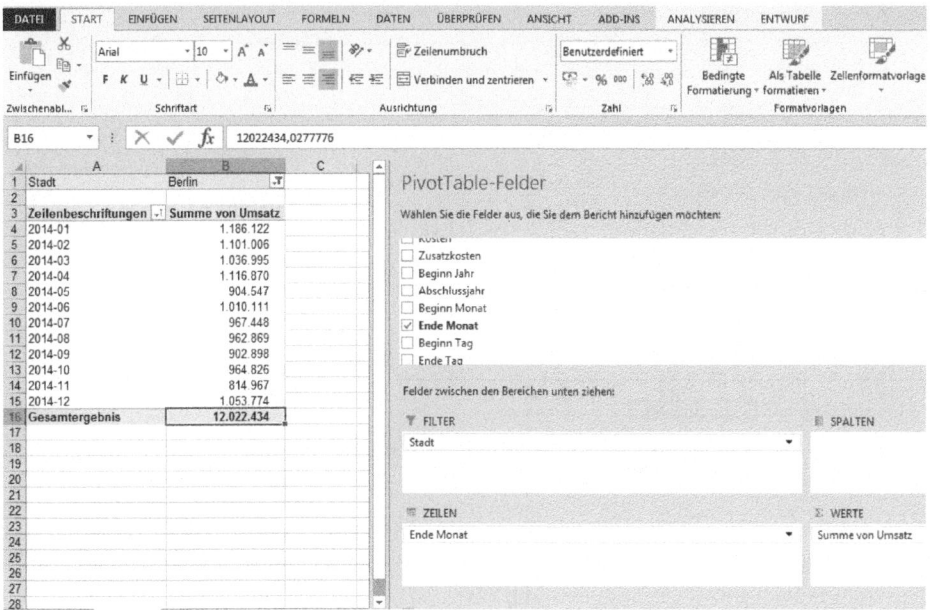

Abb. 2.8 Umsatzstärkste Monate des Standorts Berlin. (Erstellt mit MS-Excel; Softwarelizenz MS-Office von 2013)

sondern sich vielmehr auf das gesamte Jahr verteilen. „Spitzen" sind lediglich in den Sommermonaten Juli und August sowie im April und im November feststellbar (vgl. Abb. 2.9).

Um erneut auf die Controlling-Aufgaben Kontrolle und Steuerung Bezug zu nehmen, lässt sich als Entscheidung und Handlungsanweisung aus diesem Ergebnis bspw. die Option ableiten, Mitarbeiterinnen und Mitarbeiter zwischen den Standorten zum Zweck der Glättung von Kapazitätsspitzen untereinander auszutauschen. Auf diese Weise würden sich die Standorte gegenseitig unterstützen, um keine Aufträge kapazitätsbedingt ablehnen und somit Umsätze einbüßen zu müssen.

Die zwei noch zu beantwortenden Fragen beziehen sich auf die Anzahl der Reklamationen sowie die Anzahl identifizierter Mitbewerber vor Auftragsvergabe. Beide lassen sich durch die Erstellung einer einzigen Tabelle beantworten. Die Pivot-Table-Felder „Stadt" und „Standort" werden in das Feld „Zeilenbeschriftung" und die Pivot-Table-Felder „Reklamation" und „Mitbewerber" in das Feld „Werte" gezogen. Die auf diese Weise generierte Tabelle ist in Abb. 2.10 zu sehen.

Es fällt auf, dass die Betriebsstätten in Berlin im Vergleich zu denen des Standortes Hamburg zwar höhere Umsatzzahlen, aber auch eine höhere Anzahl von Reklamationen ausweisen. Die seitens der Unternehmensleitung primär zu ergreifende Maßnahme liegt jetzt in der Ursachenforschung. Es gilt, herauszufinden, ob Gründe, die zu diesen Zahlen geführt haben

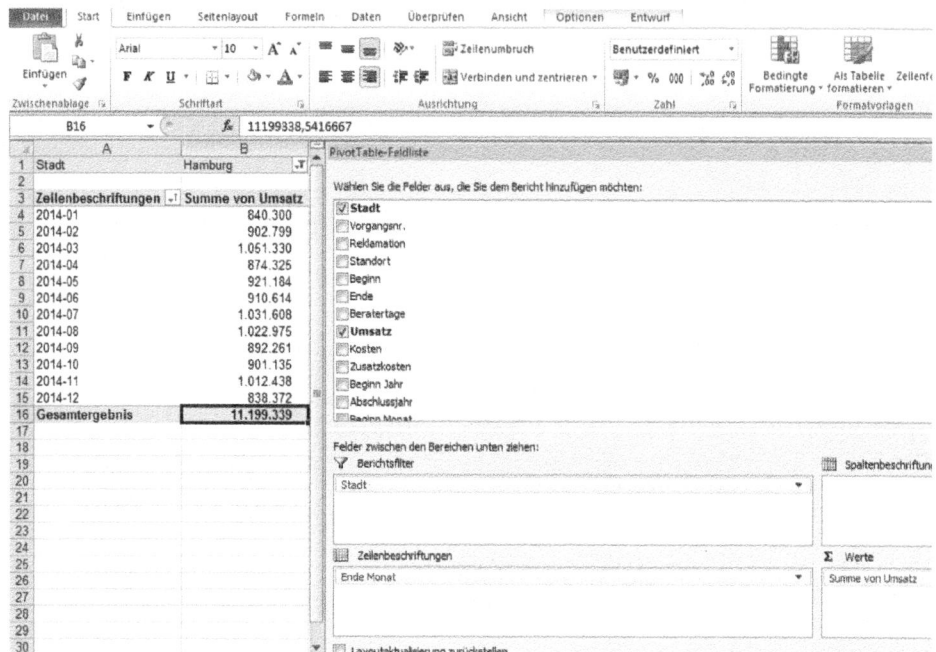

Abb. 2.9 Umsatzstärkste Monate des Standortes Hamburg. (Erstellt mit MS-Excel; Softwarelizenz MS-Office von 2013)

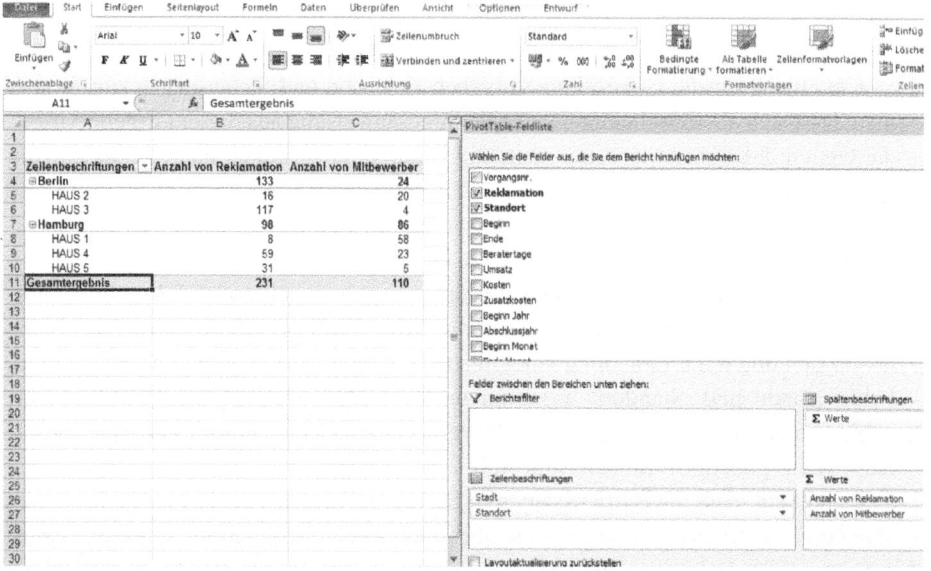

Abb. 2.10 Reklamationen und Mitbewerber pro Standort und Betriebsstätte. (Erstellt mit MS-Excel; Softwarelizenz MS-Office von 2013)

- in den Beratungsergebnissen,
- den Preisen oder gar
- im Umgang seitens der Mitarbeiterinnen und Mitarbeiter mit den Kunden

liegen.

Ferner ist das Problem zu lösen/zu beseitigen und ist die Anzahl der Reklamationen durch

- Mitarbeiter- und Mitarbeiterinnenschulung und
- ggf. eine Anpassung der Preise

zu reduzieren.

Die in Hamburg deutlich höhere Anzahl von Mitbewerbern legt den Schluss nahe, dass dort eine Verstärkung der Marketingmaßnahmen als ebenso sinnvoll erscheint, wie die Sicherstellung der Leistungsqualität, die mit einem Rückgang der Reklamationen einhergehen sollte. Diesbezügliche Nachlässigkeiten könnten, bei einer im Vergleich zu Berlin deutlich angespannteren Konkurrenzsituation, zu Umsatzrückgängen durch den Verlust von Aufträgen führen.

Die Reports, welche zur Beantwortung der als Beispiel genannten Fragen erstellt wurden, lassen sich bei Bedarf als Sonderauswertungen, aber ebenso in Form eines regelmäßigen Berichts generieren. Abhängig ist dies lediglich davon wie häufig ein derartiges Kontrollinstrument zur Unternehmenssteuerung notwendig ist. Anders ausgedrückt: entwickelt sich die Zahl der Reklamationen nicht degressiv sondern progressiv

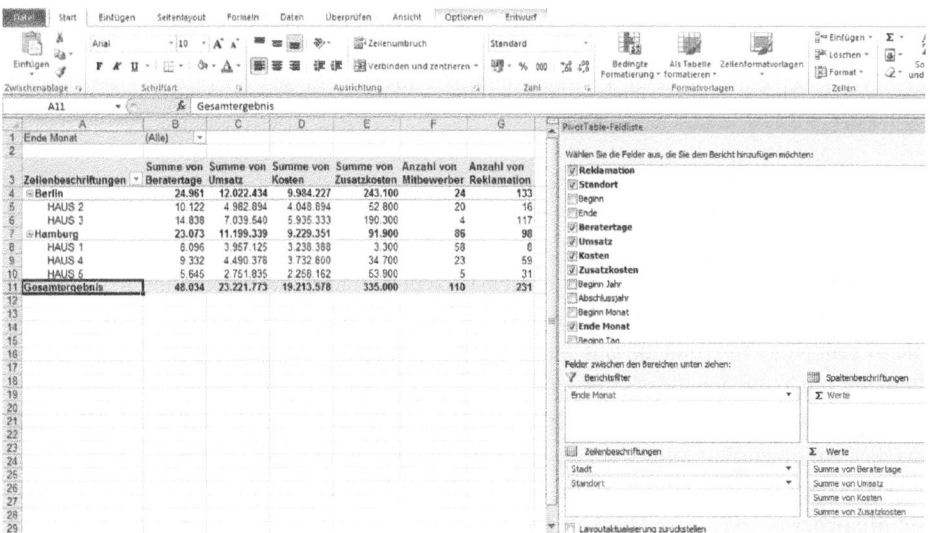

Abb. 2.11 Beispiel für einen ausführlichen, regelmäßig erstellten Bericht. (Erstellt mit MS-Excel; Softwarelizenz MS-Office von 2013)

oder weiten sich die Umsatzdifferenzen der Standorte weiter aus? Ist dies der Fall, sollte aus Sonderauswertungen ein regelmäßiger Bericht entstehen, aus dem entsprechende Handlungsanweisungen für die Unternehmenssteuerung resultieren. Ein Beispiel für einen solchen Bericht ist, einschließlich der zur Erstellung erforderlichen Pivot-Table-Korrelationen, in Abb. 2.11 dargestellt.

Die Fallstudie nebst der in ihrem Zusammenhang erstellten Reports verdeutlicht, was sich hinter dem seitens Reichmann verwendeten Begriff der **Informationsaufbereitung** verbergen kann. Korrekt ist sicherlich, dass Daten des **externen Rechnungswesens** als **Basis** für ein **Berichtswesen** unerlässlich sind, da anderenfalls nicht einmal die Darstellung der Umsätze und Kosten pro Standort und Betriebsstätte möglich wäre. **Marktinformationen** wie die Mitbewerbersituation fließen ebenso in die Entscheidungsfindung ein wie Umsätze und Kosten. Diese Tatsache verdeutlicht die in Abb. 2.10 dargestellte Auswertung ebenso wie die hieraus resultierenden Steuerungsmaßnahmen.

Das Reporting bzw. die Erstellung von Berichten stellt aus gutem Grund einen Großteil der täglichen Arbeit eines Controllings dar; dies wird an Hand des Beispiels deutlich. Bevor Instrumente wie z. B.

- das Target-Costing,
- eine Break-Even-Analyse oder
- Kennzahlen

als Vertreter des operativen Controllings zum Einsatz gebracht werden können, muss vorab eine **Datenbasis** geschaffen werden, die sämtliche **Geschäftsprozesse** des Unternehmens abbildet und aus der sich weitere Tools generieren lassen. Diese Tatsache soll die Relevanz und Notwendigkeit eines Berichtswesens unterstreichen, das in vorliegendem Werk separat und nicht als eigenständiges Instrument des operativen Controllings behandelt wird.

2.3 Zusammenfassung

Die **Abgrenzung** des **operativen** vom **strategischen** Controlling erfolgt literarisch häufig mit Bezug auf den **zeitlichen Horizont**. So beziehen sich die **operative** Planung sowie die zugehörigen Instrumente auf einen Zeitraum von bis zu **einem Jahr**, strategische Planung sowie die zugehörige Instrumente hingegen auf einen **Zeitraum** von **fünf bis zu zehn** Jahren. **Zwischengeschaltet** ist in der Literatur bisweilen die **taktische Planung**, die sich auf einen Zeitraum von zwei bis fünf Jahren bezieht.

Der starre Bezug zum **zeitlichen Horizont** erscheint als **zu eng** gefasst, da **Geschäftsprozesse** existieren, die sich auf **Zeiträume** von **zehn** oder mehr **Jahren** beziehen, deren **Auswirkungen** sich jedoch **bereits** innerhalb **eines Geschäftsjahres** bemerkbar machen. Als Beispiel sei in diesem Zusammenhang der Neubau einer Betriebsstätte genannt, die innerhalb eines Jahres zu realisieren ist, deren **Auswirkungen** in **monetärer** und **personeller Hinsicht** sich jedoch auf **zehn** und mehr **Jahre** beziehen.

Eine **Ergänzung** zur Abgrenzung des operativen vom strategischen Controlling soll mit Blick auf die **organisatorische Struktur** von Unternehmen daher in der Art vorgenommen werden, dass sich

- **operatives** Controlling und operative Maßnahmen im Rahmen und mit den **Kapazitäten** realisieren lassen, die im regulären **Tagesgeschäft verfügbar** sind wohingegen
- **strategisches** Controlling und strategische Maßnahmen **organisatorische** und personelle **Modifikationen** erforderlich machen.

Das Controlling-**Berichtswesen** stellt die **Basis** für die meisten **operativen** und **strategischen** Controlling-**Instrumente** dar und soll aus diesem Grund nicht selbst als eines dargestellt werden. Gemäß **Reichmann** muss sich das Informationssystem des Controllings, das in diesem Zusammenhang mit dem Berichtswesen gleichgesetzt wird, sich stark an den Daten des **externen Rechnungswesens**, sowie darüber hinaus an **marktexternen Informationen** orientieren.

Für die konkrete **Steuerung** eines Unternehmens **oder** zur **Entscheidungsfindung reicht** die bloße **Präsentation** der o. g. **Informationen nicht aus.** Finanzbuchhalterische Daten sind starr und orientieren sich an handels- und steuerrechtlichen Vorschriften. Als **Instrument** der **Entscheidungsfindung** ist es jedoch erforderlich, Informationen miteinander zu korrelieren, was in der Finanzbuchhaltung jedoch selten geschieht. Werden z. B. die Geschäftsprozesse eines Unternehmens mit mehreren Standorten buchhalterisch einer Vorgangsnummer/Auftragsnummer zugeordnet, ist ohne die vorherige Bearbeitung in einem Report keine Darstellung der Umsätze oder Kosten pro Standort möglich. Hierzu ist zunächst eine Informationsaufbereitung erforderlich, die mittels Datendownload aus z. B. ERPen und der Weiterverarbeitung in z. B. einer Tabellenkalkulation vorgenommen wird. Mit Hilfe von Kreuztabellen können darüber hinaus Ergebnisse wie

- Standorte mit höchsten Umsätzen oder Kosten,
- profitable oder unprofitable Leistungen und Produkte,
- umsatzintensive Zeiträume oder
- Verursacher von Reklamationen

generiert werden.

Was auf den ersten Blick wie ein Instrument erscheint, das zur Legitimation und Beweisführung von Sanktionen erstellt wird, sollte nicht ausschließlich negativ aufgefasst werden. Steuerungsmaßnahmen sind in Unternehmen selten dann erforderlich, wenn alle Prozesse budgetkonform und in geordneten Bahnen verlaufen. Zur Durchführung von Steuerungsmaßnahmen, die sich betrieblich auch in Handlungsanweisungen manifestieren, müssen jedoch Abweichungen präsentiert werden. Hierin liegt der Zweck eines Informationssystems im Controlling.

Reports können als **regelmäßige** Berichte oder auch als **Sonderauswertungen** erstellt und der Unternehmensleitung zur Verfügung gestellt werden. Zur Überprüfung steuerungsintensiver Abweichungen empfiehlt sich die Entwicklung eines regelmäßigen Berichts, der aus dem in Betrieb befindlichen ERP quasi zeitsparend „auf Knopfdruck" zu generieren ist.

2.4 Wiederholungs- und Kontrollfragen

1. **Abgrenzung des operativen und des strategischen Controllings – Bezug:** Abschn. 2.1
   Welche drei Planungsebenen werden literarisch häufig unterschieden, die sich auch auf den Horizont des Controllings beziehen und basierend auf welchem Aspekt werden diese häufig gegeneinander abgegrenzt?
2. **Abgrenzung des operativen und des strategischen Controllings – Bezug:** Abschn. 2.1
   Formulieren Sie eine Alternative zur Abgrenzung der Planungsebenen nach ihrem zeitlichen Horizont und nennen Sie die Begründung hierfür.
3. **Reporting/Controlling-Berichtswesen – Bezug:** Abschn. 2.2
   Nennen Sie Informationsquellen/Datenbasen, die einem ausführlichen Controlling-Informationssystem in Form eines Berichtswesens/Reportings zu Grunde liegen sollten.
4. **Reporting/Controlling-Berichtswesen – Bezug:** Abschn. 2.2
   Erläutern Sie den Begriff der Informationsverarbeitung im Rahmen der Erstellung des Controlling-Berichtswesens.
5. **Reporting/Controlling-Berichtswesen – Bezug:** Abschn. 2.2
   Welche zeitlichen Abschnitte/Abstände empfehlen Sie für ein Berichtswesen?

2.5 Lösungen Kap. 2

1. Literarisch wird häufig eine Unterteilung in
   - operative,
   - taktische und
   - strategische Planung
   vorgenommen.
   Die Abgrenzung zueinander erfolgt meist im Hinblick auf den zeitlichen Horizont. So bezieht sich
   - die operative Planung auf einen Zeitraum von bis zu einem Jahr,
   - die taktische Planung auf einen Zeitraum von 2 bis 5 Jahren und
   - die strategische Planung auf einen Zeitraum von 5 bis 10 Jahren.
2. Eine Abgrenzung lässt sich auch im Hinblick auf die Notwendigkeit zur Vornahme organisatorischer Änderungen vornehmen. So können operative Maßnahmen häufig im

Rahmen des Tagesgeschäfts und mit den in diesem Zusammenhang verfügbaren, organisatorischen Mitteln durchgeführt werden. Strategische Maßnahmen bedingen hingegen häufig organisatorische Änderungen, die in einem wesentlich kürzeren Zeitraum erforderlich werden als der, auf den sich sie strategische Planung bezieht. Als Beispiel sei die Erstellung eines neuen, kombinierten Verwaltungs- und Produktionsgebäudes genannt. Die Fertigstellung kann mit modernen Baumethoden bereits innerhalb eines Jahres erfolgen, was mit Bezug auf den zeitlichen Horizont dem operativen Controlling zuzuordnen wäre. Da die hiermit einhergehenden organisatorischen, personellen und finanziellen Maßnahmen ggf. einen Zeitraum von bis zu 10 Jahren umfassen, ist eine Zuordnung zum strategischen Controlling jedoch plausibler.

3. Bereits in seiner Controlling-Konzeption stellt Reichmann die Forderung, dass sich das Informationssystem des Controllings stark an den Daten des externen Rechnungswesens orientieren soll. Der Grund hierfür liegt möglicherweise in der Tatsache begründet, dass die dort erhobenen Daten basierend auf juristischen Quellen (Handels- und Steuerrecht) erstellt werden und somit als „sicher" zu bezeichnen sind. Außer dem externen Rechnungswesen berücksichtigt ein Reporting auch externe Marktinformationen, die auf die politischen-, Umwelt- oder Mitbewerbersituationen hinsichtlich
   - des Marktanteils,
   - der Absatzzahlen oder
   - der Preise
   basieren.

4. Als Informationsverarbeitung wird die Korrelation von Informationen des externen Rechnungswesens sowie der externen Marktinformationen zum Zweck der Schlussfolgerung bezeichnet. Da diese Daten isoliert auf Grund der fehlenden Zusammenhänge keine erschöpfenden Schlussfolgerungen für die Entscheidungsvorbereitung zulassen, ist eine Bearbeitung dieser Informationen z. B. in einer Tabellenkalkulationssoftware erforderlich um Zusammenhänge wie
   - Umsätze verschiedener Standorte,
   - umsatzstarke und umsatzschwache Monate,
   - regelmäßige Verursacher von Reklamationen
   zu identifizieren.

5. Grundsätzlich lässt sich zwischen einem regelmäßigen Berichtswesen und der Erstellung von Sonderauswertungen für ausgewählte Tatbestände unterscheiden. Steuerungsintensive Aspekte wie massive Abweichungen der Kosten oder Umsätze vom Budget sollten mittels zumindest monatlicher Auswertungen kontrolliert werden, die sich an Hand von entsprechenden Datendownloads aus dem in Betrieb befindlichen ERP auf Knopfdruck generieren lassen.

Literatur

Hubert, B.: Einführung in die Bilanzierung und Bewertung, 2. Aufl. Springer Gabler, Wiesbaden (2017)

Reichmann, T.: Controlling mit Kennzahlen, 8. Aufl. Vahlen, München (2011)

SAP AG Online-Helpdesk: Dokumentation SAP ERP 6.0 EHP7 SPS 05, Materialnummer 50125477. http://help.sap.com/erp2005_ehp_07/helpdata/de/80/ea89395eb58c4f9d0c3e837cf0909d/frameset.htm. Zugegriffen: 19. Sep. 2014

Weber, J., Schäffer, U.: Einführung in das Controlling, 15. Aufl. Schäffer-Poeschel, Stuttgart (2016)

Wöhe, G., Döring, U., Brösel, G.: Einführung in die Allgemeine Betriebswirtschaftslehre, 26. Aufl. Vahlen, München (2016)

Ausgewählte Instrumente des operativen Controllings

3

Lernziele

- Kenntnis ausgewählter operativer Instrumente des Controllings
- Verständnis für deren Notwendigkeit im Rahmen der Entscheidungsvorbereitung von Unternehmen
- Fähigkeit zur Anwendung der Instrumente auf betriebliche Prozesse

3.1 Klassische Soll-Ist-Vergleiche

Controlling-Tätigkeiten lassen sich mit den in den Naturwissenschaften fest verankerten Vorgehensweisen des **Messens und Regelns** vergleichen. In den bisherigen Ausführungen wurden häufig die Begriffe „**Planung, Kontrolle und Steuerung**" verwendet, denen eben genau diese Systematik des Messens und Regelns zu Grunde liegt.

In den Natur- und Ingenieurwissenschaften lassen sich lediglich diejenigen Dinge/Vorgänge/Prozesse **steuern**, die auch **verlässlich messbar** sind. Dies gilt für elektrotechnische Messgrößen wie Spannung, Stromstärke oder Widerstände ebenso wie für physikalisch-mechanische Größen wie Gewichte oder Drehmomente. Die Relevanz dieser Prämisse soll am einfachen Beispiel eines elektrotechnischen Ingenieurs, der eine in den vereinigten Staaten gefertigte Produktionsmaschine in einem deutschen Unternehmen in Betrieb nimmt, verdeutlicht werden.

Beispiel

Den in Haushalten und Unternehmen bereitgestellten elektrischen Anschlüssen liegen Spannungen von 110 bis 400 V zu Grunde. In **Europa** findet sich in Haushalten vielfach die **220**er Variante, in Unternehmen ist außerdem die Bereitstellung von Kraftstromanschlüssen mit bis zu 400 V möglich. In verschiedenen **südamerikanischen**

© Springer Fachmedien Wiesbaden GmbH, ein Teil von Springer Nature 2019
B. Hubert, *Grundlagen des operativen und strategischen Controllings*,
https://doi.org/10.1007/978-3-658-23006-7_3

Staaten sowie in **Japan** bspw. hingegen ist eine Spannung von „lediglich" **110 V** die gängige Variante.

Würde ein Techniker eine gemäß US-amerikanischem Standard gefertigte und für eine Spannung von 110 V ausgelegte Maschine wie geliefert an das deutsche Stromnetz, das industriell mit einer Grundspannung von 400 V bereitgestellt wird, anschließen, wäre eine **Überspannung** und ggf. die **Zerstörung** der in der Anlage befindlichen Elektronik der Fall.

Der Techniker muss demnach zunächst die Stärke der bereitgestellten Spannung **messen** und feststellen, ob es sich um 220 oder 400 V handelt und im letzteren Fall einen sogenannten *Transformator* zwischen das Stromnetz und die Maschine schalten, der die Spannung von 220 bzw. 400 auf 110 V reduziert/**regelt** und somit den Betrieb der nach ausländischem Standard gefertigten Maschine ermöglicht.

Die Systematik des Messens und Regelns lässt sich leicht auf die **Wirtschaftswissenschaften** übertragen. Wenn der **Regelprozess** mit der Erteilung der bereits zuvor genannten **Handlungsanweisungen** einhergeht, muss vor deren Erteilung zunächst ein Überblick der z. B. finanziellen Situation geschaffen werden. **Gemessen** wird in diesem Fall die **Kostensituation** oder die **Liquidität**. Die Regelung erfolgt nach Herstellung von Transparenz z. B. in Form der Handlungsanweisung, Kosten einzusparen oder die Umsätze zu steigern (Abb. 3.1).

Vier grundsätzliche **Anforderungen** werden an die Messungen von Dingen/Vorgängen/Prozessen gestellt:

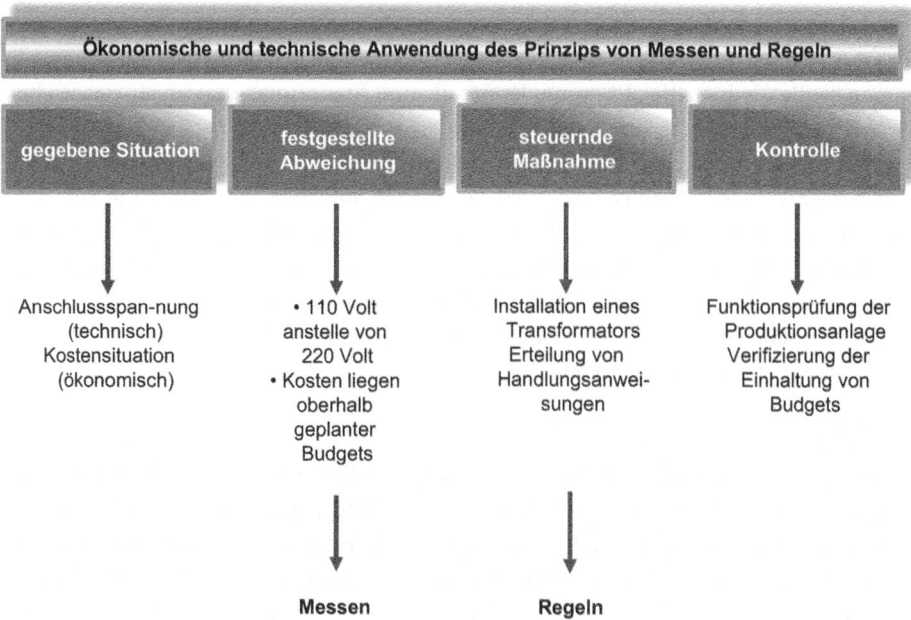

Abb. 3.1 Prinzip des Messens und Regelns

- *Übereinstimmung,*
  - ... der zufolge auch **das** gemessen wird, **was** gemessen werden **soll,**
- *Zuverlässigkeit,*
  - ... der zufolge eine wiederholte Messung ein identisches Ergebnis liefert,
- *Objektivität,*
  - ... der zufolge unterschiedliche Personen identische Ergebnisse feststellen sollen,
- *Wirtschaftlichkeit,*
  - ... der zufolge der **Nutzen** der Messung **größer** ist **als** die hierdurch verursachten **Kosten** (Ziegenbein 2006, S. 25).

Mit Blick auf das o. g. Beispiel des Anschlusses einer Produktionsmaschine erscheint die Anforderung der Wirtschaftlichkeit von Messungen als ein wenig amüsant. Die Vorgehensweise nach der Prämisse von Trial-and-Error in Form des Anschlusses „auf gut Glück" und ohne vorherige Prüfung der verfügbaren Spannung, hätte im schlimmsten Fall die vollständige Zerstörung der Anlage mit einem Schaden in ggf. 6-stelliger Höhe zur Folge. Auf der anderen Seite verdeutlicht dieser potentielle Schaden jedoch die Notwendigkeit des Messens und Regelns in den Natur- und Ingenieurwissenschaften, die sich problemlos auch auf die Sozialwissenschaften und ökonomische Zusammenhänge übertragen lässt.

Ökonomische **Kontroll- und Steuerungshandlungen**, die seitens des Controllings oder der Unternehmensführung durchgeführt werden, sind prinzipiell nichts anderes als die in o. g. Beispiel angesprochenen **technisch** basierten **Messungen** und **Regelungen**. Abweichend von der Technik werden im betriebs- und volkswirtschaftlichen Sinn jedoch keine Messgeräte wie Voltmeter o. ä. verwendet. Abweichungen können gemessen werden, indem ein **Vergleich** geplanter **Budgets** mit den tatsächlichen **Ergebnissen** eines

Zeilenbeschrif-tungen	Summe von Beratertage	Summe von Umsatz	Summe von Kosten	Summe von Zusatz-kosten	Anzahl von Mitbewerber	Anzahl von Reklamation
Berlin	**24.961**	**12.022.434**	**9.984.227**	**243.100**	**24**	**133**
HAUS 2	10.122	4.982.894	4.048.894	52.800	20	16
HAUS 3	14.838	7.039.540	5.935.333	190.300	4	117
Hamburg	**23.073**	**11.199.339**	**9.229.351**	**91.900**	**86**	**98**
HAUS 1	8.096	3.957.125	3.238.388	3.300	58	8
HAUS 4	9.332	4.490.378	3.732.800	34.700	23	59
HAUS 5	5.645	2.751.835	2.258.162	53.900	5	31
Gesamt-ergebnis	**48.034**	**23.221.773**	**19.213.578**	**335.000**	**110**	**231**

Abb. 3.2 Ergebnistabelle Berichtswesen (Werte aufgerundet)

bereits in Abschn. 2.2 erläuterten **Berichtswesens erfolgt**. Anders ausgedrückt lassen sich im Rahmen eines regelmäßigen Reportings Ist-Ergebnisse analysieren und mit den ursprünglichen Planwerten vergleichen. Zur Veranschaulichung von Mess- und Regelprozessen soll erneut die bereits aus Abschn. 2.2 bekannte Ergebnistabelle aufgegriffen werden (Abb. 3.2).

Beispiel

Bisher wurde lediglich eine **Bestandsaufnahme** durchgeführt. Ein **Vergleich** mit **Plandaten** blieb aus, der sich jedoch einfach in das Reporting einflechten lässt. Unterstellt sei, dass

- ein *Gesamtumsatz* i. H. v. € 25 Mio.,
- *Kosten* i. H. v. 18 Mio. sowie
- insgesamt 50.000 *Beratertage*

geplant waren, die sich jeweils gleichermaßen auf alle Häuser verteilen sollten.

Ein Blick in die Ergebnistabelle zeigt, dass bereits die Gesamtergebnisse des fingierten Konzerns von den o. g. Vorgaben abweichen. Es wurden ...

- die erbrachten Beratertage um 1996 *unterschritten*,
- der vorgegebene Umsatz um € 1,778 Mio. *unterschritten* und
- die Kosten um € 1,549 Mio. *überschritten*.

Diese zunächst „grobe" Messung reicht jedoch zur Aussprache von Handlungsanweisungen nicht aus, da bisher nicht bekannt ist, ob alle 5 Standorte die Vorgaben verfehlten oder ob Häuser **über** und **andere** wiederum (deutlich) **unterhalb** der **Budgets** liegen. Zum Zwecke der besseren Übersicht wird für jedes (Prüf-)Kriterium (Umsatz, Kosten und Beschäftigung) eine separate Tabelle erstellt. Eine grafische Verdichtung erfolgt dann abschließend (Abb. 3.3).

Die Auswertung der **Beschäftigungsabweichung** bestätigt die eingangs aufgestellte Vermutung: die beiden Berliner Standorte **überschreiten** die Vorgaben und haben deutlich **mehr** Beratungs**dienstleistungen** erbracht, als budgetiert waren. Im Gegensatz hierzu weisen alle drei Häuser am Standort Hamburg eine Unterbeschäftigung auf. Die negative Abweichung ist so eklatant, dass die Überbeschäftigung in Berlin nicht in der Lage ist die Unterbeschäftigung in Hamburg zu kompensieren. Die „Mehrarbeit" in Berlin i. H. v. 4.961 sowie die Minderleistung in Hamburg i. H. v. 6.927 führt dazu, dass die vorgegebene Anzahl der Beratertage in Summe um 1.996 unterschritten wird.

Mögliche Maßnahmen/Regelungen: Verlagerung eines Standortes/von Mitarbeiterinnen und Mitarbeitern zur Kompensation der Beschäftigung sowie Umverteilung des Budgets zu Gunsten des Standortes Berlin (Abb. 3.4).

Die **Umsatzsituation** gestaltet sich ähnlich wie die Beschäftigung, was jedoch mit Blick auf das dem Beispiel zu Grunde liegende Unternehmen aus dem Bereich der

Zeilenbeschriftungen	Summe von Beratertage	Planbeschäf-tigung	Abweichung
Berlin	**24.960**	**20.000**	**4.960**
HAUS 2	10.122	10.000	122
HAUS 3	14.838	10.000	4.838
Hamburg	**23.073**	**30.000**	**-6.927**
HAUS 1	8.096	10.000	-1.904
HAUS 4	9.332	10.000	-668
HAUS 5	5.645	10.000	-4.355
Gesamtergebnis	**48.033**	**50.000**	**-1.967**

Abb. 3.3 Beschäftigungsabweichung

Beratungsdienstleistungen nicht weiter erstaunt. Da eine ausschließliche Vergütung von Beratungstagen, die ohne jeden Materialeinsatz durchgeführt wurden erfolgt, muss zwangsläufig eine direkte Beziehung zwischen der Beschäftigung und dem Umsatz bestehen. Insofern lässt sich aus o. a. Tabelle entnehmen, dass die Umsatzvorgaben trotz der oberhalb des Budgets liegenden Ergebnisse der Berliner Häuser auf Grund der „schlechteren" Leistungen in Hamburg nicht erreicht werden konnten.

Mögliche Maßnahmen/Regelung: Vgl. Angaben zu Beschäftigungsabweichung

Zur abschließenden Beurteilung der Kostenabweichung ist es zunächst erforderlich, eine Summe der **allgemeinen Kosten**, die aus (Abb. 3.5)

- den Personal- sowie
- den Sachkosten (für Dienstfahrzeuge, Bahnfahrten o. ä.),

Zeilenbeschriftungen	Summe von Umsatz	Planumsatz	Abweichung
Berlin	**12.022.434**	**10.000.000**	**2.022.434**
HAUS 2	4.982.894	5.000.000	-17.106
HAUS 3	7.039.540	5.000.000	2.039.540
Hamburg	**11.199.338**	**15.000.000**	**-3.800.662**
HAUS 1	3.957.125	5.000.000	-1.042.875
HAUS 4	4.490.378	5.000.000	-509.622
HAUS 5	2.751.835	5.000.000	-2.248.165
Gesamtergebnis	**23.221.772**	**25.000.000**	**-1.778.228**

Abb. 3.4 Umsatzabweichungen

Zeilenbeschriftungen	Summe von Kosten	Summe von Zusatzkosten	Gesamt-kosten	Plankosten	Abweichung
Berlin	**9.984.227**	**243.100**	**10.227.327**	**7.200.000**	**3.027.327**
HAUS 2	4.048.894	52.800	4.101.694	3.600.000	501.694
HAUS 3	5.935.333	190.300	6.125.633	3.600.000	2.525.633
Hamburg	**9.229.350**	**91.900**	**9.321.250**	**10.800.000**	**-1.478.750**
HAUS 1	3.238.388	3.300	3.241.688	3.600.000	-358.312
HAUS 4	3.732.800	34.700	3.767.500	3.600.000	167.500
HAUS 5	2.258.162	53.900	2.312.062	3.600.000	-1.287.938
Gesamtergebnis	**19.213.577**	**335.000**	**19.548.577**	**18.000.000**	**1.548.577**

Abb. 3.5 Kostenabweichung

bestehen, und den **Zusatzkosten**, die z. B. aus

- Überstunden,
- Wochenendarbeit

resultieren, zu bilden, und diese Summe den Planwerten gegenüberzustellen.

Erwartungsgemäß liegen die Kosten der Hamburger Häuser in Summe unterhalb der Planwerte. Da deren umsatzseitige Unterschreitung aus fehlenden (Beratungs-)Leistungen resultiert wäre es verwunderlich, wenn die primär aus der Leistung resultierenden Kosten einen abweichenden Verlauf aufweisen.

Aus der Tabelle wird jedoch deutlich, dass die über Plan liegenden Erlöse der Häuser am Standort Berlin ihren Preis haben: mit € 10,2 Mio. Gesamtkosten liegen diese € 3,027 Mio. über dem Budget. Problematisch ist nicht allein die Tatsache der budgetüberschreitenden Kosten als solche sondern auch, dass die über das Budget hinaus erwirtschafteten Umsätze i. H. v. € 2,022 Mio. die Kostenüberschreitung von € 3,027 Mio. nicht decken.

Als *mögliche Maßnahme/Regelung* ist an dieser Stelle jedoch nicht nur die mit Blick auf die Zahlen trivial anmutende Handlungsanweisung der Kostenersparnis zu nennen. Eine genauere Prüfung macht deutlich, dass eine Maßnahme auch auf die Unternehmensleitung bzw. den oder die Verantwortliche(n) der Budgetierung abzielen kann.

In der Tabelle **Umsatzabweichung**en ist erkennbar, dass die Vorgaben von beiden Häusern in Berlin klar **überschritten** wurden. Wenn die Kosten für die Leistungserbringung, auf der Grund der Tatsache, dass es sich hierbei um beschäftigungsabhängige Personalkosten handelt, als zu hoch identifiziert werden ist die Frage zu stellen, ob die Budgetdaten ggf. unrealistisch sind. Anders ausgedrückt: für die **Erwirtschaftung** der geplanten **Umsätze** wurde ein **zu niedriges Kostenbudget veranschlagt**.

Den Tabellendaten liegt ein Tagespreis i. H. v. € 500 sowie ein Tageskostensatz i. H. v. € 400 zu Grunde. Für die aus der Tabelle der Beschäftigungsabweichung er-

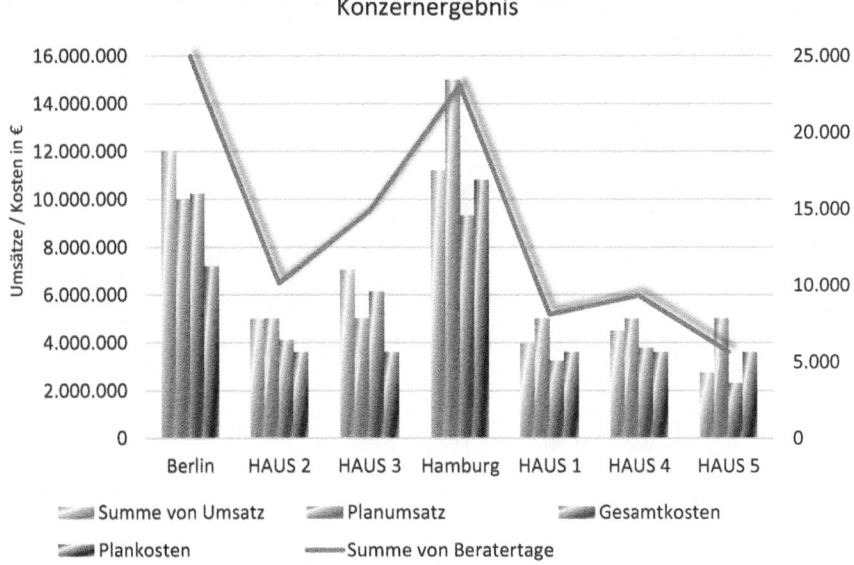

Abb. 3.6 Diagramm Konzernergebnis

kennbaren 20.000 Beratertage in Berlin sind demnach mindestens € 8 Mio. Kosten zu erwarten. Die tatsächlich erbrachten 24.961 Beratertage verursachen demnach Kosten i. H. v. € 9.984.400.

Die **Planung** ist unter Berücksichtigung dieser Fakten als **unrealistisch** und „falsch" anzusehen. Es wird auf diese Weise deutlich, dass aus **Messungen** resultierende **Regelungen** sich nicht ausschließlich auf die Ebene der Leistungserbringer sondern auch durchaus auf die Planung und die Unternehmensleitung beziehen können.

Die „**Messgeräte**" des Messens und Regelns in Form des unerlässlichen **Controlling-Berichtswesens** müssen nicht stets in Form absoluter Zahlen aufbereitet sein. Das

Zeilenbe-schriftungen	Summe von Beratertage	Planbeschäf-tigung	Summe von Umsatz	Planumsatz	Gesamt-kosten	Plankosten
Berlin	**24.960**	**20.000**	**12.022.434**	**10.000.000**	**10.227.327**	**7.200.000**
HAUS 2	10.122	10.000	4.982.894	5.000.000	4.101.694	3.600.000
HAUS 3	14.838	10.000	7.039.540	5.000.000	6.125.633	3.600.000
Hamburg	**23.073**	**30.000**	**11.199.338**	**15.000.000**	**9.321.250**	**10.800.000**
HAUS 1	8.096	10.000	3.957.125	5.000.000	3.241.688	3.600.000
HAUS 4	9.332	10.000	4.490.378	5.000.000	3.767.500	3.600.000
HAUS 5	5.645	10.000	2.751.835	5.000.000	2.312.062	3.600.000
Gesamter-gebnis	**48.033**	**50.000**	**23.221.772**	**25.000.000**	**19.548.577**	**18.000.000**

Abb. 3.7 Übersicht der Abweichungen

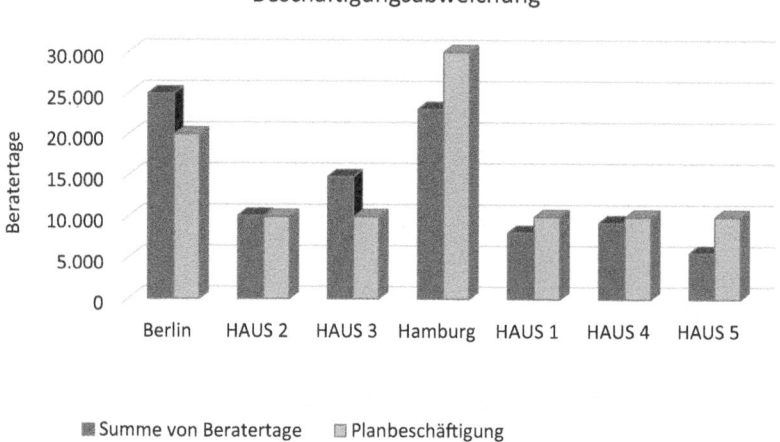

Abb. 3.8 Beschäftigungsabweichung

Sprichwort, ein Bild sage mehr als tausend Worte bewahrheitet sich insbesondere im Reporting, welches sehr anschaulich auch in Form von Diagrammen erfolgen kann. Abb. 3.6 zeigt ein Beispiel zur Präsentation aller Plan- und Istwerte, die im Rahmen der Fallstudie untersucht wurden. Abb. 3.7 beinhaltet die dem Diagramm zu Grunde liegenden Daten.

Da die Planbeschäftigung sowie die Summe der erbrachten Beratertage im vorliegenden Maßstab nicht erkennbar sind und ein Säulendiagramm die Darstellung der Daten auf getrennter Primär- und Sekundärachse nicht anschaulich ermöglicht, bietet sich die Erstellung separater Diagramme für die untersuchten Tatbestände an. In Abb. 3.8 ist die Beschäftigungsabweichung grafisch dargestellt, die auf den Daten der Tabelle in Abb. 3.3 basiert.

Soll-Ist-Vergleiche werden mit Bezug auf das Reporting und der diesbezüglich oftmals **kurzzeitigen Betrachtungshorizonte** dem **operativen Controlling** zugerechnet. Obwohl ein **Abgleich** der Sollwerte mit **Vergangenheitswerten** erfolgt, steckt in der Vorgehensweise eine **zukunftsgerichtete Komponente**, die sich in den „Regelungen" z. B. in Form von Handlungsanweisungen manifestiert. Für das langfristige Bestehen in jedwedem Markt ist es für jedes Unternehmen wichtig, sich **Ziele** zu setzen und deren **Einhaltung** regelmäßig zu **kontrollieren** (messen). Der Soll-Ist-Vergleich stellt eben diesen Abgleich der Zielwerte mit den tatsächlich erreichten dar (Graumann 2018, S. 301). Die Ermittlung von **Ursachen** für Abweichungen ist **Gegenstand** der **Abweichungsanalyse**, die nicht unbedingt mit dem Soll-Ist-Vergleich gleichzusetzen ist (Wöhe et al. 2016, S. 150). Deren Durchführung muss nicht immer ausschließlich durch das Controlling erfolgen, sondern kann auch, in Abhängigkeit der Abteilung, welche für die Abweichung „verantwortlich" ist, von den dort tätigen Mitarbeiterinnen und Mitarbeitern der **Führungssubsysteme** durchgeführt werden.

3.2 Regressionsanalysen

Gemäß der Ausführungen von Ossadnik (vgl. Abschn. 1.1) gehört die Anwendung von **Investitionsrechnungsverfahren** zu den **originären** Aufgaben des **Controllings**. Diese lassen sich in **statische** Verfahren, zu denen die

- Rentabilitätsvergleichs- oder die
- Amortisationsrechnung

zählen sowie **dynamische** Verfahren wie die

- Methode des internen Zinssatzes oder die
- Annuitätenmethode

unterteilen.

Mit Hilfe der **statischen Verfahren** sollen Anwender in die Lage versetzt werden, **Investitionsentscheidungen** zu **optimieren**. Das Ziel liegt in der Feststellung, ob zu beurteilende Investitionen **günstiger** sind als ihre **Unterlassensalternativen**. Anders ausgedrückt: das **vorteilhafteste** von mehreren, sich ausschließenden Objekten/Projekten soll **identifiziert** werden (Wöhe et al. 2016, S. 482).

So erhält man bei der Anwendung der **Rentabilitätsvergleichsrechnung** eine Kennziffer, welche den Gewinn ins Verhältnis zum durchschnittlich gebundenen Kapital setzt. Bei gleichen Gewinnen lassen sich die Kenngrößen direkt miteinander vergleichen und sich hieraus die vorteilhaftere von zwei oder mehreren Investitionsalternativen ermitteln. Die diesbezügliche Formel lautet:

$$\text{Rentabilität „r“} = \frac{\text{korrigierter Gewinn}}{\text{durchschnittlich gebundenes Kapital}} \times 100$$

Das **durchschnittlich gebundene Kapital** stellt die **Hälfte** der jeweiligen **Investitionssummen** (I) dar, da in Anlehnung an handels- und steuerrechtliche Abschreibungsvorschriften eine eingeschränkte Nutzungsdauer (n) des Investitionsgutes zu Grunde gelegt wird und sich sein Wert **gleichmäßig** über die Nutzungsdauer reduziert. Abb. 3.9 stellt den Zusammenhang grafisch dar.

Lässt sich beispielsweise mit Objekt A

- ein Gewinn i. H. v. € 100.000
- bei einem Kapitaleinsatz i. H. v. € 750.000 sowie

mit einem Objekt B

- ein Gewinn i. H. v. € 150.000
- bei einem Kapitaleinsatz i. H. v. € 1.500.000

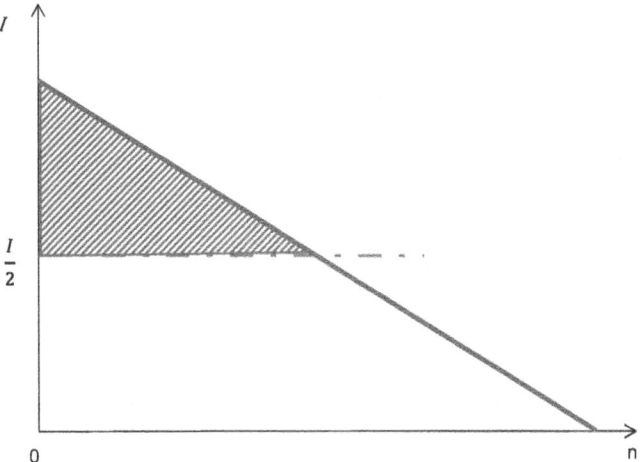

Abb. 3.9 Grafische Darstellung des gebundenen Kapitals. (Olfert 2012, S. 154)

erzielen, errechnen sich durch Einsetzen der Werte in o. g. Formel folgende Rentabilitäten:

$$r_A = \frac{100.000}{375.000} \times 100$$

$$r_A = 26,67\,\%$$

$$r_B = \frac{150.000}{750.000} \times 100$$

$$r_B = 20\,\%$$

Die Ergebnisse machen deutlich, dass Investitionsobjekt A trotz des **geringeren Gewinns** die „rentablere" Alternative für den Investor darstellt. Das gebundene/investierte Kapital erwirtschaftet in Relation **höhere Rückflüsse** als Alternative B.

Literarisch wird an **statischen** Investitionsverfahren häufig **Kritik** geübt, da sie die **Verzinsung** des gebundenen **Kapitals** nicht berücksichtigen. An dieser Stelle setzen die **dynamischen Verfahren** an, welche in der **Zukunft** zu erwartende **Kapitalrückflüsse** auf das **Datum** der **Anschaffung** eines Investitionsgutes **abzinsen**. Da verfügbares Kapital nicht zinswirksam bei einem Kreditinstitut angelegt werden kann, wenn es z. B. in eine Produktionsmaschine investiert wird, lässt sich durch die Errechnung eines Kapitalwertes ein **Zinsverlust** bei der **Bewertung** von **Rückflüssen** berücksichtigen. In der Zukunft liegende Rückflüsse werden unter Verwendung der Barwertformel

$$K_0 = \frac{K_n}{(1+i)^n}$$

berechnet.

Hierbei entspricht:

K_0 dem Barwert,
K_n dem in der Zukunft liegenden Rückfluss und
n der Dauer der Investition (z. B. Anzahl der Jahre).

Beispiel

Können in einem Produktionsunternehmen durch die Investition von € 160.000 in eine neue Maschine im Laufe von drei Jahren (n $=$ 3) Rückflüsse i. H. v.

- € 50.000 im Jahr t_1,
- € 60.000 im Jahr t_2 sowie
- € 70.000 im Jahr t_3

erzielt werden, so lassen sich durch Einsetzen in die Barwertformel unter Berücksichtigung eines kalkulatorischen Zinssatzes von 4 % folgende **Barwerte** berechnen.

$$K_1 = \frac{50.000}{(1 + 0{,}04)^1}$$
$$K_1 = 48.076{,}92$$
$$K_2 = \frac{60.000}{(1 + 0{,}04)^2}$$
$$K_2 = 55.473{,}37$$
$$K_3 = \frac{70.000}{(1 + 0{,}04)^3}$$
$$K_3 = 62.229{,}75$$

Aus der **Summe** aller **Barwerte** und anschließender **Subtraktion** der **Anschaffungskosten** errechnet sich der **Kapitalwert**.

Die Summe der Barwerte beträgt € 165.780,04; abzüglich der Anschaffungskosten i. H. v. € 160.000 ergibt dies einen **positiven Kapitalwert** von € 5.780,04, was die Investition **empfehlenswert** macht.

Der Schwerpunkt der Betrachtungsweise des vorliegenden Werks soll jedoch nicht auf Investitionsrechnungsverfahren, sondern auf Controlling-Aktivitäten in Unternehmen liegen. Der kurze Exkurs dient lediglich der Verdeutlichung der Tatsache, dass die **Bestimmung** zu erwartender **Rückflüsse** einen wesentlich **aufwendigeren Prozess** darstellt, als die **Anwendung** von **Investitionsrechnungen**. Es ist ein Leichtes, Formeln statischer und/oder dynamischer Investitionsrechnungen mit vorliegenden Ergebnissen zu füllen und Investitionen an Hand dieser Ergebnisse als empfehlenswert oder nicht empfehlenswert zu klassifizieren. Die Beschaffung eben dieser Informationen gestaltet sich jedoch bisweilen deutlich aufwendiger und ist mit Blick auf die möglichen **Auswirkungen** (**Fehlentscheidungen**, die zu empfindlichen **Verlusten** führen) entsprechend sorgfältig vorzunehmen. In der Zukunft liegende Umsätze lassen sich u. a. durch

- Kundenbefragungen,
- Recherche in Statistiken oder
- die Analyse von Vergangenheitswerten

ermitteln.

Liegen jedoch sehr **viele Werte** von Unternehmen vor, die in Art und Umfang nicht mit dem eigenen Unternehmen übereinstimmen, ist hier zunächst eine **Bereinigung** oder „**Glättung**" erforderlich, um eine verlässliche **Entscheidungsbasis** zu kreieren. Liefern Befragungen, Recherchen etc. beispielsweise Informationen, die sich lediglich zu einer **Punktewolke** zusammenfassen, jedoch nicht weiter verdichten lassen, muss zunächst die „ideale Gerade" hierdurch ermittelt werden, um eine Umsatzfunktion zu erstellen, die sich im Anschluss hieran mit der **Kostenfunktion** im Rahmen der **Break-Even-Analyse** korrelieren lässt.

Ein Verfahren, mit welcher die ideale Gerade aus einer Punktewolke zu ermitteln ist, die der Steigung b einer allgemeinen Geradengleichung

$$y = a + bx$$

entspricht, stellt die **Methode der kleinsten Quadrate** dar (Kruschwitz 2009, S. 49). Sie ermittelt die Steigung b über eine Regressionsgerade und die Formel

$$b = \frac{n \times (\sum xy) - (\sum x) \times (\sum y)}{n \times (\sum x^2) - (\sum x)^2}$$

Bezogen auf eine **Umsatzfunktion** gibt die Steigung b den **Durchschnittspreis** an, der für erbrachte Leistungen oder erstellte Produkte erreichbar ist. Der Zusammenhang soll zunächst an Hand eines konkreten Beispiels erläutert werden.

Beispiel

Ein Absolvent des Studiengangs Betriebswirtschaftslehre beabsichtigt, nach Abschluss seines Studiums den Schritt in die Selbständigkeit zu wagen und einen Fahrradverleih in Berlin zu gründen. Vorab möchte er prüfen

- welchen Marktanteil er in der Lage sein wird, zu erreichen, bzw. wie viele Touristen sich ggf. für sein Angebot entscheiden,
- welcher Umsatz hieraus resultiert und
- welche Mindestanzahl von Fahrrädern er beschaffen und für seine potentiellen Kunden bereitstellen muss.

Auf Grund eines Praxisprojekts im Rahmen seines Studiums kann er auf Daten zurückgreifen, die in Abb. 3.10 als Punktewolke dargestellt sind. Sie basieren auf Verleihfirmen, bei denen sich zwischen 10 und 120 Fahrrädern im Verleih befanden. Die Ermittlung eines Durchschnittspreises ist insofern problematisch, da im Überprüfungszeitraum alle Kunden die Räder für unterschiedliche Zeiträume gemietet hatten.

Eine Trendlinie könnte an dieser Stelle zwar einen Näherungswert liefern (vgl. Abb. 3.11) – jedoch nicht die Bestimmung einer Steigung und somit die Erstellung einer Umsatzfunktion ermöglichen. Diese ist jedoch zur Gegenüberstellung der zu erwartenden Kosten und somit zur Berechnung der Gewinnschwelle erforderlich. Ausgedrückt durch die allgemeine Gleichung

$$y = a + bx$$

ist die ideale Gerade durch die Punktewolke zu ermitteln. Zur Erstellung einer Umsatzfunktion kann für eine Anzahl von 0 vermieteter Fahrräder auch ein Umsatz von 0 unterstellt werden. Dies bedeutet, dass die Gerade im Ursprung des Koordinatensystems beginnt, die Variable a für die ideale Gerade uninteressant ist und lediglich die Steigung – ausgedrückt durch die Variable b – bestimmt werden muss. Dies kann durch die Anwendung der Methode der kleinsten Quadrate und die diesbezügliche Formel

$$b = \frac{n \times (\sum xy) - (\sum x) \times (\sum y)}{n \times (\sum x^2) - (\sum x)^2}$$

geschehen.

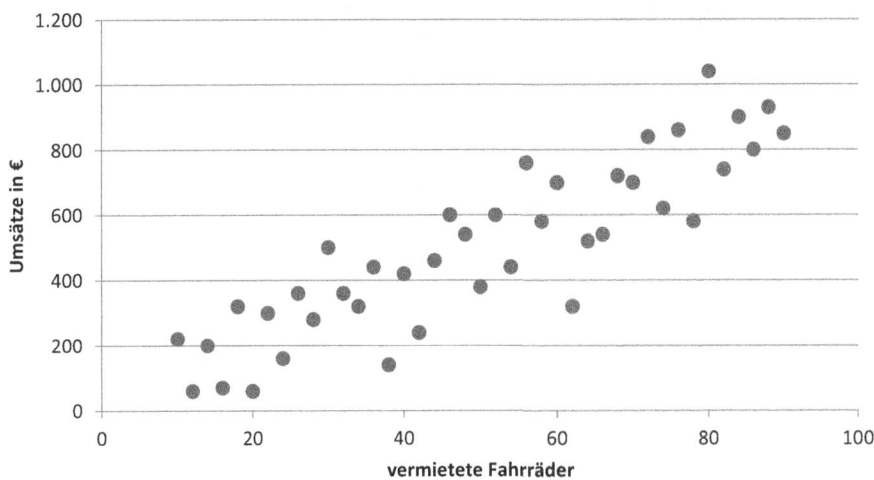

Abb. 3.10 Punktewolke Umsatzprognose

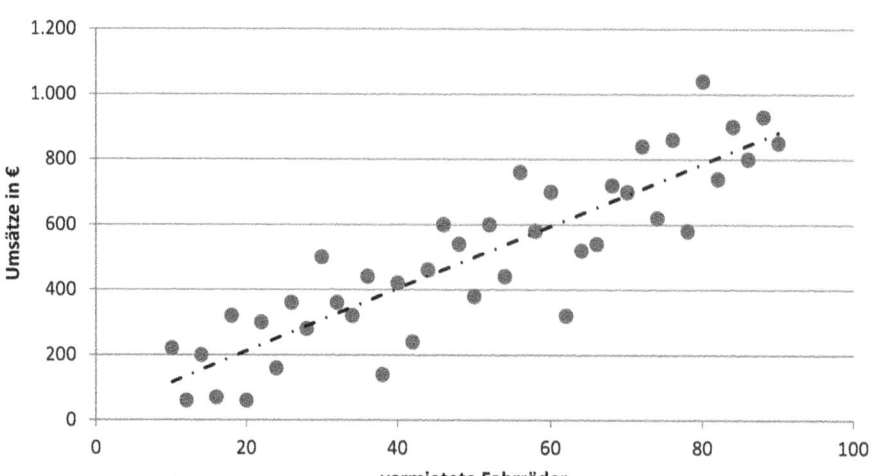

Abb. 3.11 Trendlinie

Mit Blick auf die für die Formel erforderlichen Variablen drückt

- x die Anzahl der bereitgestellten Fahrräder und
- y die ermittelten (täglichen) Umsätze

der Verleihunternehmen aus. Die Anzahl der im Rahmen des o. g. Absolventen befragten Verleihfirmen betrug 41, woraus sich sogleich die nächste Variable ergibt:

- n – der Stichprobenumfang.

Zur Ermittlung der Produkte aus x und y sowie der Potenz x^2 ist eine Wertetabelle erforderlich. Diese hat, in Anlehnung an die Untersuchungen unseres Absolventen folgendes Aussehen:

n	Menge (x); Anzahl Fahrräder	Umsätze (y)	x × y	x^2
1	10	220	2.200	100
2	12	60	720	144
3	14	200	800	196
4	16	70	1.120	256
5	18	320	5.760	324
6	20	60	1.200	400
7	22	300	6.600	484
8	24	160	3.840	576

n	Menge (x); Anzahl Fahrräder	Umsätze (y)	$x \times y$	x^2
9	26	360	9.360	676
10	28	280	7.840	784
11	30	500	15.000	900
12	32	360	11.520	1.024
13	34	320	10.880	1.156
14	36	440	15.840	1.296
15	38	140	5.320	1.444
16	40	420	16.800	1.600
17	42	240	10.080	1.764
18	44	460	20.240	1.936
19	46	600	27.600	2.116
20	48	540	25.920	2.304
21	50	380	19.000	2.500
22	52	600	31.200	2.704
23	54	440	23.760	2.916
24	56	760	42.560	3.136
25	58	580	33.640	3.364
26	60	700	42.000	3.600
27	62	320	19.840	3.844
28	64	520	33.280	4.096
29	66	540	35.640	4.356
30	68	720	48.960	4.624
31	70	700	49.000	4.900
32	72	840	60.480	5.184
33	74	620	45.880	5.476
34	76	860	65.360	5.776
35	78	580	45.240	6.084
36	80	1.040	83.200	6.400
37	82	740	60.680	6.724
38	84	900	75.600	7.056
39	86	800	68.800	7.396
40	88	930	81.840	7.744
41	90	850	76.500	8.100
Summe	*2.050*	*20.470*	*1.243.100*	*125.460*

Die für den Einsatz in der Formel zur Bestimmung der Steigung b erforderlichen Produkte aus x und y sowie die Summe der Potenzen aus x sind in der Tabelle bereits berücksichtigt, so dass die Werte direkt übertragen werden können. Man erhält folgende Werte in der Formel:

$$b = \frac{41 \times (1.243.100) - (2.050) \times (20.470)}{41 \times (125.460) - (2.050)^2}$$

$$b = 9,56$$

Die Steigung der idealen Geraden durch die Punktewolke beträgt 9,56; der Durchschnittspreis, den der im Beispiel besagte, angehende Jungunternehmer basierend auf seinen eigenen Recherchen für seinen Fahrradverleih zu Grunde legen kann, liegt demnach bei € 9,56. Ausgehend von diesem Durchschnitt lässt sich, unter Berücksichtigung der erforderlichen Investitionen in neue Fahrräder die Gewinnschwelle ermitteln. Sie gibt Aufschluss darüber gibt, ob das geplante Unternehmen in der Lage sein wird, gewinnbringend zu wirtschaften.

3.3 Break-Even-Analyse

Eine weitere, aus der **Kosten- und Leistungsrechnung** stammende Aufgabe des Controllings ist die Ermittlung von **Gewinnschwellen** erstellter Produkte und erbrachter Dienstleistungen, die häufig mit dem Anglizismus der „**Break-Even-Analyse**" (Ossadnik 2009, S. 180) bezeichnet wird. Der Systematik liegt die einstufige Deckungsbeitragsrechnung zu Grunde, welche sich neben der Ermittlung von Gewinnschwellen auch für die Berechnung von

- Preisuntergrenzen,
- Produktionsverfahren oder der Entscheidungsvorbereitung hinsichtlich der
  - Eigenfertigung oder des Fremdbezugs sowie
  - der Annahme oder der Ablehnung von Zusatzaufträgen

eignet (Olfert 2010a, S. 261).

Das Ziel der Break-Even-Analyse liegt in der Korrelation von **im Rahmen der Fertigung** von Produkten oder der Erbringung von Leistungen entstehenden Kosten **mit** erwirtschafteten **Umsätzen**. Rechnerisch (und grafisch) wird der **Punkt** ermittelt, der die **Gewinnzone** von der **Verlustzone trennt**. Auf diese Weise lässt sich die **Frage** klären, **ab** welcher **Ausbringungsmenge** ein Unternehmen bei gegebenen Verkaufspreisen **mehr Umsätze** erwirtschaftet **als Kosten** produziert werden. Anders ausgedrückt wird die Frage beantwortet, ab welcher Ausbringungsmenge das Unternehmen Geld verdient.

Die markanten Punkte sind in Abb. 3.12 ersichtlich. Auf der Ordinate werden Kosten (K) und Umsätze (U), gemessen in Geldeinheiten, auf der Abszisse wird die ausgebrachte Menge (X) dargestellt. Der Punkt, an welchem die Umsatzgerade die Kostengerade schneidet, ist als der Break-Even-Punkt bezeichnet und kennzeichnet die Menge, mit der die entstandenen Kosten durch erwirtschaftete Umsätze kompensiert werden. Die Bedeutungen der in Abb. 3.12 genannten Variablen lauten wie folgt:

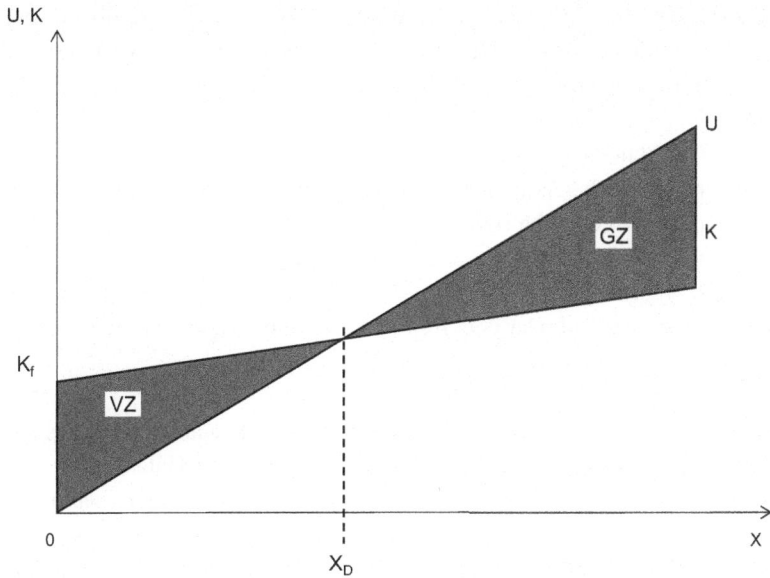

Abb. 3.12 Gewinnschwelle; Trennung der Gewinn- von der Verlustzone. (Wedell und Dilling 2013, S. 415)

U = Umsatzerlöse
K = Gesamtkosten
K_F = fixe Gesamtkosten
x = Ausbringungsmenge
X_D = kritische Ausbringungsmenge
VZ = Verlustzone
GZ = Gewinnzone

Zur Ermittlung eines verlässlichen „Break-Even"-Wertes ist jedoch die Trennung der Unternehmensgesamtkosten in

- *fixe Kosten*
  - ... die sogenannten beschäftigungsunabhängigen Kosten

sowie in

- *variable Kosten*
  - ... die sogenannten **beschäftigungsabhängigen** Kosten

erforderlich.

Fixe Kosten entstehen in Unternehmen **ungeachtet** der Tatsache, **ob** Leistungen erbracht bzw. **Güter/Produkte erstellt/produziert** werden. Hieraus resultiert die Bezeichnung der **Beschäftigungsunabhängigkeit**. Zu den fixen Kosten gehören beispielsweise:

- Mieten für Produktionsstätten,
- Zinsen für in Anspruch genommenes Fremdkapital,
- handels- und steuerrechtliche Abschreibungen auf Vermögensgegenstände (des Anlagevermögens),
- Gehälter für Mitarbeiterinnen und Mitarbeiter, deren Präsenz im Unternehmen nicht von der Auftragslage und/oder dem Produktionsvolumen abhängt (MA in der Verwaltung bspw.).

Vermieter von Produktionshallen oder Kreditinstitute, die Kapital bereitgestellt haben, werden sich nicht dafür interessieren, ob in dem betreffenden Unternehmen produziert wird und vor allen Dingen, ob die Produktion und Leistungserbringung dafür sorgt, dass Umsätze erwirtschaftet werden, die dem Unternehmen Geld verschaffen. Sie werden die Miet- und Zinszahlungen wie i. d. R. vertraglich vereinbart pünktlich erwarten. Der Verlauf der Kosten ist also stets identisch und lässt sich grafisch als eine Gerade darstellen, welche parallel zur Abszisse verläuft (Olfert 2010a, S. 53). Ungeachtet der Tatsache, ob viele oder wenige Güter produziert werden, ist die Summe der Fixkosten stets identisch (Abb. 3.13).

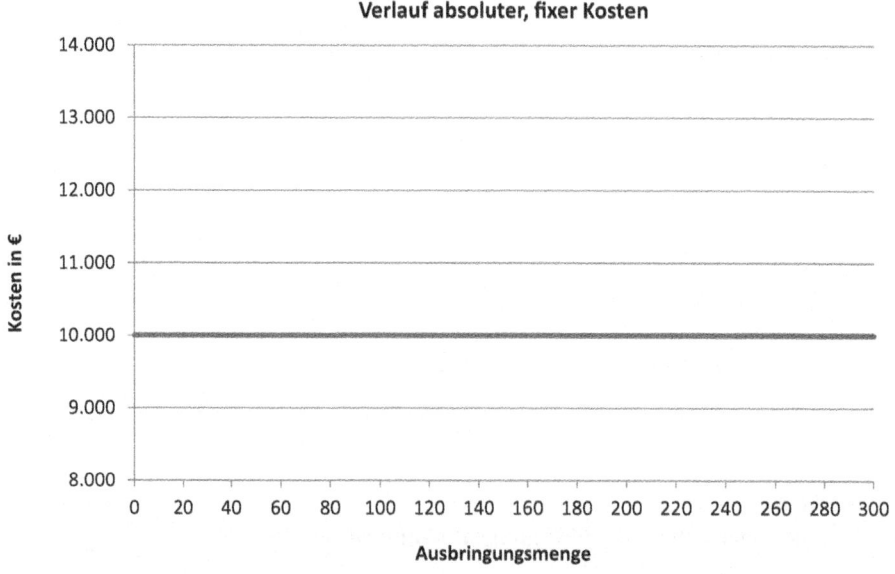

Abb. 3.13 Grafische Darstellung des Verlaufs absoluter, fixer Kosten

Anders gestaltet sich die Situation bei den **beschäftigungsabhängigen variablen Kosten**, die lediglich dann im Unternehmen entstehen, wenn Leistungen erbracht und/oder Güter produziert werden. Zu Ihnen werden beispielsweise

- Fertigungslöhne sowie
- Roh-, Hilfs- und Betriebsstoffe
  - als variable **Einzelkosten** gerechnet, die direkt den Produkten oder Leistungen zuordenbar sind.

Darüber hinaus werden auch

- Büromaterial
  - als Unterkonto der Roh- Hilfs- und Betriebsstoffe sowie
- Energiekosten
  - als variable **Gemeinkosten** berücksichtigt, die nicht direkt den Produkten oder Leistungen zuordenbar sind.

Kontrovers werden nach wie vor **Fertigungslöhne** diskutiert, die auf Grund des Vorhandenseins von Kündigungsfristen und anderer, arbeitsrechtlicher Restriktionen streng genommen ebenfalls als Fixkosten zu berücksichtigen sind. Losgelöst von dieser Betrachtungsweise entstehen variable Kosten lediglich dann, wenn Unternehmen in umsatzträchtiger Weise produktiv sind. Sofern keine kundenseitigen Aufträge vorliegen, ist es unnötig, Material einzukaufen. Wenn keine Produktionsanlagen betrieben werden, verbrauchen diese auch keine Energie in Form von elektrischem Strom o. ä. Der Begriff der **Beschäftigungsunabhängigkeit** resultiert aus der Tatsache, dass derartige Kosten nicht entstehen, wenn in Unternehmen keine Mitarbeiter in der Produktion beschäftigt werden.

Grafisch betrachtet, lässt sich demnach ein Verlauf der Kosten proportional zur Ausbringungsmenge feststellen (Abb. 3.14).

Unberücksichtigt bleiben soll für die folgenden Beispiele die Möglichkeit, eine Kostensenkung über die Steigerung der eingekauften Menge o. ä. zu erreichen. Der Verlauf der variablen Kosten sei für die folgenden Beispiele stets als proportional unterstellt.

Die Betrachtung der beiden Kostenverläufe macht deutlich, dass die aus fixen- (K_F) und variablen Kosten (K_V) bestehenden **Gesamtkosten** (K) **nicht** durch den **Ursprung** des Koordinatensystems verlaufen können, sondern ihre Gerade bei € 10.000 beginnen muss, da dieser Betrag den **Fixkostenblock** markiert. Die Gesamtkosten pro ausgebrachter Menge werden demnach mittels des Produkts der variablen Stückkosten (K_v) und der Ausbringungsmenge (X) zuzüglich der Fixkosten (K_F) errechnet. Mathematisch lässt sich dieser Zusammenhang in Form der allgemeinen **Kostenfunktion**

$$K\,(x) = K_F + (K_v \times X)$$

darstellen (Deitermann et al. 2016, S. 457).

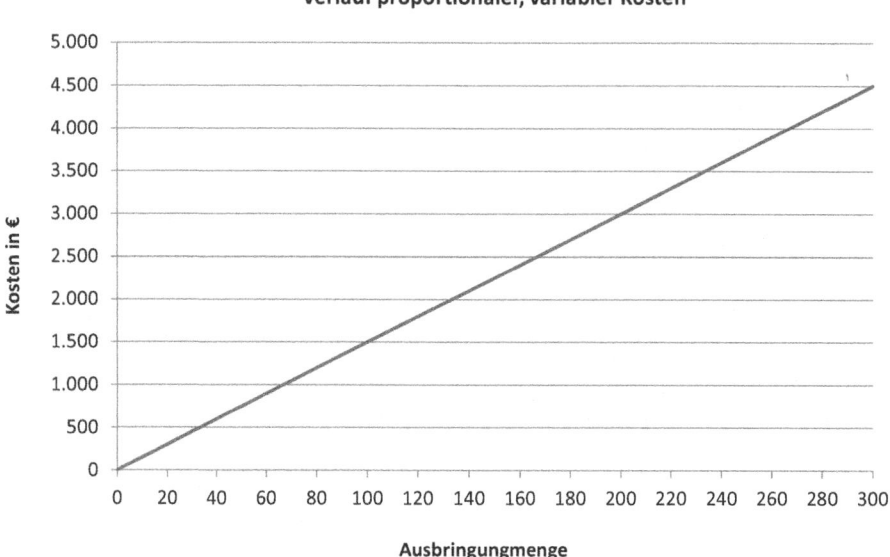

Abb. 3.14 grafische Darstellung des Verlaufs proportionaler, variabler Kosten

Für die Durchführung einer Break-Even-Analyse fehlen jedoch noch Angaben zu getätigten Umsätzen, da die kritische Ausbringungsmenge durch den Schnittpunkt der Umsatz- und der Gesamtkostengeraden markiert wird. Der Umsatz eines Unternehmens wird als Produkt aus Preis und Absatzmenge berechnet. Dieser Zusammenhang lässt sich mathematisch durch die **Umsatzfunktion**

$$U\,(x) = P \times X$$

darstellen (Olfert 2010b, S. 59).

Da getätigte Umsätze pro abgesetzter Ausbringungsmenge messbar sind, weist ihre grafische Darstellung eine Gerade mit einem ähnlichen Verlauf wie die der variablen Kosten auf (Abb. 3.14); lediglich mit einer **größeren Steigung**. Wäre dies nicht der Fall, ließe sich die Gewinnzone nicht erreichen. Sofern die Kosten für die Produktion von Gütern oder die Erbringung von Leistungen höher sind als die erzielten Umsätze, ist es für ein Unternehmen unmöglich, aus der Verlustzone heraus in die Gewinnzone zu gelangen. Die Korrelation der (flacher verlaufenden) Kostengeraden mit der (steiler verlaufenden) Umsatzgeraden ermöglicht erst die Bestimmung des **Break-Even-Punktes** (Abb. 3.15).

Mathematisch ist die kritische Ausbringungsmenge X_D auf zwei verschiedene Arten zu bestimmen.

- durch Gleichsetzen der Umsatz- und der Kostenfunktion,
- durch die separate Berechnung der Break-Even-Menge sowie des Break-Even-Umsatzes.

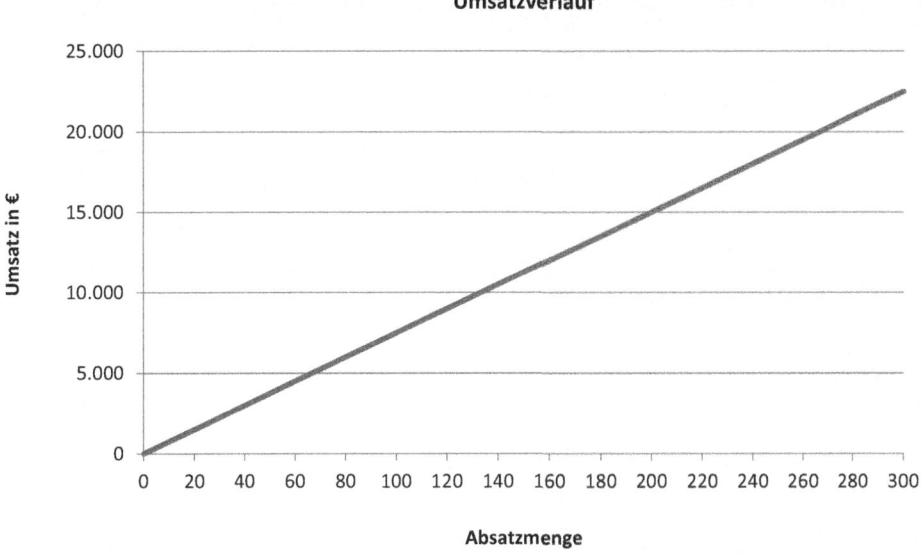

Abb. 3.15 Umsatzverlauf

An Hand eines konkreten Beispiels soll zunächst die „rascher" vorzunehmende Variante der Gleichsetzung von Umsatz- und Kostenfunktion betrachtet werden.

$$K\,(x)\,;\; K_F + (K_v \times X) = U\,(x)\,;\; P \times X$$

Beispiel

Ein Unternehmen fertigt Güter, die pro Stück variable Kosten (K_v) i. H. v. € 15,– verursachen. Der Fixkostenblock (K_F) beträgt € 10.000,–, die Güter werden zu einem Stückpreis (P) von € 75,– verkauft. Die maximale Fertigungsmenge beträgt 300 Stück. In o. g. Kostenfunktion eingesetzt ergibt sich folgende (Geraden-)Gleichung:

$$10.000 + (15x) = 75x$$

Zur Isolation der Mengenvariable x werden aus der Kostenfunktion 15x subtrahiert und man erhält die Gleichung:

$$10.000 = 60x$$

Zur Ermittlung der Break-Even-Menge werden die verbliebenen Fixkosten der Kostenfunktion durch 60 dividiert; die **kritische Menge** beträgt somit **166,67**. Multipliziert mit dem Verkaufspreis der Güter erhält man einen Break-Even-Umsatz i. H. v.

€ 12.500. Die Rechenschritte nochmals formal im Überblick (Abb. 3.16):

$$10.000 + (15x) = 75x \quad | - 15x$$
$$10.000 = 60x \quad | \div 60$$
$$166,67 = x$$

Die Ermittlung der Break-Even-Menge kann auch durch Einsetzen der umseitig genannten Werte in die Formel

$$\frac{\text{Fixkosten}}{\text{Preis} - \text{variable Stückkosten}}$$

eingesetzt:

$$\frac{10.000}{75 - 15} = 166,67$$

erfolgen.

Zur direkten Berechnung des Break-Even-Umsatzes werden die Werte der Variablen in die Formel

$$\frac{\text{Fixkosten}}{1 - \left(\frac{\text{variable Stückkosten}}{\text{Preis}}\right)}$$

eingesetzt, die sich dann wie folgt darstellt:

$$\frac{10.000}{1 - (15 \div 75)} = 12.500$$

(Wöhe et al. 2016, S. 838).

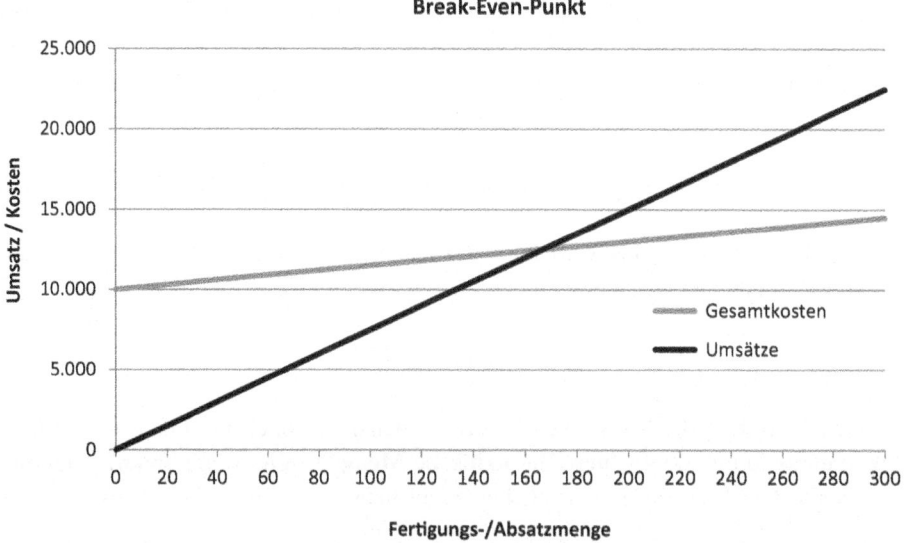

Abb. 3.16 Grafische Darstellung der kritischen Ausbringungsmenge/Break-Even-Punkt

Beide Vorgehensweisen führen zum gleichen Ergebnis. Letztendlich ist es insbesondere in Prüfungen/Klausuren „Geschmacksache" und liegt es an der mathematischen Affinität jedes einzelnen, sich den Sachverhalt mathematisch herzuleiten oder sich die Formeln einzuprägen.

Die Break-Even-Analyse als **Controlling-Instrument** ist jedoch thematisch mit der Berechnung des Break-Even-Punkts sowie des Break-Even-Umsatzes noch nicht beendet. **Relevant** ist insbesondere die **Interpretation** des aus **Absatzmenge** und monetärer **Umsatzgröße** bestehenden „Punktes" im Rahmen der **Entscheidungsvorbereitung** von Geschäftsprozessen. Hierzu gehören

- Abgleiche mit Prognosen abgesetzter Mengen,
- die Notwendigkeit von Anpassungen der Verkaufspreise oder
- Kostensenkungen in der Fertigung/Leistungserbringung, falls externe Faktoren wie Einkaufs- oder Verkaufspreise nicht beeinflussbar sind.

Bezogen auf o. g. Beispiel ist die **Absatzprognose** von höchster Relevanz. Gewinne werden ab einer abgesetzten Menge von 167 Stück (aufgerundet) erwirtschaftet. Sofern diese Menge nicht als sicher bezeichnet werden kann, muss die Frage nach

- entweder einem höheren Verkaufspreis oder
- Einsparpotentialen in der Fertigung bzw.
- Abbaumöglichkeiten hinsichtlich des Fixkostenblocks

gestellt werden, um Verluste für das Unternehmen auszuschließen.

Ein konkretes Anwendungsbeispiel aus dem Bereich Tourismus soll verdeutlichen, inwieweit die Break-Even-Analyse als Instrument als Instrument zur Beurteilung der Rentabilität eines Auftrages geeignet ist.

Beispiel

Ein Busunternehmen erhält von einer großen Reiseagentur den Auftrag, 150 Stadtreisen zu einem Gesamtpreis von € 16.650 durchzuführen. Durch Kraftstoffverbrauch, Verschleiß, Wartungen etc. entstehen dem Busunternehmen Gesamtkosten i. H. v. 15.000, wovon 20 % als fix anzusehen sind.

Sollten die Reisen durchgeführt werden oder ist von der Entscheidung abzuraten? Prüfen Sie, ab welcher Anzahl von Reisen das Geschäft für den Unternehmer profitabel wird.

Mittels Division des Gesamtumsatzes (€ 16.500) durch die Anzahl der Reisen (x = 150) errechnet sich ein Umsatz i. H. v. € 111,– pro Reise. Die Fixkosten (K_F) des Busunternehmers betragen € 3.000, woraus sich restliche variable Kosten i. H. v. € 12.000 ergeben. Dividiert durch die Gesamtzahl der Reisen errechnen sich variable Stückkosten von € 80. Eingesetzt in die Umsatz- und Kostenfunktion erhält man eine Ergebnistabelle mit folgendem Aussehen:

Menge	Kosten	Umsatz
10	3.800	1.110
20	4.600	2.220
30	5.400	3.330
40	6.200	4.440
50	7.000	5.550
60	7.800	6.660
70	8.600	7.770
80	9.400	8.880
90	10.200	9.990
100	11.000	11.100
110	11.800	12.210
120	12.600	13.320
130	13.400	14.430
140	14.200	15.540
150	15.000	16.650

Eingesetzt in die umseitig bereits genannte Umsatz- und Kostenformel ergibt sich folgende Gleichung:

$$3.000 + (80x) = 11x \quad | -80x$$
$$3.000 = 31x \quad | \div 31$$
$$96{,}77 = x$$

Der Break-Even-Punkt wird bei 96,77, also bei aufgerundet 97 durchgeführten Stadtreisen erreicht. Das Angebot der Reiseagentur an den Busunternehmer ist demnach durchaus rentabel und sollte in jedem Fall angenommen werden.

Der Einsatz der Break-Even-Analyse muss **nicht zwingend** die Existenz einer **Umsatz- und** einer **Kostenfunktion** voraussetzen. Die Ermittlung einer kritischen Menge bzw. eines Schnittpunktes zweier Kostengeraden kann sinnvoll sein, wenn eine sogenannte „**Make-or buy**"-Entscheidung zu treffen ist. Diese ist sinnvoll, wenn ein Unternehmen in der Lage ist, Produkte, die es gewöhnlich von einem Lieferanten bezieht, selbst zu fertigen. Die Herstellungskosten der Fertigung werden dem Preis für den Einkauf gegenübergestellt und die kritische Menge gibt Aufschluss darüber, ab welcher Anzahl die Selbstfertigung günstiger ist als der Zukauf.

Beispiel

Ein Maschinenbauunternehmen benötigt für seine Produkte Schaltschränke, in welchen die Steuerungen eingebaut werden. Hiervon werden jährlich 100 Einheiten benötigt, die zu einem Stückpreis von € 150 bei einem Lieferanten eingekauft werden.

Würde das Unternehmen die Schaltschränke selbst fertigen, wären

- Fixkosten i. H. v. € 3.000 sowie
- variable Kosten i. H. v. € 90

zu berücksichtigen.

Sollte das Maschinenbauunternehmen die Eigenfertigung in Betracht ziehen?

Die Ermittlung der Herstellkosten der Fertigung bei Selbsterstellung der Schalt-schränke lautet nach Einsetzen der Werte:

$$K_1 (X) ;\ 3000 + (90X)$$

Die Formel für die Kostenentwicklung im Falle des Zukaufs der Schaltschränke lautet:

$$K_2 (X) ;\ (150X)$$

Die Wertetabelle hat folgendes Aussehen:

Menge	Selbstkosten	Einkaufskosten
10	3.900	1.500
20	4.800	3.000
30	5.700	4.500
40	6.600	6.000
50	7.500	7.500
60	8.400	9.000
70	9.300	10.500
80	10.200	12.000
90	11.100	13.500
100	12.000	15.000

Beide Formeln werden gleichgesetzt und man erhält:

$$3.000 + (90x) = 150x$$

Die Gleichung wird gemäß der in den bereits umseitig genannten Beispielen darge-stellten Vorgehensweise aufgelöst:

$$3.000 + (90x) = 150x \quad | - 90x$$
$$3.000 = 60x \quad | \div 60$$
$$50 = x$$

Bei der Formel K_2 handelt es sich jetzt **nicht** um eine **Umsatz-**, sondern eine **zu-sätzliche**, lineare **Kostenfunktion**, die ebenso wie bei der Ermittlung des Break-Even-Umsatzes mit K_1 **gleichgesetzt** werden kann.

Ein **Schnittpunkt** der beiden Geraden lässt sich bei x = 50 bestimmen, was bedeutet, dass die **Eigenfertigung** bereits **ab 50 Schaltschränken günstiger** ist als der Zukauf. Bei 50 Schaltschränken entstehen Gesamtkosten von € 7.500, was einem Durchschnittspreis von € 150 entspricht, bei **60 Schaltschränken** entstehen Gesamtkosten i. H. v. € 8.400, was „nur" noch einem **Durchschnittspreis** von € **140** entspricht und **100** Schaltschränke verursachen Gesamtkosten i. H. v. € 12.000, was einem **Durchschnittspreis** von € **120** entspricht.

Das Unternehmen erhält auf diese Weise ein Instrument, welches für **Preisverhandlungen** mit dem Lieferanten eingesetzt werden kann oder es plant im Falle freier Kapazitäten sogleich die Eigenfertigung ein.

3.4   Plankostenrechnung/Beschäftigungsabweichungsanalyse

Ein Controlling-Instrument, dessen grafische Ergebnisdarstellung zu einem mit der Break-Even-Analyse auf den ersten Blick ähnlich anmutenden Bild, jedoch zu deutlich abweichenden Ergebnissen und Schlussfolgerungen führt, ist die (flexible) **Plankostenrechnung**. Sie wird literarisch häufig als **Beschäftigungsabweichungsanalyse** bezeichnet (Wedell und Dilling 2013, S. 449), ist in erster Linie zukunftsorientiert (→**Plan**-Kosten), und stellt dennoch ein probates Mittel zur Überprüfung der Einhaltung von (Budget-)Vorgaben **innerhalb** des laufenden **Geschäftsjahres** dar.

Ausgangspunkt für Erstellung des Tools sind **Plandaten** z. B. hinsichtlich der

- Umsätze,
- Kosten,
- Leistungen

eines Unternehmens.

In der Anwendung werden die durch das **Controlling** in **Zusammenarbeit** mit dem **Personalwesen**, der **Bereichsleiter** vorhandener **Funktionsbereiche** und – in Abhängigkeit der Branche – auch der **Arbeitsvorbereitung** geplanten **Sollkosten** mit den **verrechneten Plankosten** verglichen (Deitermann et al. 2016, S. 491). Die hierdurch verfolgten **Ziele** liegen in der

- Verifikation der Soll- durch Vergleich mit den **Istkosten**,
- Prüfung und Verifikation der **geplanten Fixkosten**,
  - … zwecks Klärung der Frage, wie **realistisch** die **Höhe** der **Fixkosten** beurteilt/**geplant** wurde sowie der
- Ermittlung von Ursachen im Falle festgestellter Abweichungen.

Der **Berechnung** zu Grunde liegen

- Fixkosten,
- variable Plankosten sowie
- die Planbeschäftigung;

woraus sich

- die verrechneten Plankosten,
  - unter Berücksichtigung des Plankostenverrechnungssatzes sowie
- die Sollkosten
  - unter Berücksichtigung des Plankostensatzes

ermitteln lassen.

Durch die **Sollkosten** wird in der Plankostenrechnung die **Entwicklung** der **variablen Kosten** im **Verhältnis** zur **Beschäftigung** dargestellt. Die Fixkosten werden in einem Block zum Produkt der variablen Kosten mit der jeweiligen Beschäftigungsmenge addiert. Die formale Darstellung der Sollkostenermittlung lautet wie folgt:

$$\text{Sollkosten} = \text{Fixkosten} + (\text{Plankostensatz} \times \text{Beschäftigung})$$

Aufgrund der als **Block** addierten **Fixkosten** berücksichtigt der **Plankostensatz** lediglich die variablen Kosten. Die Formel zu seiner Berechnung lautet (Reichmann 2011, S. 311):

$$\text{Plankostensatz} = \frac{\text{variable Plankosten}}{\text{Planbeschäftigung}}$$

Im **Gegensatz** zu den **Solkosten** werden die **verrechneten Plankosten** unter **Berücksichtigung** der gesamten (fixe- und variable) Kosten ermittelt. Der Hinweis auf die „Verrechnung" der Fixkosten ist bereits im Begriff enthalten. Rechnerisch erfolgt die Multiplikation der **Beschäftigung** mit einem **Plankostenverrechnungssatz**. Er entspricht dem Quotienten aus den geplanten Gesamtkosten und der **Planbeschäftigung** (Wöhe und Döring 2013, S. 948). Der Zusammenhang ist in Abb. 3.17 grafisch verdeutlicht; die formale Darstellung der Berechnung lautet:

$$\text{verrechnete Plankosten} = \text{Beschäftigung} \times \text{Plankostenverrechnungssatz}$$

$$\text{Plankostenverrechnungssatz} = \frac{\text{geplante Gesamtkosten}}{\text{Planbeschäftigung}}$$

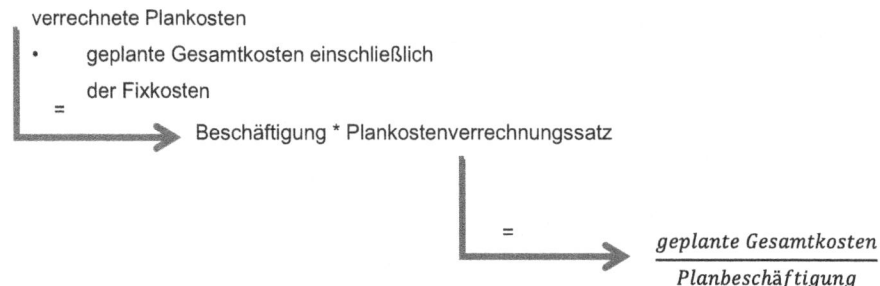

Abb. 3.17 Schematische Darstellung zur Ermittlung des Plankostenverrechnungssatzes

▶   **Plankostensatz** → relevant für die Berechnung der Sollkosten → beinhaltet lediglich variable Kosten.
Plankostenverrechnungssatz
→ relevant für die Berechnung der verrechneten Plankosten → beinhaltet gesamte (fixe- und variable-) Kosten.

Grafisch dargestellt weisen die verrechneten **Plankosten** auf Grund der hierin enthaltenen **Fixkosten** einen **steileren** Verlauf **als** die **Sollkosten** auf, welchen in Abhängigkeit der Beschäftigung **lediglich** die **variablen Kosten** zu Grunde liegen. Aus beiden Geraden lässt sich demnach ein **Schnittpunkt** bilden, der maßgeblich zur Aussage und Anwendung des Instruments der Plankostenrechnung beiträgt. Die o. g. Aspekte verdeutlichen, dass zur Auswertung am Ende eines Betrachtungszeitraums die periodengerechte Ermittlung der Istkosten unerlässlich und andernfalls kein Vergleich möglich ist.

Die **Soll**- sowie die **verrechneten Plankosten** können auf **Basis** der **Planwerte** vor Beginn eines neuen Geschäftsjahres erstellt und im Laufe des Jahres als **Kontrollinstrumente** hinsichtlich der Einhaltung von **Kostenbudgets** und **Beschäftigungsvorgaben** sowie als entsprechende Steuerungsinstrumente eingesetzt werden.

Zur Veranschaulichung wird Bezug auf die bereits in Abschn. 2.2 präsentierten Reports genommen. Zu Grunde gelegt war ein im Bereich der Unternehmensberatung tätiger

Zeilenbeschriftungen	Summe von Beratertage	Summe von Umsatz	Summe von Kosten	Summe von Zusatzkosten
Berlin	24.960	12.022.434	9.984.227	243.100
HAUS 2	10.122	4.982.894	4.048.894	52.800
HAUS 3	14.838	7.039.540	5.935.333	190.300
Hamburg	23.073	11.199.338	9.229.350	91.900
HAUS 1	8.096	3.957.125	3.238.388	3.300
HAUS 4	9.332	4.490.378	3.732.800	34.700
HAUS 5	5.645	2.751.835	2.258.162	53.900
Gesamtergebnis	48.033	23.221.772	19.213.577	335.000

Abb. 3.18 Kosten- und Leistungsstruktur des Beispielunternehmens

Konzern, der 3 Standorte in Hamburg sowie 2 in Berlin bereithält. Die Summen der Umsätze, entstandene Kosten sowie die Anzahl erbrachter Leistungen (Beratertage) sind in Abb. 3.18 ersichtlich.

Beispiel

Unterstellt seien Plankosten i. H. v. € 20 Mio. sowie eine Planbeschäftigung i. H. v. 50.000 Beratertagen. Die Anzahl resultiert aus einer hypothetischen Anzahl von 227 Mitarbeiterinnen und Mitarbeitern sowie der kalkulatorischen Anzahl von 220 Arbeitstagen im Kalenderjahr. Diese wiederum berechnen sich aus den 365 Kalendertagen, abzüglich 30 Urlaubs- sowie 11 Feiertagen und 52 Wochenenden.

$$365 ./. 30 ./. 11 ./. 104 = 220$$

Das Ergebnis beträgt in diesem Fall präzise 49.940 Beratertage. Zum Zweck der besseren Berechenbarkeit ohne Nachkommastellen in den Formelergebnissen erfolgt hier die Rundung auf 50.000 Beratertage. Ferner sei ein Fixkostenanteil i. H. v. 25 % der Gesamtkosten angenommen. Der Plankostenverrechnungssatz als Quotient aus Plankosten und Planbeschäftigung beträgt demnach € 300.

$$\text{gesamte Plankosten 20 Mio.} \times 25\,\% = 15\,\text{Mio.}$$

$$\text{Plankostensatz} = \frac{15.000.000}{50.000} = 300$$

Wird jetzt die Beschäftigung in 10.000er Schritte unterteilt und die werden die Fixkosten mit 5 Mio. als 25 % von 20 Mio. Gesamtkosten angenommen, ergibt sich durch Einsetzen dieser Werte in die Formel

$$\text{Sollkosten} = \text{Fixkosten} + (\text{Plankostensatz} \times \text{Beschäftigung})$$

folgende Wertetabelle.

Fixkosten	Plankostensatz	Beschäftigung	Sollkosten
5.000.000	300	0	*5.000.000*
5.000.000	300	10.000	*8.000.000*
5.000.000	300	20.000	*11.000.000*
5.000.000	300	30.000	*14.000.000*
5.000.000	300	40.000	*17.000.000*
5.000.000	300	50.000	*20.000.000*
5.000.000	300	60.000	*23.000.000*

Obwohl die Planbeschäftigung im Beispiel 50.000 beträgt, ist in der Tabelle eine zusätzliche Zeile mit 60.000 (Beratertagen) eingefügt. Sie dient an dieser Stelle jedoch lediglich der Vorbereitung auf die Generierung eines Schnittpunktes bei Korrelation mit den verrechneten Plankosten. Zum Zwecke deren Ermittlung wird zunächst der Quotient aus den geplanten Gesamtkosten (20 Mio.) mit der Planbeschäftigung (50.000) gebildet.

$$\text{Plankostenverrechnungssatz} = \frac{20.000.000}{50.000} = 400$$

Auch aus diesem Verrechnungssatz lässt sich durch Multiplikation mit der in 10.000er Schritten abgestuften Beschäftigung eine Wertetabelle bilden.

Plankostenverrechnungssatz	Beschäftigung	Verrechnete Plankosten
400	0	*0*
400	10.000	*4.000.000*
400	20.000	*8.000.000*
400	30.000	*12.000.000*
400	40.000	*16.000.000*
400	50.000	*20.000.000*
400	60.000	*24.000.000*

Werden die Soll- sowie die verrechneten Plankosten als Graphen in ein kartesisches Koordinatensystem eingetragen, ergibt sich ein **Schnittpunkt** bei der (maximalen) Planbeschäftigung sowie den diesbezüglich kalkulierten Kosten; dieser ist in Abb. 3.19 ersichtlich.

Bei Vorliegen einer präzisen Planung sollten aus Istwerten resultierende Koordinaten stets auf der Geraden der Sollkosten zu finden sein. Andernfalls liegen entweder Planungsfehler oder aber aus dem operativen Geschäft resultierende Abweichungen vor. Zunächst zum Kostenaspekt: liegen die Kosten bei einer Überprüfung der Beschäftigung nun unterhalb der Geraden der verrechneten Plankosten, so ist davon auszugehen, dass die Fixkosten bei der Kalkulation in zu hohem Umfang berücksichtigt wurden (Deitermann et al. 2016, S. 491). Da den verrechneten Plankosten sowohl variable als auch Fixkosten zu Grunde liegen, darf ein Istwert nicht hierunter liegen. Ist dies der Fall, kann ggf. eine nur ungenaue Planung unterstellt werden. Die umgekehrte Situation liegt vor, wenn bei der Überprüfung eine Koordinate aus Beschäftigung und Kosten festgestellt wird, die oberhalb der Sollkosten liegt. Da die fixen den variablen Kosten als Block zugerechnet werden, darf kein Ergebnis oberhalb der Geraden liegen. Eine ungenaue Planung in der Richtung zu gering eingeschätzter Fixkosten ist in diesem Fall zu unterstellen.

Betrachtet man die Tabelle des Reportings aus dem Beispielunternehmen fällt auf, dass die aus Beschäftigung und Kosten resultierenden Koordinaten einen Punkt markieren, der oberhalb der Sollkosten liegt. Die festgestellte Beschäftigung liegt mit 48.034 Beratertagen 1.966 Tage unterhalb der geplanten 50.000; die Kosten betragen insgesamt € 19.548.578. Zur Verdeutlichung dieses Punktes ist in Abb. 3.20 ein vergrößerter Ausschnitt der Soll- sowie der verrechneten Plankosten dargestellt.

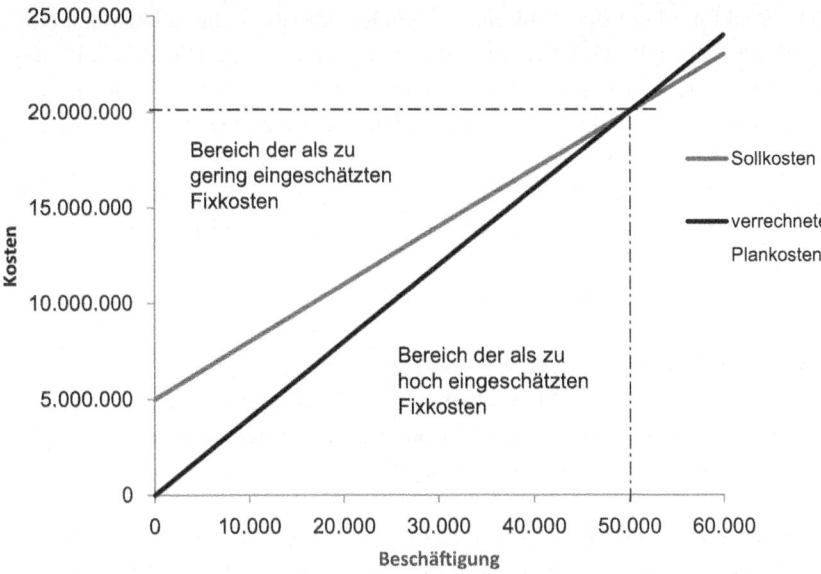

Abb. 3.19 Plankostenrechnung; Soll- und verrechnete Plankosten. (Weber und Schäffer 2016, S. 152)

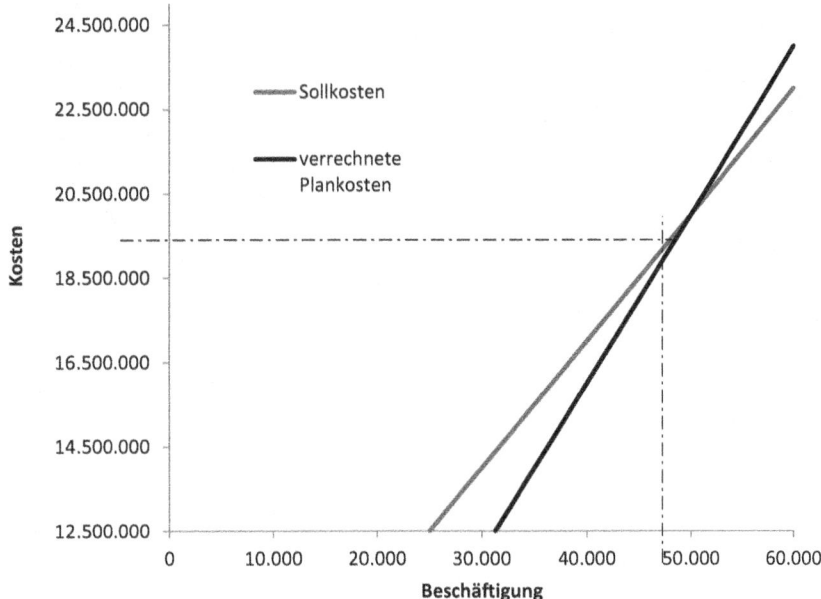

Abb. 3.20 Kostenüber- und Beschäftigungsunterschreitung; Ermittlung im Rahmen der Plankostenrechnung

Der Punkt markiert die „schlimmstmögliche" Situation, die im Rahmen eines Abgleichs der Plan- mit den Istwerten festgestellt werden kann. Die Beschäftigung liegt unterhalb- während sich die Kosten oberhalb der Planwerte befinden. In Anlehnung an den Plankosten- sowie den verrechneten Plankostensatz dürften die Kosten lediglich bei € 19.410.200 liegen.

$$\text{Sollkosten} = 5.000.000 + (300 \times 48.034) = 19.410.200$$

Zu überprüfen ist an dieser Stelle demnach

- Woher die Zusatzkosten i. H. v. € 335.000 stammen
  - ... resultieren sie aus Mehrarbeit an Sonn-/Feiertagen o. ä. und außerdem
- aus welchem Grund die geplante Anzahl der Beratertage nicht erbracht wurde;
  - herrschte im Überprüfungszeitraum ein besonders hoher Krankenstand?

Obwohl die flexible Plankostenrechnung in erster Linie eine Kostenbetrachtung darstellt soll nicht übersehen werden, dass die Ergebnisse sich tatsächlich auch zur Prüfung der Beschäftigung – also der tatsächlichen Auslastung verfügbarer Kapazitäten eignet. Die Bezeichnung Beschäftigungsabweichungsanalyse erscheint unter Berücksichtigung der im Rahmen des Beispiels ermittelten Ergebnisse als durchaus zutreffend. Insbesondere dann, wenn vor Ablauf eines Geschäftsjahres für das Folgejahr auf Basis

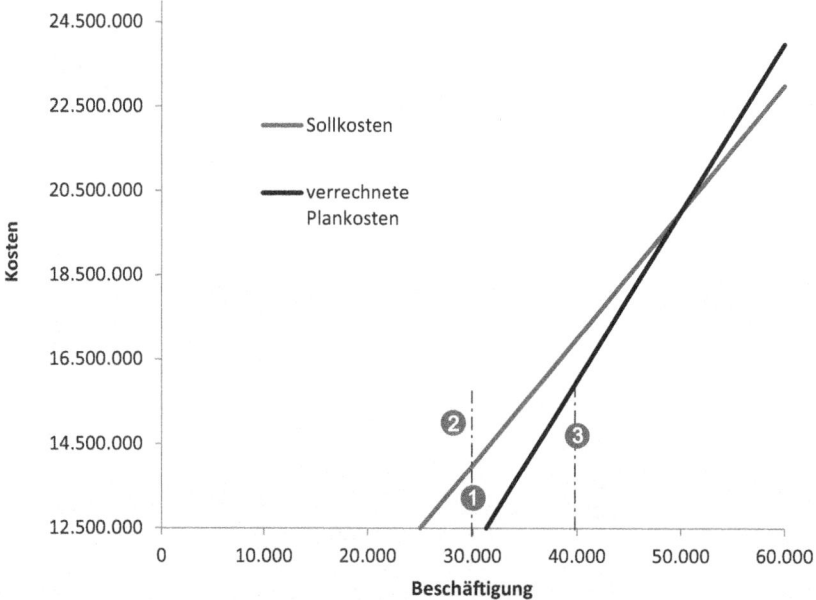

Abb. 3.21 Ergebnisse im Rahmen der Plankostenrechnung

der Vergangenheitswerte ein Plan erstellt wird, lassen sich die unterjährigen Istdaten schnell und einfach auf die Einhaltung vorgegebener Budgets überprüfen. Liegen die aus Istwerten zu ermittelnde Koordinaten auf der Geraden der Sollkosten, ist die Situation noch als unproblematisch zu bezeichnen. Das Unternehmen bewegt sich zwar am Kostenlimit, die Vorgaben werden jedoch eingehalten. Liegt ein Punkt unterhalb der Geraden der verrechneten Plankosten, sind zunächst die Fixkosten zu prüfen, die in diesem Fall möglicherweise zu großzügig kalkuliert wurden.

Abschließend soll die Eignung der Plankostenrechnung als Steuerungsinstrument des Controllings herausgestellt werden. Stellt man im Rahmen unterjähriger Überprüfungen fest, dass die Kosten bei einer Beschäftigung von 30.000 an einem Punkt liegen, der in Abb. 3.21 mit „1" markiert ist, so liegen die Kosten unterhalb der Planwerte, während die Beschäftigungsvorgabe erreicht ist. In diesem Fall kann unterstellt wer-

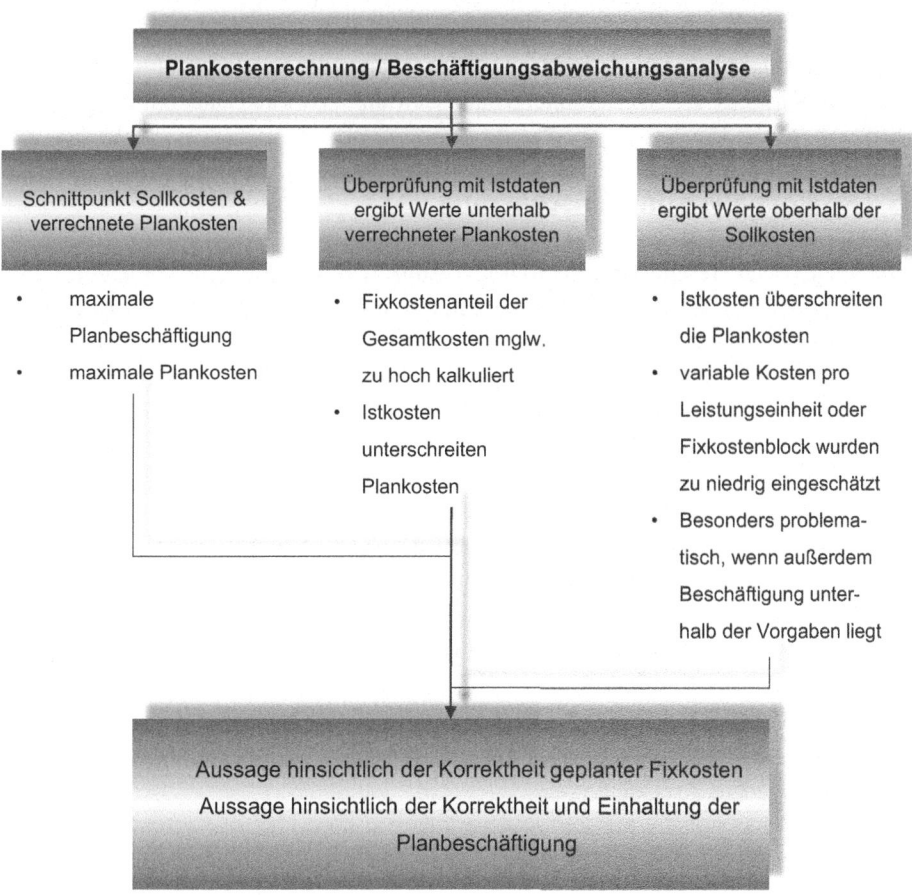

Abb. 3.22 Aussagen der grafischen Darstellung einer Plankostenrechnung

den, dass Potential für den Einsatz zusätzlicher Arbeitskräfte besteht, da die Plankosten nicht voll ausgeschöpft wurden.

Liegen die Kosten für eine Beschäftigung an einem Punkt, der in Abb. 3.21 mit „2" markiert ist, stellt sich wieder das bereits umseitig beschriebene Worst-Case-Szenario ein, im Rahmen dessen die Beschäftigung unterschritten, das Kostenbudget jedoch überschritten wurde. In einem solchen Fall liegt die Aufgabe der Geschäftsleitung darin, dieser Situation schnellstmöglich in Form von Einsparmaßnahmen entgegenzuwirken, um Verluste und Liquiditätsengpässe zu vermeiden.

Tritt bei einer Beschäftigung der als „3" markierte Koordinatenpunkt auf, bleibt nur noch der Schluss übrig, dass die Fixkosten bei der Planung als zu hoch angenommen wurden. Diese Situation ist zunächst nicht als besorgniserregend einzustufen, da hier insbesondere ein Kostenpuffer identifiziert wird, der i. d. R. nicht erwartet wurde. Eine Anpassung im laufenden Jahr ist ratsam, eine Korrektur für das Folgejahr erforderlich. Sofern monetär messbares Unternehmenspotential existiert, sollte dies für z. B. Investitionen genutzt werden, aus denen Kapitalrückflüsse resultieren. Geschieht dies nicht, nutzt das Unternehmen nicht alle Möglichkeiten der Kapitalverzinsung, was sich wiederum negativ auf das Gesamtergebnis (Gewinn) auswirken kann (Abb. 3.22).

3.5 Risikoanalyse und Einschätzung

Unternehmerische **Geschäftstätigkeiten** und **Entscheidungen** unterliegen häufig **Unsicherheiten** und werden von Aspekten beeinflusst, **die** nicht oder zumindest **nicht** vollständig **planbar** und/oder **kalkulierbar** sind. Kurz gefasst ließe sich formulieren, dass **Geschäftsprozesse** grundsätzlich und allgemein mannigfachen **Risiken unterliegen**. Wäre dem nicht so, existierten keine ökonomisch ausgerichteten Studiengänge. Ferner gäbe es keine diesbezügliche, auf der Planungs- und Entscheidungslehre basierende Fachliteratur, die das Ziel verfolgt, Kenntnisse und Fertigkeiten hinsichtlich der Risikominimierung zu vermitteln. Risiken manifestieren sich häufig in monetärer Form und stellen im äußersten Fall eine Bedrohung der Existenz bzw. des Fortbestands eines Unternehmens dar. Dies kann geschehen, wenn **Entscheidungen** Verluste oder **Engpässe** der **Liquidität** auslösen, die ein Unternehmen **letztlich** in die **Insolvenz** (Statistisches Bundesamt 2012) treiben. Im Rahmen von Risikoanalysen und -einschätzungen sollen daher, basierend auf Wahrscheinlichkeitsverteilungen, Rückschlüsse auf zu erwartende Ergebnisgrößen gezogen werden (Littkemann et al. 2018, S. 542). Ziegenbein verteilt in seinem Werk die potentiellen Bedrohungen, welche die Korrektheit von Entscheidungen zu beeinflussen in der Lage sind, auf drei verschiedene Aspekte:

- das Marktrisiko,
- das leistungswirtschaftliche Risiko sowie
- das finanzwirtschaftliche Risiko,

wobei ein Aspekt aus dem jeweils vorangehenden resultiert (Abb. 3.23).

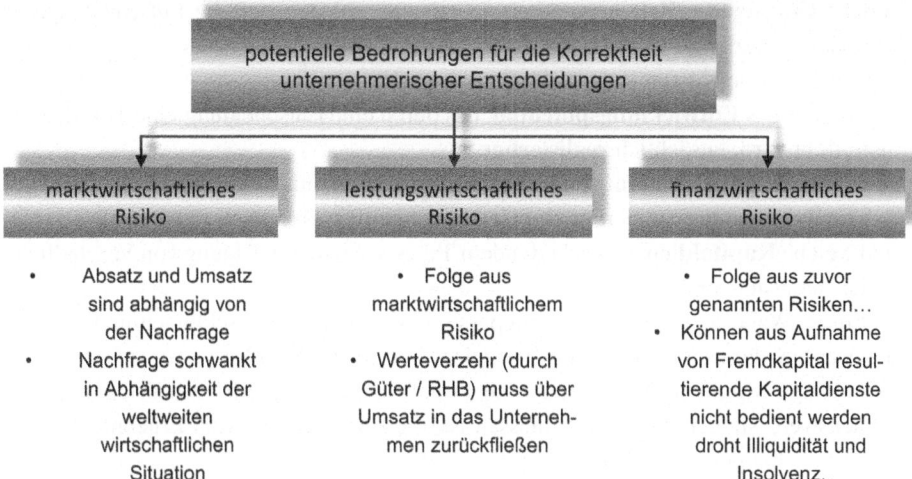

Abb. 3.23 Risikoaspekte für die Korrektheit unternehmerischer Entscheidungen. (Ziegenbein 2006, S. 6)

Die **Notwendigkeit** zur Leistung von **Kapitaldiensten**, womit nichts anderes angesprochen ist als die Notwendigkeit zur **Rückzahlung** von **Verbindlichkeiten**, resultiert einzig aus in Anspruch genommenem **Fremdkapital** von **Banken** und/oder **Lieferanten**. Wären Unternehmen in der Lage, **sämtliche** getätigten geschäftlichen **Transaktionen** aus eigener Kraft und **lediglich** mit **Eigenkapital** zu finanzieren, würde sich das **Risiko** einer Insolvenz erst gar **nicht einstellen**.

Da die Aufnahme von Fremdkapital im operativen Geschäft jedoch in den seltensten Fällen zu umgehen ist, weil

- Forderungsausfälle,
- oder außerordentliche Aufwendungen in Form von Schäden an Betriebs- und Geschäftsausstattungen

Zwischenfinanzierung erforderlich machen, lässt sich der o. g. Kapitaldienst nicht ohne weiteres auf einen Betrag von Null herunterfahren.

Das Damoklesschwert der Insolvenz schwebt insbesondere dann über den Häuptern von Unternehmen, wenn in Zeiten wirtschaftlichen **Aufschwungs kein Vermögen gebildet** wurde, welches **durch** die **Einbringung** von **Forderungen** oder ggf. die **Auflösung** von **Rückstellungen** zur **Auffrischung** des **Eigenkapitals** verwendet werden kann.

Zur **Minimierung** des **Risikos** lässt sich aus den drei o. g. Aspekten die Erfordernis ableiten, vor der Aufnahme einer Geschäftsbeziehung bzw. allgemein vor Entscheidungen einen präzisen Plan zu erstellen, der Aufschluss darüber gibt,

- welche **Umsätze** im **Zeitraum** zu erreichen sind, auf den sich die Entscheidung/die Transaktion bezieht,
- in welcher Höhe **Kosten** zu berücksichtigen sind,
- in wie weit das **Entwicklungspotential**, das durch eine Entscheidung/eine Transkation angestrebt wird, tatsächlich **realisierbar** ist;
  - ... das sich in z. B. Form von **Umsatzsteigerungen**, einer Erweiterung des **Marktanteils** oder einer Steigerung des **Gewinns** manifestieren kann ...
- und welche **Kapitaldienste** aus laufendem Tagesgeschäft zur Tilgung von Verbindlichkeiten zu leisten sind.
- Auf diese Weise sollen Liquiditätsengpässe, Verluste etc. ausgeschlossen und vermieden werden, dass sogleich die Insolvenz des Unternehmens droht.
- Die einzige Möglichkeit, ein Risiko zu visualisieren und somit zu beurteilen, ob es lohnenswert ist, sich hierauf einzulassen ist, die Entscheidung vom Ergebnis der Bewertung abhängig zu machen.

Beispiel

Ein **Produktionsunternehmen** für Werkzeugmaschinen plant, **neben dem Kerngeschäft** der **Fertigung**, als **Händler** für **Verschleißteile** von Maschinen tätig zu werden, um an der in diesem Bereich erwarteten **Absatzsteigerung** von 2 % zu partizipieren. Zur Erweiterung des Leistungsportfolios, wozu auch der **Aufbau** eines **Lagers** und die hiermit verbundene **Vorfinanzierung** eines **Mindestbestands** von Teilen gehört, ist jedoch die Aufnahme von **Fremdkapital** erforderlich.

Der Maschinenbauer erwartet im ersten Jahr einen **Umsatz** i. H. v. € **2 Mio.** zuzüglich der o. g. **Steigerungen** i. H. v. **2 %** p. a. Monatlich ist mit fixen Kosten für das bereits erwähnte Warenregallager sowie variablen Kosten für die Beschaffung der zum Wiederverkauf bestimmten Teile von € 150.000 zu rechnen. **Fremdkapital** wird i. H. v. € **800.000** benötigt das mit einer **Laufzeit von 5 Jahren** zu einem **Zinssatz** i. H. v. **4 %** zur Verfügung gestellt werden kann.

In diesem Fallbeispiel sind viele Informationen enthalten, die für die Entscheidungsfindung zunächst der Organisation in einer chronologischen Reihenfolge bedürfen. Anschließend ist unter Anwendung adäquater Berechnungsmethoden zu ermitteln, welche Kosten- und welche Erlösbeträge gegenüberzustellen sind, um hieraus für das Unternehmen nützliche Schlüsse zu ziehen, die zu einer Minimierung des Risikos beitragen.

Begonnen werden soll an dieser Stelle mit den zu erwartenden Kapitaldiensten, die sich aus den o. g. Angaben sowie der Zinsformel $(1 + i)^n$ ermitteln lassen.

Die Variable **n** steht für die Laufzeit des Kredits. Sie ist im Text oben mit **5 Jahren** angegeben.

Die Variable **i** kennzeichnet den Zinssatz, der dem Kredit/dem Fremdkapital zu Grunde liegt; er beträgt **4 %**.

Der über die Laufzeit aufzuzinsende Betrag ist mit € 800.000 angegeben; somit lässt sich die Formel mit den folgenden Werten füllen:

$$800.000 \times (1,04)^5 = 973.322,32$$

Dividiert durch die Laufzeit von 5 Jahren ergibt sich eine **jährliche** Belastung für die Erfüllung der (Fremd-)**Kapitaldienste** i. H. v. € **194.664,46**.

Über die Rückzahlung von Verbindlichkeiten hinaus sind Gesamtkosten i. H. v. € 150.000 zu berücksichtigen. Da die Rückzahlung des Kredits auf ein Jahr bezogen wurde soll die Höhe der fixen und variablen Kosten ebenfalls für ein ganzes Geschäftsjahr berücksichtigt werden.

$$150.000 \times 12 = 1.800.000$$

Die jährlichen Fixkosten belaufen sich auf € 1.800.000; demnach sind insgesamt Aufwendungen i. H. v. € 1.994.664,46 einzuplanen.

Betrachten wir nun die zu erwartenden Einnahmen des Unternehmens, die den Kosten gegenüberstehen. Prognostiziert ist ein Umsatz i. H. v. € 2.000.000 sowie eine jährliche Steigerung von 2 %.

Unter Verwendung der umseitig genannten Zinsformel $(1 + i)^n$ lassen sich die Umsätze, einschließlich der Steigerungen für die gesamte Laufzeit des Projektes von 5 Jahren, basierend auf der Laufzeit des zur Verfügung gestellten Fremdkapitals berechnen.

Zum Zweck der besseren Vergleichbarkeit der Umsätze sowie der gegenüberstehenden Kosten erfolgt die Darstellung in Tabellenform.

		1. Folgejahr	2. Folgejahr	3. Folgejahr	4. Folgejahr
Umsatz	2.000.000	2.040.000	2.080.800	2.122.416	2.164.864,32
Gesamtkosten p. a.	1.800.000	1.800.000	1.800.000	1.800.000	1.800.000
Kredittilgung	194.664,46	194.664,46	194.664,46	194.664,46	194.664,46
Überschuss	5.335,54	45.335,54	85.135,54	127.751,54	170.199,86

Die Ergebnisse verdeutlichen, dass die Partizipation des Maschinenbauunternehmens am Markt für Verschleißteile **mittelfristig** durchaus als positiv zu bewerten, der sprichwörtliche Anfang jedoch schwer ist. In Abhängigkeit der Tatsache, welche Beträge zur **Zahlung** von

- Löhnen und Gehältern,
- Miete oder Abtragung für Darlehen,
- Transport, Verpackungs- und Versandkosten

im Rahmen des Geschäftsbetriebes **entstehen**, wird das neue Geschäftssegment in seinen **Anfängen** noch von den **Überschüssen** des **Kerngeschäfts** im Maschinenbau

Unterstützung erfahren müssen. Die zu erwartenden Ergebnisse der ersten beiden Jahre i. H. v. > 5.000 und auch < 50.000 aus einem Umsatz von 2.000.000 sind nicht als rentabel zu bezeichnen. Die Umsatzrendite bzw. Umsatzrentabilitäten der ersten beiden Jahre nach der Investition/Partizipation am Verschleißteilmarkt liegen mit 0,27 % bzw. 2,2 % weit unter dem branchenüblichen Durchschnitt von bis zu 10 %. Erst im dritten Folgejahr nach dem Start des neuen Geschäftszweigs bewegt sich die Umsatzrendite in eine Richtung, die auch literarisch in Relation zum (vorherigen) Gewinn als rentabel bezeichnet wird (Wöhe et al. 2016, S. 837).

		1. Folgejahr	2. Folgejahr	3. Folgejahr	4. Folgejahr
Umsatz	2.000.000	2.040.000	2.080.800	2.122.416	2.164.864,32
Überschuss	5.335,54	45.335,54	85.135,54	127.751,54	170.199,86
Umsatzrendite (%)	0,27	2,22	4,09	6,02	7,86

Die in o. a. Tabelle dargestellten Ergebnisse eignen sich hervorragend, um zur eigentlichen Thematik der Visualisierung und Beurteilung von Entscheidungen zurückzukehren. Mit Blick auf das Beispiel stellt sich die Frage, ob ein Unternehmen das Risiko der Eröffnung eines Geschäftszweiges eingehen soll, der in den Anfangsjahren nur derart „schmale" Überschüsse erwirtschaftet.

In Abschn. 2.1 sind die **Planungshorizonte** des operativen und strategischen Controllings erläutert, gegeneinander abgegrenzt und es ist darauf hingewiesen, dass Planungen, die einen Zeitraum von mehr als fünf Jahren betreffen, hinsichtlich der Einhaltung von Zielen nicht als sicher bezeichnet werden können. **Umweltfaktoren** wie technische- und Marktentwicklungen können Planungen in einer Art und Weise **beeinflussen**, dass diese nur noch ad absurdum zu führen sind. Der weltweite Einbruch der Wirtschaft in den Jahren 2009 und 2010, welcher sich nicht langfristig ankündigte, hat gezeigt, dass unvorhersehbare Ereignisse Unternehmen hart und unmittelbar treffen können.[1] Um das im Beispiel erwähnte Unternehmen jedoch nicht zu einer Nummer in den Zeitreihen des Statistischen Bundesamtes werden zu lassen, übernimmt das Controlling eben die Aufgaben der Risikoanalyse und -einschätzung. Aus diesem Blickwinkel betrachtet kann die dargestellte Situation nur als zumindest bedenklich eingestuft werden.

1. Es wird deutlich, dass die **Informationen** zu einer das **Gesamtunternehmen betreffenden Entscheidungsfindung nicht ausreichen**. Die aus dem Verschleißteilgeschäft resultierenden Ergebnisse weisen in den ersten Jahren eine unterhalb des literarischen Standards liegende Umsatzrentabilität aus. Überschüsse aus dem Geschäftssegment des Maschinenbaus sind jedoch noch unberücksichtigt.

---

[1] Vgl. Daten des Statistischen Bundesamtes: in den Jahren 2009 und 2010 lag die Anzahl der Insolvenzen von Unternehmen einschließlich der Kleingewerbe mit 32.687 bzw. 31.998 deutlich oberhalb der vorangegangenen und nachfolgenden Erhebungszeiträume von 2007 bis 2013. Der Tiefststand war 2013 mit 25.995 erreicht.

→ In welcher Größe bewegen sich die Ergebnisse des Maschinenbaus? Liegt die Umsatzrendite hier über 10 % und ist das Geschäftssegment in der Lage, das Verschleißteilgeschäft finanziell zu unterstützen? Können diese Fragen mit „ja" beantwortet werden, wäre das Risiko zumindest zunächst als kalkulierbar zu bezeichnen.

2. Selbst wenn das Unternehmen durch sein Kerngeschäft in der Lage wäre, die finanziellen Defizite des Verschleißteilgeschäfts über einen Zeitraum von 2 bis 3 Jahren zunächst zu kompensieren, stellt die Kontinuität der Umsatzsteigerungen weiterhin einen Unsicherheitsfaktor dar.

→ Es besteht die Gefahr, dass ein florierender Geschäftszweig – unterstellt sei weiterhin die bereits umseitig genannte Umsatzrendite von 10 % sowie ein diesen Wert mittelfristig sichernder Marktanteil – durch die Notwendigkeit der Unterstützung eines weiteren geschwächt wird. Die Folgen wären Schäden in Form von Liquiditätsengpässen, einer degressiven Eigenkapitalentwicklung und somit schlechterer Kreditwürdigkeit für das Gesamtunternehmen. Diese Situation kann insbesondere dann eintreten, wenn die prognostizierten Umsatzsteigerungen nicht realisiert werden und der Geschäftszweig Verschleißteile nicht einmal den geringen Gewinn sondern einen Verlust erwirtschaftet.

→ Die Tatsache, ob die Gewinne zur Ausschüttung an die Geschäftsführung oder zur Reinvestition in das Unternehmen bestimmt sind, sei zunächst unbeachtet. Mit Blick auf die geringen Umsatzrenditen wäre unter Berücksichtigung der aus der Investitionsrechnung resultierenden Entscheidungsprämissen eine Investition am Kapitalmarkt die sinnvollere Variante – selbst bei inzwischen unattraktiv gewordenen Sparzinsen.

Fazit: Die **Summe** des benötigten **Fremdkapitals**, die hieraus resultierenden **Kapitaldienste** und insbesondere die fixen und variablen **Kosten** sind **zu hoch**, um ein Experiment zu wagen, dessen Ausgang hinsichtlich der zu erwartenden Rückflüsse nur auf vagen Prognosen, die Kapitaldienste jedoch auf eindeutig bestimmbaren und unumstößlichen Fakten basieren.

Bestünde die Möglichkeit, das beabsichtigte, neue Geschäftsfeld mit einem deutlich geringeren Fremdkapitalanteil – ggf. der Hälfte des Betrages (€ 400.000) – durchzuführen, so würden sich die Überschüsse um knapp € 100.000 erhöhen und die Umsatzrendite bereits im zweiten Folgejahr nach Beginn der Geschäftstätigkeit einen Wert von 8,8 % erreichen (Abb. 3.24).

	1. Folgejahr	2. Folgejahr	3. Folgejahr	4. Folgejahr	
Umsatz	2.000.000	2.040.000	2.080.800	2.122.416	2.164.864,32
Gesamtkosten p. a.	1.800.000	1.800.000	1.800.000	1.800.000	1.800.000
Kredittilgung	97.332,23	97.332,23	97.332,23	97.332,23	97.332,23
Überschuss	102.667,77	142.667,77	183.467,77	225.083,77	267.532,09
Umsatzrendite (%)	5,13	6,99	8,82	10,61	12,36

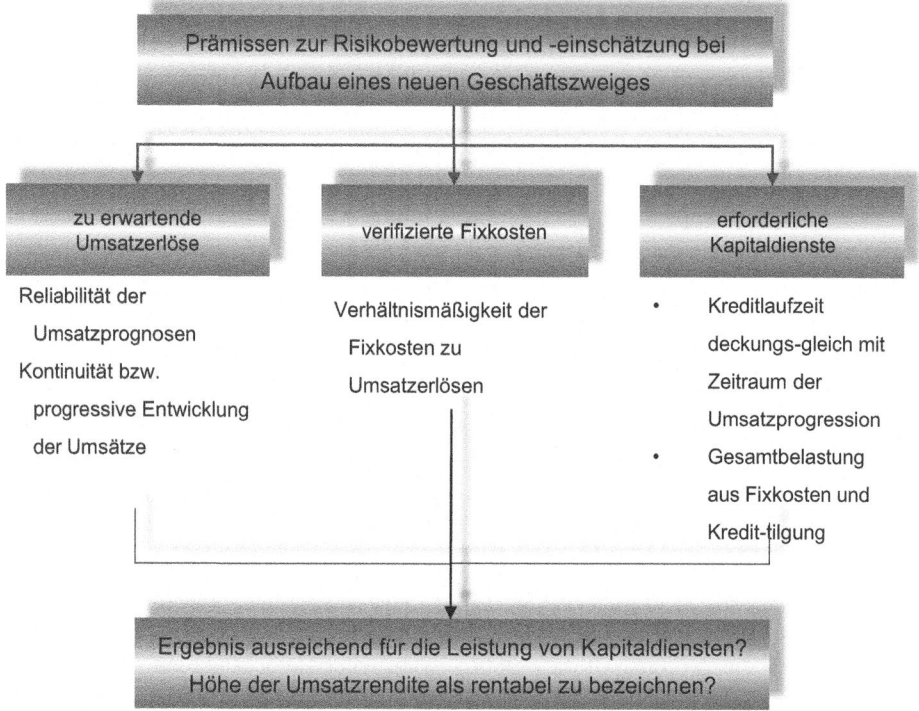

Abb. 3.24 Prämissen zur Risikoeinschätzung und -bewertung

3.6 Kennzahlen

Wenn die **Anzahl** der (buchhalterisch) zu erfassenden **Geschäftsprozesse** in Unternehmen oder Konzernen **Ausmaße** annimmt, dass diese zum Zweck der Schaffung von Transparenz und dem Operations Research nicht mehr in Form eines Berichtswesens dargestellt werden können, verwenden Controlling und Unternehmensleitung Kennzahlen als Kontroll- und Steuerungsinstrumente. Ihre Funktionen liegen dann

- in der Leistungsbeurteilung,
  - um die Frage nach dem Erreichungsgrad der geplanten Beschäftigung zu beantworten (vgl. Abschn. 3.5 Plankostenrechnung/Beschäftigungsabweichungsanalyse);
- in der Überprüfung des Zielerreichungsgrades,
  - … hinsichtlich der Umsätze oder Kosten (vgl. hierzu auch Abschn. 3.8 „Target Costing");
- in der Bereitstellung von Messgrößen zum Vergleich mit Richtwerten
  - … z. B. hinsichtlich der Wirtschaftlichkeit der Unternehmenstätigkeit sowie

- in der Bereitstellung von Frühwarnindikatoren,
  - ... wenn im zeitlichen Vergleich Abweichungen hinsichtlich der o. g. Aspekte iden-
    tifiziert werden (Posselt 2014, S. 13–14)

Kennzahlen

- spiegeln in **verdichteter** sowie quantitativ **messbarer** Form **relevante** Zusammenhänge eines Unternehmens wider,
- bilden in Form von **Gruppierungen** die **Ergebnisziele** von Unternehmen ab,
- sind ein **Tool** von Managern und Controllern und dienen der **Entscheidungsvorbereitung** für das **Management** und
- lassen sich in **monetäre** sowie **nicht-monetäre** Kennzahlen **unterteilen** (Horváth et al.
  2015, S. 286).

Kennzahlen sollten

- hinsichtlich ihrer Entwicklung (als Zeitreihenvergleich),
- im Rahmen mit Vergangenheitswerten oder
- im Rahmen von Soll-Ist-Vergleichen

dargestellt werden (Wöhe et al. 2016, S. 198), da sie isoliert keine als positiv oder negativ zu deklarierende Entwicklung darstellen. Eine ähnliche Situation herrscht bei einem
einzeln betrachteten Jahresabschluss vor. Der Informationswert resultiert aus der Interpretation einer Entwicklung im zeitlichen Verlauf. Kennzahlen sind daher, zum Zweck der
Abgleichbarkeit, auf Basis von Informationen des externen Rechnungswesens zu erstellen.

Kennzahlen können durch eine **absolute Größe** bzw. einen absoluten Wert dargestellt
werden, **oder** aber aus einer **Relation** von **zwei Größen zueinander** resultieren. Sie werden daher neben der Klassifikation nach monetärer Messbarkeit außerdem in **absolute** und
relative Kennzahlen unterteilt.

Als **Kriterien** der **Wirtschaftlichkeit** liegen die **Ursprünge** von **Kennzahlen** in der
Bilanzanalyse. Im Zuge der fortschreitenden **Ökonomisierung** von Unternehmen wurden
mannigfache **Kennzahlen(-systeme)** entwickelt, welche beispielsweise die Veränderungen von Lagerbeständen zum Gegenstand haben oder losgelöst von der gesamtunterneh-
mensbezogenen Sichtweise lediglich das Betriebskapital und seine Rentabilität untersu-
chen (Wedell und Dilling 2013, S. 331).

Eines der **weltweit bekanntesten** Kennzahlensystems, das sich stark an finanzbuchhalterischen Daten orientiert, wurde 1919 seitens des US-amerikanischen Chemiekonzerns
Du Pont de Nemours entwickelt. Es gilt bis heute als das älteste der Welt.

3.6.1 Monetäre und bilanzielle Kennzahlen

Einige **monetäre Kennzahlen** sind an Hand der in **Jahresabschlüssen** von Unternehmen enthaltenen Daten berechenbar. Ausgehend von der Beispielbilanz in Abb. 3.25 lassen sich die **bilanziellen Kennzahlen**

- Eigenkapitalquote,
- Anlagendeckung oder
- der Anteil des Anlage- am Gesamtvermögen

  ermitteln.

Alle drei Kennzahlen sind als **monetär** zu bezeichnen, da sie auf in monetärer Form dargestellten Daten beruhen. Darüber hinaus handelt es sich um **relative Kennzahlen**, da sie **zwei Positionen**/Größen der Bilanz **in** eine **Beziehung**/eine Relation **zueinander** setzen.

Gewinn

Aussage Der **Gewinn** eines Unternehmens, der eine **monetäre** und **absolute** Kennzahl darstellt, ist nicht der Bilanz sondern der Gewinn- und Verlustrechnung zu entnehmen und gibt Aufschluss über den Erfolg der Wirtschaftstätigkeit eines Unternehmens. War die Wirtschaftstätigkeit nicht von Erfolg gekrönt, wird in der Gewinn- und Verlustrechnung anstelle des Gewinns ein Verlust ausgewiesen.

Berechnung Der **Gewinn** wird aus **gesamtunternehmensbezogener** Sicht (Daten der Finanzbuchhaltung) als Unterschiedsbetrag der erwirtschafteten Erlöse und Aufwendungen ermittelt.

$$G = E - A$$

BILANZ

Gebäude	500.000	Eigenkapital	300.000
technische Anlagen	250.000		
Betriebs- und Geschäftsausstattung	150.000	langfristige Darlehen bei Kreditinstituten	500.000
Roh-, Hilfs- und Betriebsstoffe	250.000	Lieferantenverbindlichkeiten	650.000
Forderungen	250.000		
Bank	50.000		
BILANZSUMME	**1.450.000**	**BILANZSUMME**	**1.450.000**

Abb. 3.25 Bilanz mit hohem Fremdkapitalanteil

Als Ergebnis der Betriebsbuchhaltung (betriebsbezogene Sichtweise) resultiert sein Wert aus dem Delta von Leistungen und Kosten.

Anwendungsbeispiel Die **regelmäßige** Ausweisung von **Gewinnen** als Saldo der Gewinn- und Verlustrechnung lässt auf **nachhaltig ausgelegte Wirtschaftstätigkeit schließen**. Der Abschluss der Gewinn- und Verlustrechnung erfolgt über das Eigenkapitalkonto – d. h. kontinuierliche **Gewinne ermöglichen** eine **kontinuierliche Steigerung** des **Eigenkapitals**.

Eine der wichtigsten (Bilanz-)Kennzahlen, insbesondere hinsichtlich der Beurteilung der Kreditwürdigkeit von Unternehmen, ist die ...

Eigenkapitalquote

Aussage Die Eigenkapitalquote gibt **Auskunft** darüber, **inwieweit** bzw. in welcher Höhe ein Unternehmen **verschuldet** ist. Sie wird literarisch daher häufig auch als der „**Grad der finanziellen Unabhängigkeit**" bezeichnet (Deitermann et al. 2016, S. 324 ff.). Da auf der Passivseite die Bilanzsumme aus Fremd- und Eigenkapital besteht, bedeutet ein **Eigenkapitalquotient** von **< 50 %,** dass ein Unternehmen mit **mehr Fremd- als Eigenkapital** wirtschaftet. In der **umgekehrten** und als **positiv** zu bezeichnenden Situation beträgt der **Eigenkapitalanteil mehr als 50 %** und bedeutet, dass ein Unternehmen seine **Vermögensgegenstände primär** aus **eigener Kraft** erwirtschaftet hat und für weniger als die Hälfte hiervon Fremdkapital erforderlich war.

Berechnung Zur rechnerischen Bestimmung wird der **Eigenkapitalbetrag** in **Relation** zur **Bilanzsumme** gesetzt. Formal ausgedrückt:

$$\frac{\text{Eigenkapital}}{\text{Bilanzumme}} = \text{Eigenkapitalquote}$$

Anwendungsbeispiel Der an Hand der Beispielbilanz in Abb. 3.25 bestimmbare EK-Anteil beträgt lediglich 20,69 % und muss als verbesserungswürdig bezeichnet werden.

$$\frac{300.000}{1.450.000} = 0{,}2068 \cong 20{,}69\,\%$$

Anlagendeckung

Aussage An Hand der **Anlagendeckung**, einer weiteren **relativen** und **monetären** Kennzahl, lässt sich bestimmen, welcher **Anteil** der **Vermögensgegenstände** des Anlagevermögens aus Eigenkapital und welcher **fremdfinanziert** ist. Zur Berechnung wird das Eigenkapital in Relation zur Summe des Anlagevermögens gesetzt (Rinker et al. 2012, S. 145).

Berechnung Die Anlagendeckung wird als Quotient des Eigenkapitals sowie der Summe aller Buchwerte von Vermögensgegenständen des Anlagevermögens berechnet.

$$\frac{\text{Eigenkapital}}{\text{Summe VG des AV}} = \text{Anlagendeckung}$$

Anwendungsbeispiel Eine **Anlagendeckung** von **mehr als 100 %** bedeutet eine vollständige Finanzierung der entsprechenden Vermögensgegenstände durch Eigenkapital und **ohne** Zuhilfenahme von **Fremdkapital**, was als **positiv** zu bezeichnen ist und auf eine verantwortungsvolle Wirtschaftstätigkeit hindeutet. Aus der Beispielbilanz lässt sich wiederum nur ein Negativbeispiel ableiten: die Anlagendeckung liegt bei gerade 33,33 % – was ebenfalls als verbesserungswürdig bezeichnet werden muss.

Vermögensstruktur /Relation Anlage- zu Umlaufvermögen

Aussage Bei der Vermögensstruktur, hier im Fokus das Anlagevermögen, handelt es sich um eine Kennzahl, die Auskunft über die **Solidität** der Vermögensgegenstände gibt. **Grundstücke**, **Gebäude** sowie hochwertige technische Anlagen und Maschinen stellen auf Grund ihrer **physischen Beständigkeit** und der **Möglichkeit** zur **Weiterveräußerung** einen „sichereren" Wert in einer Bilanz dar als z. B. eine Forderung oder ein Wertpapier. In den wirtschaftlich problematischen Jahren 2009 und 2010 wurde diese Tatsache insbesondere den Unternehmen schmerzlich bewusst, die auf Grund von insolvenzbedingten Forderungsausfällen selbst in finanzielle Schwierigkeiten gerieten.

Berechnung … der Vermögensstruktur des AV erfolgt mittels Division der Summe aller Buchwerte von Vermögensgegenständen des Anlagevermögens durch die Bilanzsumme.

$$\frac{\text{Anlagevermögen}}{\text{Bilanzsumme}} = \text{Vermögensstruktur Anlagevermögen}$$

Anwendungsbeispiel Der in Anlehnung an die Beispielbilanz in Abb. 3.25 mit 62,07 % berechnete, und als durchaus **hoch zu bezeichnende Anteil** des Anlagevermögens suggeriert eine **solide Finanzierung** des Unternehmens. Das Ergebnis sollte jedoch stets **in Verbindung mit** der **Eigenkapitalquote** betrachtet werden. Bezogen auf das Beispiel wird das **Ergebnis** der **Vermögensstruktur** durch die Tatsache **aufgeweicht**, dass die **Vermögensgegenstände** des Anlagevermögens primär **durch Fremdkapital finanziert** sind.

Wirtschaftlichkeit

Aussage Die **Wirtschaftlichkeit** eines Unternehmens gibt **Aufschluss** darüber, inwieweit das **ökonomische Prinzip** im Rahmen der Wirtschaftstätigkeit **eingehalten** wurde. Je größer der der Wert des jeweiligen Quotienten, desto höher die Wirtschaftlichkeit des Unternehmens (Olfert 2010a, S. 44).

Berechnung Sie lässt sich durch die Relation von Erträgen zu Aufwendungen aus **gesamtunternehmensbezogener** Sicht oder die Relation von Leistungen zu Kosten in **betrieblicher** Hinsicht ermitteln. Um mit Blick auf die Begriffe „Erträge" und „Aufwendungen" die Nähe zu den bilanziell ausgerichteten Kennzahlen zu relativieren, schlägt Olfert vor, eine relative Kennzahl aus den **Sollkosten** sowie den **Istkosten** zu bilden, die ebenfalls mit **steigendem Wert** eine **steigende Wirtschaftlichkeit** ausweist.

$$\frac{\text{Sollkosten}}{\text{Istkosten}} = \text{Wirtschaftlichkeit}$$

Anwendungsbeispiel Zur Veranschaulichung kann Bezug auf die Daten des in Abschn. 2.2 behandelten Reportings sowie die Ergebnisse der in Abschn. 3.4 behandelten Plankostenrechnung genommen werden.

Gemäß der Ergebnisse des Reportings lagen die Gesamtkosten des Beispielunternehmens bei € 19.548.578. Die Sollkosten jedoch betrugen nach Ermittlung im Rahmen der Beschäftigungsabweichungsanalyse € 19.412.200 (vgl. Abb. 3.26).

Eingesetzt in die o. g. Formel ergibt sich ein Wert < 1. Das Unternehmen arbeitete im Betrachtungszeitraum demnach sehr unwirtschaftlich.

$$\frac{19.412.200}{19.548.578} = 0,993$$

Bezüglich des ökonomischen Prinzips lässt sich feststellen, dass die **maximale** Variante, mit einem vorgegebenen Aufwand einen größtmöglichen Ertrag zu erwirtschaften, nicht erreicht wurde.

In Konzernen oder Großunternehmen mit mehr als z. B. 10 rechtlich selbständigen Standorten und unterschiedlichen Strukturen hinsichtlich

- Mitarbeiterzahl,
- Umsatz,
- Produkt- und Leistungsportfolio

Zeilenbeschrif-tungen	Summe von Umsatz	Summe von Kosten	Summe von Zusatzkosten	Gewinne	Umsatzren-tabilität
Berlin	**12.022.434**	**9.984.227**	**243.100**	**1.795.107**	**14,93%**
HAUS 2	4.982.894	4.048.894	52.800	881.200	17,68%
HAUS 3	7.039.540	5.935.333	190.300	913.907	12,98%
Hamburg	**11.199.339**	**9.229.351**	**91.900**	**1.878.088**	**16,77%**
HAUS 1	3.957.125	3.238.388	3.300	715.437	18,08%
HAUS 4	4.490.378	3.732.800	34.700	722.878	16,10%
HAUS 5	2.751.835	2.258.162	53.900	439.773	15,98%
Gesamtergebnis	**23.221.773**	**19.213.578**	**335.000**	**3.673.195**	**15,82%**

Abb. 3.26 Auszug des Reportings mit Darstellung der Umsatzrentabilität

kann ein Standortvergleich lediglich an Hand der Umsätze oder der Gewinne zu einer Verzerrung des Eindrucks hinsichtlich des Kostenmanagements und der erbrachten Leistungen führen. Sofern Leistungen oder Produkte mit hohen Nachlässen angeboten und auf diese Weise auch in großer Anzahl erbracht werden entsteht der sicherlich nicht falsche Eindruck großer Produktivität, die sich jedoch hinsichtlich der zu geringen Verkaufspreise negativ auf den Gewinn auswirkt. Eine Aussage zur Rentabilität eines Standorts ist daher an Hand der Umsatzrentabilität besser möglich.

Umsatzrentabilität

Aussage Die **Umsatzrentabilität** gibt an, wieviel **Gewinn** von jeder Geldeinheit **erwirtschafteter Umsätze** für das Unternehmen zur **Entnahme** oder zur **Reinvestition** verbleibt.

Berechnung Der **Quotient** aus dem in der Gewinn- und Verlustrechnung ausgewiesenen **Gewinn** sowie den erwirtschafteten **Umsätzen** stellt die **Rentabilität** des **Umsatzes** dar.

$$\frac{\text{Gewinn}}{\text{Umsatz}} = \text{Umsatzrentabilität}$$

Anwendungsbeispiel Die Möglichkeit zur Identifikation von Kostentreibern an Hand der Umsatzrentabilität lässt sich erneut an Hand der Ergebnisse des Beispielkonzerns darstellen. Haus 5 weist zwar die geringsten Umsätze und auch die geringsten Gewinne aus, nicht aber die geringste Umsatzrentabilität. Offenbar kämpft der Standort mit einem zu geringen Kundenstamm und/oder einem zu geringen Auftragsvolumen, es werden jedoch nur vergleichsweise geringe (Zusatz-)Kosten produziert.

Haus 3 hingegen weist den höchsten Umsatz und auch den höchsten Gewinn aus, ist jedoch auch Spitzenreiter hinsichtlich der produzierten (Zusatz-)Kosten und bildet das Schlusslicht in der Reihenfolge der Umsatzrentabilität. Hier werden offenbar zu hohe Kosten für

- Preisnachlässe,
- in Anspruch genommene Fremdleistungen,
- Dienstreisen,
- Kundenbewirtungen,
- etc.

produziert, die durch die reine und isolierte Betrachtung der absoluten Kennzahlen Umsatz und/oder Gewinn nicht auffallen. Ansatzpunkte für die Unternehmensleitung sind daher zunächst Recherchen hinsichtlich der Zusammensetzung ausgewiesener Kosten und Zusatzkosten. Des Weiteren sind in Zusammenarbeit mit dem Controlling Maßnahmen mit dem Ziel der Kostenreduktion zu entwickeln.

3.6.2   Nicht-monetäre Kennzahlen

Obwohl monetäre Kennzahlen anschauliche Werte für das Operations Research in Unternehmen liefern und bedingt durch die monetäre Messbarkeit auch durchaus plastisch erscheinen, berücksichtigen sie keine zeitlichen Aspekte und auch keine Marktorientierung. Ferner bleibt im Rahmen ihrer Anwendung die Kundenorientierung oder der Qualitätsaspekt hergestellter Güter und erbrachter Dienstleistungen unberücksichtigt. Im Rahmen einer vollständigen Ergebnissteuerung sollten daher in Ergänzung der ergebnisorientierten auch nicht monetäre Kennzahlen wie

- der Angebotserfolg oder
- die Entwicklung der Anzahl von Reklamationen bzw. erforderlicher Nacharbeiten

berücksichtigt werden.

Angebotserfolg

Aussage Ein **zeitnah** nach Eingang einer Anfrage oder einem Gespräch hinsichtlich einer Geschäftsanbahnung abgegebenes **Angebot** ist längst **kein Garant** für den Erhalt eines **Auftrags**. Dieser ist neben der **Preisfindung** auch von Faktoren wie z. B. der **Betreuung** bzw. der Anzahl von Besuchen bei Kunden abhängig. Der Aspekt der Kundenzufriedenheit ist in Abschn. 4.2 ausführlich erläutert.

Die Anzahl der abgegebenen Angebote in Relation zu den tatsächlich erteilten Aufträgen kann Aufschluss über das Ausmaß der Kundenbetreuung seitens der Abteilung Marketing und Vertrieb geben (Pförtsch und Godefroid 2013, S. 110). Beim Angebotserfolg handelt es sich um eine relative, nicht monetäre Kennzahl.

Berechnung

$$\frac{\text{Anzahl abgegebener Angebote}}{\text{Anzahl erteilter Aufträge}} = \text{Angebotserfolg}$$

Anwendungsbeispiel Ein **Orientierungswert** ist **für** eine Kennzahl wie den **Angebotserfolg** nur **schwerlich auszusprechen**. **Anbieter** von **Investitionsgütern** erreichen hinsichtlich des Angebotserfolgs eine **bessere Quote** als **Anbieter** von **Massenprodukten**; dies erklärt sich bereits durch die Größe des (potentiellen) Kundenkreises. Grundsätzlich sollte jedoch seitens der Unternehmen ein möglichst hoher Wert angestrebt werden.

Reklamations-/Schlechtleistungsquote

Aussage Die **Reklamationsquote** gibt **Aufschluss** über die **Qualität** produzierter **Güter** und erbrachter **Dienstleistungen**, ist eine **relative** Kennzahl und kann **sowohl monetär** als auch **nicht-monetär** ausgerichtet sein. Als Kontroll- und Steuerungsinstrument ist sie insbesondere im Hinblick auf die **Qualitätssicherung** einsetzbar.

Die Reklamationsquote kann sich sowohl auf die absolute Anzahl produzierter Güter und/oder erbrachter Dienstleistungen als auch auf die Reduktion der Umsätze, bedingt durch aus Reklamationen resultierende Zahlungen, beziehen (Weber und Schäffer 2016, S. 179). Im ersten Fall ist ihre Ausrichtung nicht-monetärer und im zweiten Fall monetärer Natur.

Berechnung Ein nicht monetär ausgerichteter Wert ergibt sich aus der Division der Anzahl registrierter Reklamationen durch die Anzahl produzierter Güter oder erbrachter Dienstleistungen.

$$\frac{\text{Anzahl der Reklamationen}}{\text{Anzahl produzierter Güter bzw. erbrachter Dienstleistungen}}$$

$$= \text{Reklamationsquote; absolute Zahl}$$

Um eine Beziehung zu den monetär messbaren Ergebnissen eines Unternehmens herzustellen können ebenso die aus Reklamationen resultierenden Ersatzzahlungen in Relation zum Gesamtumsatz ggf. pro Standort berechnet werden.

$$\frac{\text{Höhe der Ersatzzahlungen}}{\text{Gesamtumsatz}} = \text{Reklamationsquote}$$

Anwendungsbeispiel Nur einige Ergänzungen des in den Abschn. 2.2 und 3.4 bereits behandelten Reportings verdeutlichen die Berechnung und die sowohl monetäre als auch nicht monetäre Ausrichtung der Kennzahl Reklamationsquote.

In den **Bericht** wird per Drag-and-Drop das **Pivot-Table-Feld Vorgangsnummer** eingefügt und als **Wertefeldeinstellung** die **Anzahl** ausgewählt. Darüber hinaus wird das Feld Reklamation erneut in die Tabelle gezogen und in der Wertefeldeinstellung die

	A	B	C	D	E	F	G
1	Zeilenbeschrif-tungen	Anzahl von Vorgangsnr.	Summe von Umsatz	Anzahl von Reklamation	Summe von Reklamation	Anteil Rekla-mationen (Vorgänge)	Anteil Reklamationen (Umsatz)
2	Berlin	5.227	12.022.434	133	-228.925	2,52	1,90
3	HAUS 2	1.382	4.982.894	16	-39.112	1,16	0,78
4	HAUS 3	3.845	7.039.540	117	-189.813	3,04	2,70
5	Hamburg	3.492	11.199.338	98	-166.439	2,81	1,49
6	HAUS 1	722	3.957.125	8	-45.430	1,11	1,15
7	HAUS 4	1.478	4.490.378	59	-85.575	3,99	1,91
8	HAUS 5	1.292	2.751.835	31	-35.434	2,40	1,29
9	Gesamtergebnis	8.719	23.221.772	231	-395.364	2,65	1,70

Abb. 3.27 Ermittlung der Reklamationsquote an Hand des Reportings

Summe ausgewählt. Die entsprechenden Ergebnisse sind in Abb. 3.27 in den Spalten B und E zu sehen. Der Gesamtanteil der Reklamationen ist bezogen auf die Städte Hamburg und Berlin ähnlich, weicht jedoch zwischen den Standorten z. T. massiv voneinander ab (... umsatzbezogen in Berlin zwischen 1,16 und 3,04 %).

Lagerumschlagshäufigkeit

Auch wenn die Lagerumschlagshäufigkeit nicht zu den bisher auf Basis des in Abschn. 2.2 behandelten Berichtswesens passt und eine direkte Korrelation hiermit nicht möglich ist, soll sie an dieser Stelle als anschauliches Beispiel für die Aussagekraft nicht monetärer Kennzahlen genannt sein.

Aussage Die **Umschlagshäufigkeit** in Bezug auf den **Warenbestand** gibt an, wie **häufig** der **gesamte Bestand** aus dem Lager **entnommen** und wieder **ersetzt** – also **neu beschafft** und eingelagert wurde. Insbesondere Handelsunternehmen sind um **Steigerung** oder zumindest **Kontinuität** der Lagerumschlagshäufigkeit **bemüht**, da eine **Reduktion** eine Steigerung der Lagerhaltung und somit auch der Kapitalbindung anzeigt.

Berechnung Die Lagerumschlagshäufigkeit bildet den Quotienten aus Lagerabgängen einer Periode bzw. dem Verbrauch (in Produktionsunternehmen) sowie dem durchschnittlichen Lagerbestand (Ebel 2009, S. 234).

$$\frac{\text{Lagerabgänge pro Periode}}{\varnothing} - \text{Lagerbestand} = \text{Lagerumschlagshäufigkeit}$$

Anwendungsbeispiel Aus dem Lager eines Maschinenbauunternehmens wurden im Betrachtungszeitraum 100 lüfterlose Industrierechner zur Installation in den Produkten entnommen. Der durchschnittliche Bestand beträgt 25 Stück; die Rechner werden zu einem Preis von € 250,– eingekauft.

$$\frac{100 \text{ Stück Lagerabgang}}{25 \text{ Stück}} \varnothing\text{-Bestand} = 4$$

Bezogen auf die reine Menge wurde das Lager 4× „umgeschlagen".
Die Anwendung der gleichen Formel, in welche die entsprechenden Beträge eingesetzt werden, führt zum gleichen, nicht-monetären Ergebnis.

$$\frac{\text{EUR } 25.000}{\text{EUR } 6.250} = 4$$

Fazit

Kennzahlen sind stets individuell einzusetzen/zu verwenden. Ihre Auswahl kann nur in Anlehnung an die Anforderungen des jeweiligen Unternehmens erfolgen.

Monetäre Kennzahlen können unternehmensintern verwendet, jedoch ebenso vor der Aufnahme von Geschäftsbeziehungen mit Kunden oder Lieferanten zu Rate gezogen werden, um z. B. deren Kreditwürdigkeit zu prüfen. Die entsprechenden Informationen lassen sich durch Recherche beim elektronischen Bundesanzeiger ermitteln, da Kapitalgesellschaften zur Publikation ihrer Handelsbilanz gemäß § 325 HGB verpflichtet sind. Die ausgewählten, nicht-monetären Kennzahlen wie der Angebotsvergleich oder die Reklamationsquote hingegen, finden primär unternehmensintern Anwendung und werden zur Steuerung bzw. zur Mitarbeiterführung eingesetzt.

3.6.3 Kennzahlensystem nach Du Pont

Eines der **weltweit bekanntesten Kennzahlensysteme** wurde 1919 seitens des US-amerikanischen Chemiekonzerns Du Pont entwickelt. Es **berücksichtigt** neben **bilanziellen Kennzahlen** auch **Umsätze** sowie **variable** und **fixe Kosten** eines Unternehmens und führt im Ergebnis zu einer Kennzahl, die als der **Return on Investment** (ROI) bezeichnet ist. Rechnerisch wird der ROI durch die **Multiplikation** der **Umsatzrentabilität** mit der **Umschlagshäufigkeit** des **Gesamtkapitals** bestimmt (Wöhe et al. 2016, S. 202).

$$\frac{\text{Gewinn}}{\text{Umsatz}} \times \frac{\text{Umsatz}}{\text{Gesamtkapital}} \times 100 = \text{Return on Investment}$$

$$\frac{\text{Gewinn}}{\text{Umsatz}} = \text{Umsatzrentabilität}$$

$$\frac{\text{Umsatz}}{\text{Gesamtkapital}} = \text{Umschlagshäufigkeit des Gesamtkapitals}$$

Der **ROI** gibt an, welcher **Eigenkapitalzuwachs** durch die **Verwendung** des **Unternehmensgesamtkapitals** (Bilanzsumme) **erwirtschaftet** werden konnte (Reichmann 2011, S. 93) – **vorausgesetzt**, die **Gewinne** wurden **über** das **Eigenkapitalkonto abgeschlossen**. Im Begriff des „Return" verbirgt sich die Forderung nach einem (monetären) „Rückfluss" der mittels des eingesetzten Kapitals erwirtschaftet werden muss. Aus der Entwicklung des ROI lässt sich daher die nachhaltige Ertragskraft eines Unternehmens ableiten (Reichmann 2011, S. 37).

Kürzt man die **Umsätze** in der Formel zur Berechnung des ROI, **fehlen** lediglich die **Fremdkapitalzinsen** zur Berechnung der **Gesamtkapitalrentabilität** (Olfert 2010b, S. 60), die auch als EBIT („Earnings Before Interests and Taxes") bezeichnet wird. Im Gegensatz zu Daten der Finanzbuchhaltung, die Zinsaufwendungen i. d. R. dem neutralen Ergebnis zuweist, werden diese zur Ermittlung der Rentabilität des Gesamtkapitals wieder

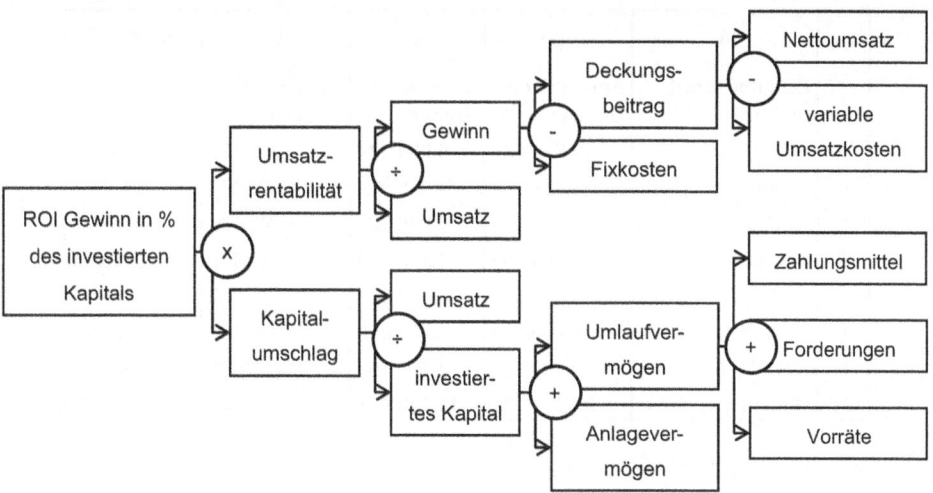

Abb. 3.28   Kennzahlensystem nach Du Pont. (Wöhe et al. 2016, S. 201; Horváth et al. 2015, S. 292)

addiert (Wedell und Dilling 2013, S. 331).

$$\frac{\text{Gewinn} + \text{Fremdkapitalzinsen}}{\text{Gesamtkapital (Bilanzsumme)}} = \text{Gesamtkapitalrentabilität}$$

Mit Blick auf das Erscheinungs-/Entstehungsjahr der Kennzahl und des zu Grunde liegenden Berechnungsschemas sollten die zu jener Zeit üblichen Bilanzierungs- und Bewertungsgrundsätze berücksichtigt werden, welche ggf. mit denen der heutigen Zeit nicht mehr vergleichbar sind.

Das gesamte, der Berechnung des ROI zu Grunde liegende **Schema** nach **Du Pont** entspricht **grafisch** betrachtet einer seitlich liegenden **Pyramide**. Die schrittweise Darstellung der Rechenoperationen ermöglicht eine Übersicht der Formeln gängiger Kennzahlen wie zum Beispiel des Gewinns oder der Umsatzrentabilität. Abb. 3.28 zeigt eine verkürzte Form des Kennzahlenschemas nach Du Pont in Anlehnung an die Darstellung nach Wöhe und Horváth.

Beispiel

Zur Verdeutlichung des Rechenweges sowie der Aussage der Kennzahl des Return on Investment dienen die Reporting-Ergebnisse des bereits mehrfach behandelten Beispielunternehmens; Abb. 3.29 zeigt die tabellarische Gewinnermittlung.

Umsätze und Gewinn sind aus der Tabelle ablesbar. In Abschn. 3.4 wurde für das Unternehmen bereits ein Fixkostenanteil i. H. v. 25 % zu Grunde gelegt. Die ebenfalls zum Du Pont-Schema gehörende Unterteilung von fixen und variablen Kosten (vgl. in Abb. 3.28 die Rechenoperationen zur Ermittlung von Deckungsbeitrag und Gewinn) kann daher an dieser Stelle unberücksichtigt bleiben. Die Ermittlung des Gewinns erfolgt zur Berechnung des ROI an Hand der Vollkosten aus dem Reporting.

	A	B	C	D	Ê
1	Zeilenbeschrif-tungen	Summe von Umsatz	Summe von Kosten	Summe von Zusatzkosten	Gewinn
2	Berlin	12.022.434	9.984.227	243.100	1.795.107
3	HAUS 2	4.982.894	4.048.894	52.800	881.200
4	HAUS 3	7.039.540	5.935.333	190.300	913.907
5	Hamburg	11.199.338	9.229.350	91.900	1.878.088
6	HAUS 1	3.957.125	3.238.388	3.300	715.437
7	HAUS 4	4.490.378	3.732.800	34.700	722.878
8	HAUS 5	2.751.835	2.258.162	53.900	439.773
9	Gesamtergebnis	23.221.772	19.213.577	335.000	3.673.195

Abb. 3.29 Reporting; Gewinnermittlung

Zur Ermittlung des ROI fehlt lediglich noch eine Angabe zur Bilanzsumme, die dem Gesamtkapital des Unternehmens entspricht. Diese Summe soll mit 25 Mio. unterstellt sein. Werden nun

- der Gewinn i. H. v. € 3.673.195,
- der Umsatz i. H. v. € 23.221.773 sowie
- das Gesamtkapital i. H. v. € 25.000.000

in die Formel gemäß Du Pont eingesetzt, ergibt sich ein ROI i. H. v. 14,69 %.

$$\frac{3.673.195}{23.221.773} \times \frac{23.221.773}{25.000.000} \times 100 = 14,69\%$$

Der Wert ist als zufriedenstellend zu bezeichnen, da die Untergrenze gemäß h. M. bei 10 % und das Ergebnis des Muster-Beratungsunternehmens deutlich darüber liegt (Wedell und Dilling 2013, S. 333).

Die **Berücksichtigung** des **Umsatzes** im Gegensatz zur Berechnungsformel der Gesamtkapitalrentabilität hat den **Vorteil**, dass eine **reine Umsatzsteigerung keine Steigerung** des **ROI** bewirkt. Sofern also innerhalb eines Unternehmens auf Grund massiver **Preisnachlässe** o. ä.

- der Umsatz steigt,
- sich die Umsatzrentabilität verschlechtert,
- aber kein Gewinn aus der Veränderung resultiert,

steigt **gleichzeitig** die **Kapitalumschlaghäufigkeit** auf Grund der Tatsache, dass der Umsatz in der Formel ebenfalls berücksichtigt wird. Die Folge ist eine „**Egalisierung**" beider Terme; das Ergebnis des **ROI** bleibt **unverändert**.

Beispiel

Würde in Bezug auf o. g. Situation der Umsatz von 23,22 auf 24,22 Mio. steigen, würde sich der Prozentsatz des Return on Investment von 14,69 % nicht verändern.

$$\frac{3.673.195}{24.221.773} \times \frac{24.221.773}{25.000.000} 100 = 14,69\,\%$$

Lediglich die tatsächliche und im Falle der Thesaurierung von Gewinnen eigenkapitalwirksame Steigerung des Gewinns hätte eine positive Veränderung des ROI zur Folge; nachstehend ein Beispiel für die Steigerung des Gewinns von € 3.673.773 auf € 4.673.773:

$$\frac{4.673.195}{23.221.773} \times \frac{23.221.773}{25.000.000} 100 = 18,69\,\%$$

Der **ROI** wird seit seiner Entwicklung in der betrieblichen **Praxis** vielfach zum Zweck des **Vergleichs** der **Rentabilität** z. B. zu **Konzernen** gehörender Unternehmen eingesetzt (Wedell und Dilling 2013, S. 332). Eine weitere Möglichkeit liegt der **Prognose** des **Erfolgs** von **Projekten**, wenn mehrere Varianten zur Verfügung stehen, deren Ergebnisse bei oberflächlicher Betrachtung sehr ähnlich erscheinen. Beispielhaft sei an dieser Stelle ein Investitionsprojekt in Form eines Neubaus (Produktions- oder Verwaltungsgebäude) genannt.

Die Berücksichtigung von **Rückflüssen** oder notwendigen **Zwischenfinanzierungen**, wie z. B. im Rahmen eines **vollständigen Finanzplans**, erfolgt im Rahmen der ROI-Ermittlung nicht. Zur Verifikation/Unterstützung von projektbasierten Entscheidungen ist daher der zusätzliche Einsatz dynamischer Investitionsrechnungsverfahren, wie dem internen Zinssatz oder der Kapitalwertmethode, sinnvoll.

3.6.4 „Cash-Flow"; die Kapitalflussrechnung

Der **Cash-Flow** wurde literarisch lange Zeit vielfach als ein reines Instrument des Controllings bezeichnet, eine Kennzahl, an Hand derer sich das **Selbstfinanzierungspotential** eines Unternehmens ableiten lässt (Olfert 2013, S. 492). Seit Inkrafttreten des **Bilanzrechtsmodernisierungsgesetzes** jedoch, ist die **Kapitalflussrechnung** nicht mehr länger ausschließlich dem Controlling zuzuordnen. Sie hat, ausgelöst durch die auch gemäß deutschem Handelsrecht durch Konzerne zu berücksichtigende **internationale Rechnungslegung**, Einzug in die Vorschriften der Bilanzierung und Bewertung gehalten.

Das Ziel der Kapitalflussrechnung liegt in der **Bereinigung** des **Unternehmensgewinns** um alle, **nicht auf Zahlungsströmen** basierenden, buchhalterisch erfassten Geschäftsvorfälle. Reduktionen des Eigenkapitals z. B. durch Rückstellungsaufwendungen sowie Steigerungen des Eigenkapitals durch z. B. Wertzuschreibungen auf das Umlaufvermögen werden korrigiert (Lüdenbach und Christian 2012, S. 49). Das **Ergebnis** ist ein **Gewinn**, der **ausschließlich** auf **Geschäftsvorfällen** basiert, dem Zahlungsmittelflüsse und **keine** aus Bilanzwahlrichtlinien resultierenden **Wertzu-** oder -**abschreibungen** zu Grunde liegen.

Die **gesetzliche** Vorschrift findet sich in § 264 des HGB und ist von **kapitalmarktorientierten** Kapitalgesellschaften[2] zu berücksichtigen, die **nicht** zur **Aufstellung** eines **Konzernabschlusses verpflichtet** sind.

Für **Unternehmen** besteht seit langem die **Möglichkeit**, den **Gewinn** und hieraus resultierend die **steuerliche Belastung** durch

- Abschreibungen,
- die Bildung von **Rückstellungen** oder
- die Berücksichtigung von **Bestandsveränderungen**

zu reduzieren.

Das Inkrafttreten des **Bilanzrechtsmodernisierungsgesetzes** ermöglichte jedoch im **Umkehrschluss** Bewertungen, welche die **Aufwendungen reduzieren** und somit den **Gewinn** und das **Eigenkapital steigern**. Dies kann geschehen durch

- die Aktivierung derivativer (entgeltlich erworbener) Firmenwerte gemäß § 246 Abs. 1 Satz 4 HGB,
- die Vornahme von Wertzuschreibungen auf das Umlaufvermögen gemäß § 253 Abs. 5 HGB.

Hierbei handelt es sich um Bewertungsrichtlinien, die hinsichtlich der Beurteilung des Selbstfinanzierungspotentials deutlich interessanter sind.

Die **Kapitalflussrechnung berücksichtigt** jetzt sowohl die **Reduktionen** als auch die **Steigerungen** des **Unternehmensgewinns**, um ein möglichst **realistisches Bild** der finanziellen Situation von Unternehmen zu zeichnen. Zu diesem Zweck werden

- die Abschreibungen und die Einstellungen in Rückstellungen dem Gewinn hinzuaddiert und
- Wertzuschreibungen sowie auf selbst erstellten Vermögensgegenständen basierende Investitionen in das Anlagevermögen subtrahiert (Abb. 3.30).

---

[2] Eine Kapitalgesellschaft ist „kapitalmarktorientiert", wenn sie Wertpapiere an mindesten einem organisierten Markt zum Handel freigegeben hat. Vgl. hierzu auch den Wortlaut in § 315e HGB.

Bei Anwendung der indirekten Methode zur Darstellung des Cashflows aus der laufenden Geschäftstätigkeit ist mindestens gemäß dem folgenden Schema zu gliedern:		
1.		Periodenergebnis (Konzernjahresüberschuss/-fehlbetrag)
2.	+/–	Abschreibungen/Zuschreibungen auf Gegenstände des Anlagevermögens
3.	+/–	Zunahme/Abnahme der Rückstellungen
4.	+/–	Sonstige zahlungsunwirksame Aufwendungen/Erträge
5.	–/+	Zunahme/Abnahme der Vorräte, der Forderungen aus Lieferungen und Leistungen sowie anderer Aktiva, die nicht der Investitions- oder der Finanzierungstätigkeit zuzuordnen sind
6.	+/–	Zunahme/Abnahme der Verbindlichkeiten aus Lieferungen und Leistungen sowie anderer Passiva, die nicht der Investitions- oder der Finanzierungstätigkeit zuzuordnen sind
7	–/+	Gewinn/Verlust aus dem Abgang von Gegenständen des Anlagevermögens
8.	+/–	Zinsaufwendungen/Zinserträge
9.	-	Sonstige Beteiligungserträge
10.	+/–	Aufwendungen/Erträge aus außerordentlichen Posten
11.	+/–	Ertragsteueraufwand/-ertrag
12.	+	Einzahlungen aus außerordentlichen Posten
13.	–	Auszahlungen aus außerordentlichen Posten
14.	–/+	Ertragsteuerzahlungen
15.	=	Cashflow aus der laufenden Geschäftstätigkeit

Abb. 3.30 Schema der indirekten Berechnung des Cash-Flows (E-DRS 28)

Beispiel

Ein Dienstleistungsunternehmen im Maschinenbau hat im abgelaufenen Geschäftsjahr

- **Umsatzerlöse** i. H. v. 2.500.000 € erwirtschaftet,
- **Rückstellungen** für Gewährleistungen i. H. v. € 250.000 gebildet,
- auf Roh- Hilfs- und Betriebsstoffe, die im Jahr zuvor eine Sonderabschreibung auf Grund von Korrosionsschäden erfahren hatten, eine **Wertzuschreibung** i. H. v. € 75.000 vorgenommen
- eine **Fräsmaschine** gebaut und diese mit Herstellungskosten i. H. v. € 50.000 im Anlagevermögen **aktiviert**.

Der Gewinn des Unternehmens betrug € 425.000; die Gewinn- und Verlustrechnung ist in Kontenform untenstehend abgebildet.

Gewinn- und Verlustrechnung			
Lohn-/ Gehaltsaufwand	1.000.000	Umsatzerlöse	2.500.000
Materialaufwand	550.000	aktivierte Eigenleistung in AV	50.000
AfA auf BGA	400.000	Erträge aus Wertzuschreibung UV	75.000
Gewährleistungsaufwand (Rückstellungen)	250.000		
Gewinn	425.000		
	2.625.000		2.625.000

Aus den Daten der G&V kann jetzt, in Anlehnung an das Schema der deutschen Rechnungslegungsvorschriften E-DRS 28, der Kapitalfluss ermittelt werden.

	425.000	Unternehmensergebnis
+	400.000	Abschreibungen
-	75.000	Wertzuschreibungen UV
+	250.000	Einstellungen in Rückstellungen
-	50.000	Investitionen in das AV (aktivierte Eigenleistungen)
=	**950.000**	**Cash-Flow**

Der Unterschied zwischen dem Gewinn und dem Kapitalfluss ist deutlich erkennbar. Das Potential des Unternehmens liegt deutlich über dem aus dem Jahresabschluss erkennbaren – es ist annähernd doppelt so hoch. Der Grund hierfür liegt einerseits in den hohen Abschreibungen und darüber hinaus in den im Vergleich zu den übrigen Unternehmensdaten ebenfalls hohen Rückstellungen für mögliche Gewährleistungen. Die Gründe für eine derartige Bewertung können in

- massiven kundenseitigen Gewährleistungsansprüchen in den vergangenen Geschäftsjahren liegen,
  - wobei die Bildung von Rückstellungen in Anlehnung an § 249 HGB i. V. m. § 5 Abs. 2a EStG durchaus legitim/vorgeschrieben ist;
- sowie in einer anlagenintensiven Vermögensstruktur des Unternehmens,
  - woraus hohe Abschreibungen als logische Konsequenz resultieren.

Ungeachtet der o. g. Aspekte würde z. B. die Kreditwürdigkeit mit Blick auf den „niedrigen" Gewinn leiden, der das Selbstfinanzierungspotential nicht realistisch widerspiegelt. Dieses wird erst durch den Cash-Flow sichtbar.

Der **Cash-Flow** ist – **ähnlich** wie das **Eigenkapital** – **isoliert** betrachtet nahezu **wertlos** für die Beurteilung der finanziellen Situation von Unternehmen. Eine diesbezügliche **Aussage** lässt sich erst **an Hand** der **Entwicklung** tätigen. Ein kontinuierlich **steigender**

Kapitalfluss lässt auf eine **solide Wirtschaftstätigkeit** des Unternehmens schließen, da diesem ein kontinuierlich gestiegener Gewinn zu Grunde liegen muss. **Sinkt** der Cash-Flow hingegen, kann ggf. unterstellt werden, dass sich ein Unternehmen in **finanziellen Schwierigkeiten** befindet, **oder** die Geschäftsführung/der Inhaber zu viele und zu hohe **Aufwendungen** durch **Entnahmen** produziert. Diese können in Form von buchhalterisch erfassten **Privatentnahmen** oder durch die **Nutzung** von **Vermögensgegenständen** entstehen, die **Aufwand** verursachen, der **Gewinnerwirtschaftung** jedoch **nicht zuträglich** sind (… wie z. B. die private Nutzung von Geschäftsfahrzeugen oder -räumlichkeiten). Im Gegensatz zum Return on Investment, der gemäß herrschender Meinung nicht unterhalb von 10 % liegen sollte, existieren für den Cash-Flow keinerlei Richtwerte. Seine Berechnung ist für jedes Unternehmen individuell vorzunehmen; die Interpretation des Ergebnisses von der Kapitalstruktur des jeweiligen Unternehmens abhängig.

3.7 Fixkostenmanagement

Die Inhalte der bisherigen Kapitel verdeutlichen, dass Mitarbeiterinnen und Mitarbeiter einer Controlling-Abteilung im Unternehmen einem recht hohen „**Erfolgsdruck**" ausgesetzt sind, da sie in einem nicht unerheblichen Maße zur Entwicklung des „Schicksals" eines Unternehmens beitragen können und auch sollen.

Von Controllerinnen und Controllern wird in der Unternehmenspraxis **keine reine Arbeitsleistung** sondern die **Bereitstellung** von **Ergebnissen** hinsichtlich der

- Leistungs-,
- Umsatz- und
- Kostenentwicklung sowie
- der aus letzteren beiden Aspekte resultierenden Gewinnentwicklung

in Form eines korrekten und verlässlichen **Berichtswesens** oder eines **Kennzahlensystems** erwartet. Mit Hilfe dieser Tools wird die Unternehmensleitung in die Lage versetzt, im Fall von Abweichungen **Steuerungsmaßnahmen** einzuleiten. Diese wiederum sollen u. a. zur **Optimierung** der (monetären) **Situation** beitragen, damit die langfristige **Existenz** des Unternehmens **sichergestellt** ist.

Losgelöst von nicht beeinflussbaren Umweltfaktoren ist die Entwicklung der **Umsätze** stark von **Aktivitäten** des **Marketings** abhängig und fällt hinsichtlich der **Steuerung nicht** in das originäre Ressort des **Controllings**. Gleiches gilt i. d. R. für die **Leistungsentwicklung**; auch hier beschränken sich die Aktivitäten des Controllings im Falle von Abweichungen auf die **Information** der **Geschäftsführung**.

Die **Kosten** des Unternehmens stellen hingegen einen Untersuchungsgegenstand dar, der durchaus in den direkten Zuständigkeitsbereich des Controllings fällt. Bereits aus einer **betriebswirtschaftlichen Auswertung** (BWA), welche **Unternehmensdaten ohne** jedwede **Abgrenzung** nach kosten- und leistungsrechnerischen Aspekten beinhaltet, lassen sich **grobe Veränderungen** in der Leistungs-/Kostenstruktur **feststellen**. Reichmanns Aussage, das **Rechnungswesen** stelle die **wichtigste Informationsbasis** des **Controllings** dar, lässt sich somit zweifelsfrei verifizieren (Reichmann 2011, S. 11).

Im Fokus der Betrachtung liegen die **beschäftigungsunabhängigen, fixen** Kosten, welche in Unternehmen, wegen der zu Grunde liegenden Geschäftsprozesse mit häufig **langfristigen Auswirkungen**, deutlich schwieriger zu beeinflussen sind (Abb. 3.31). Der Grund hierfür liegt darin, dass

- **Verträge**, die sich auf die **Wartung** und/oder **Instandhaltung** von Produktionsanlagen beziehen, **häufig** über den **Zeitraum** von einem **Geschäftsjahr hinausgehen**,
- **Nutzungsdauern** von Vermögensgegenständen gesetzlich **fixiert** sind und zu **Abschreibungen** führen, die **kosten-** und **leistungsrechnerisch** ebenfalls als **Kosten** zu behandeln sind, wenn sie dem Betriebszweck dienen,
- **geleaste** Vermögensgegenstände wie **Fahrzeuge** i. d. R. zur **Nutzung** über einen **längeren Zeitraum** hinaus **bestimmt** sind,
- **Verbindlichkeiten** gegenüber **Kreditinstituten** die z. B. zur **Expansionsfinanzierung** bestimmt waren **i. d. R.** ebenfalls **längerfristig** (über das laufende Geschäftsjahr hinaus) **angelegt** sind (Ziegenbein 2012, S. 303 ff.).

Der Aufbau von Fixkosten erfolgt häufig in Phasen des Aufschwungs, während derer ausreichende finanzielle Mittel zur Verfügung stehen und bei der Anschaffung von Vermögensgegenständen wie

- Fahrzeugen,
- Produktionsanlagen oder gar
- Immobilien

die langfristigen Folgen hinsichtlich der Kapitaldienste nicht ausreichend berücksichtigt wurden (Ziegenbein 2012, S. 124, 303 ff.). In diesem Zusammenhang lässt sich eine Parallele zur Controlling-Konzeption nach Weber und Schäffer ziehen, welche die Kompensa-

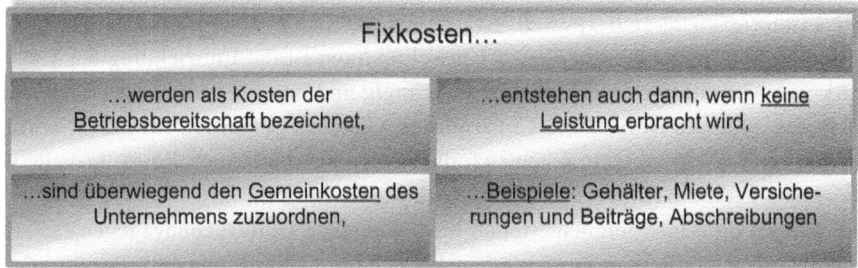

Abb. 3.31 Eigenschaften von und Beispiele für Fixkosten. (Deitermann et al. 2016, S. 452)

tion von **Kenntnis-** und **Rationalitätsdefiziten** der Unternehmensleitung als Kernaufgabe des Controllings beschreiben.

Die **beschäftigungsabhängigen, variablen** Kosten, deren Beeinflussung (Reduktion) primär mit

- Verhandlungen mit Lieferanten,
- Bestimmung idealer Beschaffungs- und/oder Lagermengen

einhergeht, sollen an dieser Stelle unbeachtet bleiben.

Neben den aus realen Geschäftsprozessen resultierenden Kosten, die an Hand der Daten aus der Finanzbuchhaltung und dort konkret aus betriebswirtschaftlichen Auswertungen (BWA) identifiziert werden können, stellen die in der Abgrenzungsrechnung berücksichtigten kalkulatorischen Kosten einen weiteren Ansatzpunkt für das Kostenmanagement dar. Beide Aspekte, ihre Auswirkungen sowie Ansatzpunkte zu ihrer Beeinflussung werden nacheinander behandelt. Zunächst jedoch zu den Informationen, die seitens des Controllings einer BWA zu entnehmen sind.

In modernen ERPen wie SAP oder DATEV sind betriebswirtschaftliche Auswertungen bereits fest im Berichtswesen integriert und hinsichtlich der Struktur und ihrer Inhalte darüber hinaus variabel anzupassen.

Die rudimentäre Struktur und ein möglicher Aufbau einer BWA sind in Anlehnung an mögliche Ergebnisse eines mittelständischen Dienstleistungsunternehmens in Abb. 3.32 zu sehen. Den **Umsätzen** sowie den Produkten und Leistungen direkt zurechenbaren **Einzelkosten** in den ersten beiden Zeilen sind die **Gemeinkosten** im **Vergleich** zum **Vorjahr**

	Jahreswerte		Veränderung	
	aktuelles Jahr	Vorjahr	absolut	in %
Umsatzerlöse	**2.800.000**	2.800.000	0	0,00
Mat.-/Waren-EK	1.700.000	**1.650.000**	50.000	3,03
Rohertrag	1.100.000	1.150.000	-50.000	-4,35
Kostenarten				
Personalkosten	**275.000**	270.000	5.000	1,85
Raumkosten	65.000	65.000	0	0,00
Vers./Beiträge	30.000	30.000	0	0,00
Kfz-Kosten	**60.000**	50.000	10.000	20
Abschreibung	55.000	55.000	0	0,00
Gesamtkosten	485.000	470.000	15.000	3,19
Betriebsergebnis	615.000	680.000	-65.000	-9,65
Zinsaufwand	25.000	25.000	0	0,00
vorl. Ergebnis	590.000	655.000	**-65.000**	-9,92

Abb. 3.32 Betriebswirtschaftliche Auswertung

gegenübergestellt. Die **Zinsaufwendungen** sind als noch **nicht** nach betrieblicher und neutraler Entstehung **abgegrenzte Aufwendungen nach** dem **Betriebsergebnis** aufgeführt. Die markanten Abweichungen sind deutlich fett gedruckt.

Auffällig sind insbesondere

- die Umsätze,
  - die sich im aktuellen Jahr ohne Steigerung auf dem Stand des Vorjahres befinden,
- die Summe des Material- und Wareneinkaufs/Materialverbrauchs,
  - die eine Steigerung von € 50.000 im Vergleich zum Vorjahr aufweist,
- die Kfz-Kosten,
  - die im Vergleich zum Vorjahr um € 5.000 angestiegen sind sowie
- die Personalkosten
  - mit einer Steigerung von € 10.000 im Vergleich zum Vorjahr.

Das vorläufige Ergebnis weist eine Abweichung von minus € 65.000 aus, was bei einer Größenordnung der Umsätze und Kosten wie oben dargestellt durchaus als alarmierend zu bezeichnen ist.

Es sei an dieser Stelle erneut darauf hingewiesen, dass derartig **markante Veränderungen** bereits **aus** einer „**Standard-BWA**" entnommen werden können, der noch **keinerlei Abgrenzung** der **betrieblichen-** von den **neutralen** Ergebnissen zu Grunde liegt.

Wie eingangs bereits erwähnt, hängt die **Umsatzentwicklung** eines Unternehmens stark von **Umweltfaktoren** sowie den **Aktivitäten** des **Marketings** ab. Die **preisliche Entwicklung** für **bezogene Güter** und **Leistungen** wiederum ist durch **Verhandlungsgeschick** der verantwortlichen Mitarbeiterinnen und Mitarbeiter in der Abteilung **Materialwirtschaft** und -beschaffung beeinflussbar. Hinsichtlich der seitens des Controllings zu liefernden Ergebnisse muss nach Kenntnisnahme der umseitig dargestellten Ergebnisse zumindest eine entsprechende Information an die Geschäftsleitung erfolgen. Ferner sollte die Empfehlung ausgesprochen werden, gemeinsam mit den Abteilungen Materialwirtschaft sowie Marketing/Vertrieb ein klärendes Gespräch zu führen, im Rahmen dessen Gründe für die unvorteilhafte Entwicklung des Wareneinkaufs und des Umsatzes geklärt werden.

Direkt zwischen **Controlling** und der **Unternehmensleitung** zu klären, wenn auch nicht direkt durch das Controlling beeinflussbar, ist die Steigerung Personalkosten.

- Liegt diese an der mit Blick auf die vergleichsweise geringe Summe offenbar kurzfristig erfolgten Neueinstellung eines Mitarbeiters oder einer Mitarbeiterin?
- Erfuhr ein Mitarbeiter oder eine Mitarbeiterin eine Lohn-/Gehaltserhöhung
  - … und wurde dies mit der Unternehmensleitung abgestimmt?

Unter **Fixkostenmanagement** ist jedoch **nicht** die bloße **Bereitstellung** von **Informationen** zu verstehen. Der Begriff suggeriert die **Entwicklung** von **Lösungsansätzen**, um zumindest **mittelfristig** eine diesbezügliche **Reduktion** herbeizuführen. Personalabbau ist einerseits ein moralisch sehr fragwürdiges Instrument der Unternehmens- und Kostensteuerung und lässt sich, bedingt durch die Existenz des Kündigungsschutzgesetzes in

Deutschland, nicht uneingeschränkt praktizieren. Gleiches gilt für langfristig angelegte Kunden- und/oder Lieferantenverträge. Der Nachweis der These, Fixkosten seien schwierig zu beeinflussen, da Ihnen meist langfristig angelegte Geschäftsprozesse zu Grunde liegen, kann auf diese Weise belegt werden.

Ggf. noch im Laufe des Geschäftsjahres beeinflussbar sind jedoch Kapitaldienste, die bezüglich der umseitig abgebildeten Beispiel-BWA den Kfz-Kosten und den Zinsaufwendungen zu Grunde liegen.

Beispiel

Unterstellt sei, dass sich im Beispielunternehmen 5 Fahrzeuge in Betrieb befinden, welche ausnahmslos für eine Dauer von zwei Jahren und eine Laufleistung von 75.000 km pro Jahr geleast sind.

Selbst bei Vorhandensein einer langfristigen Geschäftsbeziehung beläuft sich die Leasingrate für ein Fahrzeug der Mittel- oder Kompaktklasse auf bis zu € 1.000 monatlich. Die in der BWA ausgewiesenen Fahrzeugkosten i. H. v. € 60.000 resultieren demnach aus:

$$5 \text{ Fahrzeugen} \times € 1.000 \text{ monatlich} \times 12 \text{ Monate} = € 60.000.$$

Moderne Fahrzeuge weisen Laufleistungen von z. T. mehreren hunderttausend Kilometern und eine Standzeit von durchschnittlich > 10 Jahren auf. Die steuerliche Nutzungsdauer liegt gemäß Abschreibungstabelle der Finanzbehörde bei 6 Jahren. Mit Blick auf den o. g. Kapitaldienst stellt sich die Frage, ob eine derart kurze Nutzungsdauer, aus der die entsprechend hohen Leasingraten resultieren, erforderlich ist.

Als Neupreis der Fahrzeuge sei eine Summe von € 36.000 unterstellt. Würden die nachfolgenden PKW nicht mehr geleast sondern gekauft, über einen Zeitraum von 6 Jahren genutzt und entsprechend abgeschrieben, so wäre die Konsequenz

- eine Reduktion der „Kfz-Kosten" auf einen Betrag von null (Wartungskosten unberücksichtigt),
- eine Steigerung des Abschreibungsaufwands um € 30.000 und
- eine Steigerung des vorläufigen sowie des Betriebsergebnisses um ebenfalls € 30.000.

Der deutlichen Verbesserung des vorläufigen Unternehmensergebnisses liegt eine einfache Rechnung zu Grunde:

- Kaufpreis pro Fahrzeug € 36.000 ÷ 6 Jahre Nutzungsdauer, € 6.000 Abschreibung pro Jahr

- € 6.000 Abschreibung × 5 Fahrzeuge = € 30.000 Kfz-Abschreibung/Kfz-Kosten pro Jahr
- Differenz zu Leasing-Variante: € 30.000

In Abb. 3.33 sind die Auswirkungen des Wechsels von der Leasing zur Abschreibung gekaufter Vermögensgegenstände deutlich zu erkennen:

- Reduktion der Kfz-Kosten auf 0
- Erhöhung der Abschreibung um € 30.000 auf € 85.000
- Reduktion der Gesamtkosten um € 30.000 auf € 455.000
- Verbesserung des Betriebs- und somit des vorl. Ergebnisses um € 30.000 auf € 645.000 bzw. € 620.000

Wie bereits erwähnt, erfolgt der Aufbau von Fixkosten häufig in wirtschaftlichen Aufschwungphasen. Die Versuchung zum Abschluss von Fahrzeug-Leasingverträgen zwecks Mobilisierung des Personals im Service und/oder dem Vertrieb ist in Zeiten voller Auftragsbücher sicherlich größer als während einer Rezession. Das Beispiel verdeutlicht jedoch, dass ein wenig Weitblick dazu beitragen kann, notwendige Kapitaldienste für wirtschaftlich schlechtere Zeiten schlank zu halten.

Eine weitere Möglichkeit zur Reduktion von Fixkosten liegt im bisher unberücksichtigten Zinsaufwand. Auch die diesbezügliche Beeinflussbarkeit der soll an Hand eines konkreten Beispiels erläutert werden.

	Jahreswerte		Veränderung	
	aktuelles Jahr	Vorjahr	absolut	in %
Umsatzerlöse	2.800.000	2.800.000	0	0,00
Mat.-/Waren-EK	1.700.000	1.650.000	50.000	3,03
Rohertrag	1.100.000	1.150.000	-50.000	-4,35
Kostenarten				
Personalkosten	275.000	270.000	5.000	1,85
Raumkosten	65.000	65.000	0	0,00
Vers./Beiträge	30.000	30.000	0	0,00
Kfz-Kosten	0	50.000		
Abschreibung	85.000	55.000	30.000	54,55
Gesamtkosten	455.000	470.000	-15.000	-3,19
Betriebsergebnis	645.000	680.000	-35.000	-5,15
Zinsaufwand	25.000	25.000	0	0,00
vorl. Ergebnis	620.000	655.000	-35.000	-5,34

Abb. 3.33 Betriebswirtschaftliche Auswertung; Fahrzeuge gekauft und nicht geleast

Beispiel

Basierend auf umseitig beschriebenem Dienstleistungsunternehmen sei unterstellt, dass im Vorjahr ein **Darlehen** i. H. v. € 500.000 zu einem **Zinssatz** i. H. v. **4,55 %** zwecks Investition in zusätzliche Kapazitäten aufgenommen wurde. Das Unternehmen strebte eine **schnellstmögliche Tilgung** des Darlehens an und vereinbarte daher eine **Laufzeit** von lediglich **5 Jahren**.

Der Zinsaufwand ist unter Verwendung der Formel

$$K_n = K_0 \times (1 + i)^n$$

zu berechnen.

Der **Zinssatz** i beträgt 4,55 % – demnach entspricht i 1,0455.

Die **Laufzeit** beträgt 5 Jahre – demnach entspricht n = 5.

Eingesetzt in die Formel ergibt sich ein Gesamtbetrag i. H. v. € 624.583,04.

$$624.583,04 = 500.000 \times (1,0455)^5$$

Hiervon ist die **Darlehenssumme** von € 500.000 zu **subtrahieren**, da **lediglich** die **Zinsen** als **Aufwand** und dementsprechend auch als Kosten zu behandeln sind.

Die reinen Zinsen betragen demnach € 124.853,04; zum Zwecke der besseren Übersicht erfolgt im Beispiel die **Aufrundung** des Betrages auf **125.000**.

Die **Intention**, den Betrag **schnellstmöglich** zu **tilgen** ist als durchaus ehrbar zu bezeichnen, doch tritt an dieser Stelle die gleiche **Problematik** zu Tage, die bereits im Rahmen des Fahrzeugbeispiels genannt wurde. In Zeiten wirtschaftlichen Aufschwungs liegt die Versuchung nahe, ehrgeizige Ziele zu verfolgen und trübt sich der Blick für unvorhersehbare Einbrüche der Nachfrage und somit des Umsatzes. Eine **Verlängerung** der **Darlehenslaufzeit** und somit auch eine **Verringerung** des **Zinssatzes** könnte einen weiteren Meilenstein auf dem Weg der **Verbesserung** des **Ergebnisses** in umseitig dargestellter BWA markieren. **Langfristige Darlehen** sind i. d. R. deutlich „**günstiger" als kurzfristige**. Auf Grund des in Summe höheren Gesamt-Rückzahlungsbetrages bieten die Banken den Darlehensnehmern daher häufig einen **geringeren Zinssatz** an, **der** wiederum die jährlichen **Belastungen/**Aufwendungen und Kosten **senkt**. Wenn für eine Laufzeit von 10 Jahren ein Zinssatz von „nur noch" 2,65 % unterstellt wird, so beläuft sich die gesamte Darlehenssumme auf € 649.470,67. Subtrahiert man hiervon den Auszahlungsbetrag von € 500.000 verbleiben € 149.470,67, was über einen Zeitraum von 10 Jahren verteilt eine jährliche Belastung i. H. v. € 14.470,67,– zum Zweck der besseren Berechenbarkeit aufgerundet auf € 15.000,– bedeutet. Formal dargestellt:

$$649.470,67 = 500.000 \times (1,0265)^{10}$$

Diese Vorgehensweise bewirkt eine **Reduktion** der **Fixkosten** sowie eine **Verbesserung** des **Unternehmensergebnisses** um weitere € 10.000. In Abb. 3.34 ist der

	Jahreswerte		Veränderung	
	aktuelles Jahr	Vorjahr	absolut	in %
Umsatzerlöse	2.800.000	2.800.000	0	0,00
Mat.-/Waren-EK	1.700.000	1.650.000	50.000	3,03
Rohertrag	1.100.000	1.150.000	-50.000	-4,35
Kostenarten				
Personalkosten	275.000	270.000	5.000	1,85
Raumkosten	65.000	65.000	0	0,00
Vers./Beiträge	30.000	30.000	0	0,00
Kfz-Kosten	0	50.000	-50.000	-100,00
Abschreibung	85.000	55.000	30.000	54,55
Gesamtkosten	455.000	470.000	-15.000	-3,19
Betriebsergebnis	645.000	680.000	-35.000	-5,15
Zinsaufwand	**15.000**	25.000	**-10.000**	**-40,00**
vorl. Ergebnis	**630.000**	655.000	**-25.000**	**-3,82**

Abb. 3.34 Betriebswirtschaftliche Auswertung; Reduktion des Zinsaufwands

veränderte Zinsaufwand und die hieraus resultierenden Auswirkungen auf das Ergebnis in der bereits umseitig präsentierten BWA zu erkennen.

Nach der Entschärfung der Kapitaldienste in Form der Schaffung von Eigentum anstelle von Leasing sowie der Verlängerung der Kreditlaufzeit fällt auf, dass noch € 25.000 zur Erreichung des Vorjahresergebnisses und somit zur Vermeidung eines Verlustes führen. Dies entspricht einer Umsatzsteigerung i. H. v. nur noch 0,893 %, die durch entsprechende Marketingaktivitäten in Form von mengenbedingten Preisnachlässen oder anderen Sonderkonditionen realistisch erreichbar sein sollte.

Das Beispiel verdeutlicht, wie sich mangelnde Weitsichtigkeit in der Gestalt von Fixkosten negativ auf das Betriebs- und Unternehmensgesamtergebnis auswirkt. Ferner wird die Notwendigkeit für das Controlling offensichtlich, Fixkosten in Phasen der Rezession abzubauen und deren Entstehung künftig so weit wie möglich zu reduzieren.

Auch wenn Abweichungen im Jahresvergleich wie in o. g. Beispiel an Hand einer **BWA** leicht zu erkennen sind, ist festzustellen, dass hierdurch **kein vollständiges Berichtswesen** ersetzt werden kann. Aus einer BWA sind beispielsweise **keinerlei Informationen hinsichtlich**

- der Liquidität,
- der Bestandsveränderungen oder
- der abteilungsbezogener Ergebnisse

zu entnehmen. Es handelt sich lediglich um eine **rudimentäre Momentaufnahme**, die jedoch als **Impuls** für **weitergehende Auswertungen** – im Beispiel als Wechsel von Leasing zu Eigentum sowie „Umschuldung" des Fremdkapitals dargestellt – durchaus **dienlich** ist Bei **regelmäßiger Prüfung** lässt sich eine **zeitnahe Reaktion** auf Abweichungen **ermöglichen**.

Bisher wurden ausschließlich Kosten betrachtet, die aus **realen Geschäftsprozessen** resultierten. **Kalkulatorische** Kosten, die in der **Abgrenzungsrechnung** in das **Betriebsergebnis** einfließen und ebenfalls als fixe Kosten zu behandeln sind, blieben bisher unberücksichtigt. Sie wirken sich auf den Preis von Gütern und Dienstleistungen aus, müssen über den Umsatz in das Unternehmen zurückfließen und sollten daher ebenfalls Berücksichtigung finden.

Beispiel

Das Beispiel des Dienstleistungsunternehmens wird fortgeführt. Abb. 3.35 zeigt eine Tabelle der Abgrenzungsrechnung mit möglichen, auf der bereits behandelten BWA basierenden Daten.

Die aus **kalkulatorischem Zins** und dem kalkulatorischen **Unternehmerlohn** resultierenden **verrechneten Kosten** i. H. v. insgesamt € 125.000 (75.000 + 50.000) fallen hier gleich auf. Es handelt sich um Kosten, die **keinen realen Geschäftsprozessen** entstammen, sondern die **seitens** der **Unternehmensleitung** künstlich mit dem Ziel in die Tabelle **eingefügt** wurden, das **Betriebsergebnis** zu senken. Der **Sinn** dieser Vor-

Konto	Aufwendungen	Erträge	neutrale Aufwendg.	neutrale Erträge	betriebl. Aufwdg.	verr. Kosten	Kosten	Leistungen
Umsatzerlöse		2.800.000						2.800.000
Waren-EK	1.700.000						1.700.000	
Personalkosten	275.000						275.000	
Raumkosten	65.000						65.000	
Versich. / Beiträge	30.000						30.000	
Kfz-Kosten	60.000						60.000	
AfA	55.000						55.000	
Zinsaufwand	25.000				25.000	75.000	75.000	
Unternehmerlohn						50.000	50.000	
Summen	2.210.000	2.800.000			25.000	125.000	2.310.000	2.800.000
Salden	590.000				100.000		490.000	

Abb. 3.35 Abgrenzungsrechnung; kalkulatorische Kosten

gehensweise liegt darin, die **Preise** für Güter und Dienstleistungen zu **steigern** und diese **Kosten** mit dem Ziel eines höheren Gewinns wieder **über** die **Umsätze** in das Unternehmen **zurückfließen** zu lassen.

Die **Vorgehensweise** entspricht zwar dem **Sinn** und Zweck **kalkulatorischer Kosten** in der Abgrenzungsrechnung, doch sollten im Falle einer Rezession und hieraus resultierenden **Liquiditätsengpässen** die **kalkulatorischen Kosten nicht** zu **großzügig** bemessen **sein**. Höhere Preise können die **Wettbewerbsfähigkeit** eines Unternehmens **schwächen** und die **Gesamtumsätze** reduzieren. Gegebenenfalls sind zu hohe Preise für genau den Teil des Umsatzes verantwortlich, der hinsichtlich des umseitig genannten Beispiels zur Erreichung des Vorjahreswertes – und somit zur Vermeidung von Verlusten – fehlt. Anders ausgedrückt: da kalkulatorische Kosten direkt das Betriebsergebnis beeinflussen und gemäß individueller Ansprüche seitens der Unternehmensleitung in die Abgrenzungsrechnung eingeflochten werden, sollte diese ihre Ansprüche in wirtschaftlich schlechten Zeiten zum Wohl des Unternehmens besser reduzieren. Die bereits in Abschn. 1.3 als Schlüsselqualifikation des Controllings geforderte Diplomatie kommt in solchen Situationen insbesondere zur Geltung. Abb. 3.33 zeigt das Betriebsergebnis ohne kalkulatorische Kosten (Saldo i. H. v. € 590.000).

Die **Notwendigkeit** zur Erstellung eines **ausführlichen Berichtswesens** – oder zumindest einer auch **kostenstellenbezogenen Sichtweise** eines Unternehmens tritt insbesondere dann zu Tage, wenn **Kapazitäten** und **Abteilungsauslastungen** als Operati-

Konto	Aufwendungen	Erträge	neutrale Aufwendg.	neutrale Erträge	betriebl. Aufwdg.	verr. Kosten	Kosten	Leistungen
Umsatzerlöse		2.800.000						2.800.000
Waren-EK	1.700.000						1.700.000	
Personalkosten	275.000						275.000	
Raumkosten	65.000						65.000	
Versich. / Beiträge	30.000						30.000	
Kfz-Kosten	60.000						60.000	
AfA	55.000						55.000	
Zinsaufwand	25.000						25.000	
Unternehmerlohn							50.000	
Summen	2.210.000	2.800.000					2.210.000	2.800.000
Salden	590.000						590.000	

Abb. 3.36 Abgrenzungsrechnung ohne Berücksichtigung kalkulatorischer Kosten

ons Research für **Make-or-Buy-Entscheidungen** bereitgestellt werden müssen. Das aus einer BWA zu entnehmende Gesamtergebnis ist in diesem Fall nahezu völlig wertlos (Abb. 3.36).

Beispiel

Das inzwischen bekannte Dienstleistungsunternehmen soll auch hinsichtlich eines Kostenstellenvergleichs erneut als Beispiel zu Rate gezogen werden. Die für den Service an Werkzeugmaschinen benötigten Ersatzteile werden intern z. T. selbst gefertigt; aus diesem Grund wird in der Abteilung Zuschnitt eine Stahlschneidmaschine bereitgehalten sowie Fachkräfte zur Weiterverarbeitung des Rohmaterials in der Abteilung mechanische Anarbeitung.

Die Verteilung der Kostenarten ist in den Abb. 3.37 und 3.38 zu sehen.

Gesamtunternehmen			Kostenstelle Zuschnitt	
Kostenarten	**Summen**		**Verteilungssatz**	**Kosten**
Personalkosten	275.000		20 %	55.000
Raumkosten	65.000		60 %	39.000
Beiträge	30.000		20 %	6.000
Kfz	60.000		0 %	0
Abschreibungen	55.000		50 %	27.500
Gesamtsumme	**485.000**		**Summe**	**127.500**

Abb. 3.37 Kostenstellenbetrachtung der Abteilung Zuschnitt

Gesamtunternehmen			Kostenstelle mechanische Anarbeitung	
Kostenarten	**Summen**		**Verteilungssatz**	**Kosten**
Personalkosten	275.000		20 %	55.000
Raumkosten	65.000		20 %	13.000
Beiträge	30.000		20 %	6.000
Kfz-Kosten	60.000		0 %	0
Abschreibungen	55.000		10 %	5.500
Gesamtsumme	**485.000**		**Summe**	**79.500**

Abb. 3.38 Kostenstellenbetrachtung Abteilung mechanische Anarbeitung

Zur Erläuterung der Kostenverteilung „Kostenstelle Zuschnitt":

Personalkosten:	Im gesamten Unternehmen sind 10 Personen tätig, 2 hiervon im „Zuschnitt" – der Verteilungssatz beträgt demnach 20 %
Raumkosten:	bedingt durch die raumgreifende Schneidanlage entfallen 60 % der gesamten Raumkosten auf den Zuschnitt
Beiträge:	IHK- und HWK-Beiträge werden von allen Mitarbeitern gleichermaßen verursacht; 2 Mitarbeiter verursachen demnach 20 %
Kfz-Kosten:	Fahrzeuge werden lediglich von der Geschäftsführung und den Technikern im Außendienst genutzt – Kosten in diesem Fall 0 %
Abschreibung:	Bei thermischen Schneidanlagen handelt es sich um kostspielige Investitionsgüter – die Hälfte der AfA wird daher hierdurch verursacht

Auslastung der Kapazitäten: im Betrachtungszeitraum wurden 500 t Stahl bearbeitet/zugeschnitten; somit beträgt der Preis pro Tonne € **255,–**.

Zur Erläuterung der Kostenverteilung „Kostenstelle mechanische Anarbeitung":

Personalkosten:	im gesamten Unternehmen sind 10 Personen tätig, 2 hiervon im „Zuschnitt"; der Verteilungssatz beträgt demnach 20 %
Raumkosten:	Die im Vergleich zu thermischen Schneidanlagen wesentlich kleineren Bohr- und Kantmaschinen verursachen lediglich 20 % der Raumkosten
Beiträge:	IHK- und HWK-Beiträge werden von allen Mitarbeitern gleichermaßen verursacht; 2 Mitarbeiter verursachen demnach 20 %
Kfz-Kosten:	Fahrzeuge werden lediglich von der Geschäftsführung und den Technikern im Außendienst genutzt – Kosten in diesem Fall 0 %
Abschreibung:	Bohrmaschinen und Kantbänke sind in der Anschaffung deutlich günstiger als Schneidanlagen und weisen längere Nutzungsdauern auf. Somit verursachen sie nur 10 % der AfA

Auslastung der Kapazitäten: im Betrachtungszeitraum wurden an 500 Tonnen Stahl mechanische Anarbeitungen vorgenommen; somit beträgt der Preis pro Tonne € **159,–**.

Annahme: Stahlzuschnitte sind in verschiedenen Güten/Güteklassen zu einem durchschnittlichen Preis von € **200,–**/t. zu erwerben. Für die mechanische Anarbeitung berechnen Mitbewerber einen durchschnittlichen Preis von € **225,–**/t.

Schlussfolgerung:

Die Produktionskosten der Abteilung Zuschnitt liegen oberhalb des Marktpreises fertiger Produkte. Somit stellt sich die Frage nach dem Outsourcing/der Fremdvergabe der Leistung.

Im Gegensatz hierzu liegen die Anarbeitungskosten im Gegensatz zum Zuschnitt unterhalb des Marktpreises. Hier stellt sich die Frage, ob Zusatzaufträge angenommen und auf diese Weise zusätzliche Erlöse erwirtschaftet werden sollten.

Eine Option in dieser Situation wäre, die Abteilung Zuschnitt zu schließen, die dort tätigen Mitarbeiter einer Personalentwicklungsmaßnahme zu unterziehen, zusätzlich in der Anarbeitung zu beschäftigen und den Schwerpunt somit zu verlagern.

Die oben beschriebene Situation verdeutlicht

- die Notwendigkeit der Erstellung eines Berichtswesens über die Verwendung betriebswirtschaftlicher Auswertungen hinaus,
- die Notwendigkeit von Operations Research im Unternehmen und die Aufgabe des Controllings, eben dies sicherzustellen sowie
- Ansatzpunkte für das Fixkostenmanagement in der Kostenstellenrechnung von Unternehmen.

Die Unterschiede der Profitabilität beider Abteilungen ist der groben Struktur einer BWA nicht zu entnehmen. Es bedarf hierfür einer dezidierteren Verteilung der Kosten auf die einzelnen Bereiche/Kostenstellen eines Unternehmens.

Aufgabe des Controllings ist es, derartige Kosten- und Leistungsgefälle zu erkennen, zu visualisieren und der Unternehmensleitung Lösungsansätze mit dem Ziel der Kostenreduktion zu präsentieren. Eben dies geschieht im Beispiel. Auch wenn die organisatorischen Änderungen nicht innerhalb des laufenden Geschäftsjahres realisierbar sind, sinken die Kosten auf Grund der Maßnahme zumindest mittelfristig. Als zusätzlicher Effekt lassen sich auf Grund des Preisgefälles der Abteilung Anarbeitung im Vergleich zu Mitbewerbern zusätzliche Erlöse erwirtschaften.

3.8 Target Costing[3]

Losgelöst von der Zuordnung zu den **strategischen** oder **operativen** Controlling-Instrumenten wurde die **Zielkostenrechnung** in den 90er Jahren insbesondere im Entwicklungsbereich verstärkt eingesetzt, was u. a. an einem Anteil von 9 % aller in Deutschland veröffentlichten, wissenschaftlichen sowie fachspezifischen Publikationen erkennbar ist (Binder 2006, S. 45–45). Eng mit dem **Marketing** bzw. **Instrumenten** und **Maßnahmen** der Marktforschung **verknüpft**, liegt dem **Target Costing** die **Idee** zu Grunde, **Unternehmenskosten** für die Erstellung von Gütern und/oder Dienstleistungen **mit** dem zu erwartenden **Erlös** in direkte **Beziehung** zu setzen und zu ermitteln, welcher **Kostenumfang** durch zu erwartende Erlöse gedeckt werden kann (Abb. 3.39).

Verändert sich ein **Markt** von einem **Verkäufer- zu** einem **Käufermarkt**, liegt also ein **Angebotsüberschuss** vor, lassen sich **Verkaufspreise nicht** mehr über die Bestimmung der **Selbstkosten** zuzüglich eines **Gewinnzuschlags** ermitteln. In einer solchen

---

[3] Auszüge dieses Kapitels erschienen unter dem Titel „Geringer Aufwand, große Wirkung; Target Costing als Instrument im Rahmen der Unternehmenssteuerung" in: KU-Gesundheitsmanagement 09/2013, Kulmbach 2013.

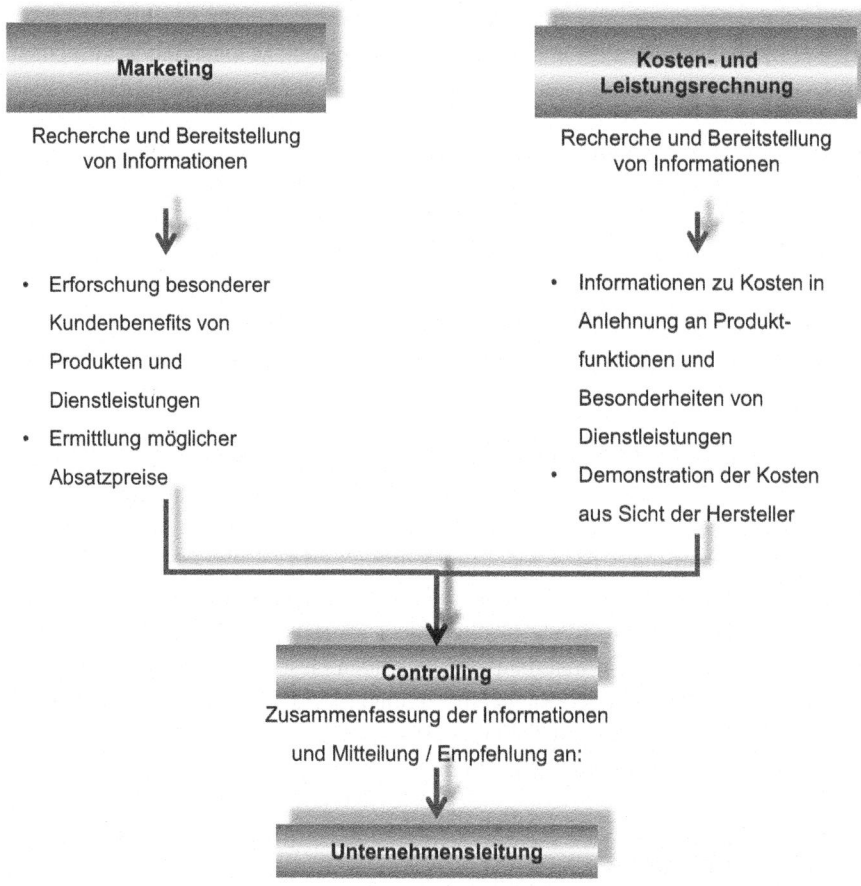

Abb. 3.39 Informationsfluss im Rahmen der Zielkostenrechnung

Situation muss geprüft werden, welche **Preise** für Güter/Dienstleistungen **Kunden** zu **zahlen** bereit sind und wie hoch die **Selbstkosten** sein dürfen. Diese zulässigen Kosten/Zielkosten heißen im Englischen **Allowable Costs** (Olfert 2011, S. 368).

Bevor also das **Controlling** im Unternehmen **aktiv** werden kann, ist **zunächst** das **Marketing**, der Vertrieb oder auch die Öffentlichkeitsarbeit **gefragt**, um zu **recherchieren**, welche **Preise** für **Güter** und **Dienstleistungen** auf den jeweiligen Märkten zu **erlösen** sind. Es erfolgt demnach zunächst eine **Erforschung** von besonderen **Produkt-** und **Leistungsnutzen** sowie eine **Prognose** der kundenseitigen **Nachfrage** und eines möglichen **Absatzpreises**. Erst im **Anschluss** daran wird die **Korrelation** der **Marktpreise** mit den **Unternehmenskosten** vorgenommen. Seitens des **Controlling** werden **Informationen** zu **Kosten** von **Produktfunktionen** bereitgestellt und werden die Kosten aus **Herstellersicht** demonstriert (Olfert 2010a, S. 369 ff.) Der **Saldo** aus der **Summe** zu erwartender **Erlöse und** den (Ist-)**Kosten stellt** den **Überschuss** vor Steuern **dar**, den es seitens der **Unternehmensleitung** hinsichtlich seiner Höhe als **ausreichend** oder eben **nicht ausreichend zu beurteilen** gilt. Im Falle einer großen **Abweichung** zwischen den erwarteten bzw. geplanten **Überschüssen** und der Situation nach Prüfung erfolgt ggf. eine Anpassung der Kosten an die zu erwartende Erlössituation.

Beispiel

Ein Hersteller für Magnetbohrmaschinen sieht sich mit der folgenden Erlös- und Kostensituation konfrontiert:

- Umsatzerlöse € 2.795.000,
- Einkauf RHB € 1.000.000, wovon 12,5 % auf Verwaltung und 12,5 % auf Vertrieb entfallen auf also **25 % neutraler Aufwand**,
- Mietaufwand i. H. v. € 500.000 ist zu 40 % durch Produktion, und zu jeweils 20 % durch Verwaltung Vertrieb und Materialwirtschaft verursacht durch demnach beträgt der neutrale Aufwand 60 %.
- Löhne entstehen in der Produktion i. H. v. € 250.000,
- die Gehälter in Höhe von 250.000 entfallen zu 10 % auf die Produktion sowie zu jeweils 30 % auf die Verwaltung, die Materialwirtschaft und den Vertrieb.
- Das betriebsnotwendige Kapital i. H. v. 750.000 soll mit einem kalkulatorischen Prozentsatz von 10 % verzinst werden.
- Der mitarbeitende Inhaber des Unternehmens wünscht, seine Arbeitsleistung mit € 100.000 zu berücksichtigen.

Die Marketingabteilung teilt mit, dass Mitbewerber die handlichen und auf Grund des Magnetfußes auf allen metallischen Oberflächen zu verwendenden Bohrmaschinen zu einem Preis i. H. v. € 499,– anbieten. In diesem Preis sind keine Preisnachlässe berücksichtigt. Das zu betrachtende Unternehmen bietet die Produkte zu einem Preis i. H. v. € 559,– an. Im vergangenen Jahr konnten 5.000 Einheiten hiervon verkauft werden.

Das Controlling erstellt, basierend auf den Daten der Finanzbuchhaltung die Kosten- und Leistungsrechnung bestehend aus

- Abgrenzungsrechnung,
- Kostenstellenrechnung sowie
- Kostenträgerrechnung

und kommt zu den in den nachfolgenden Tabellen dargestellten Ergebnissen und (Selbst-)Kosten für die Produkte (Abb. 3.40, 3.41).

Wie bereits erwähnt, lag der Verkaufspreis der Produkte im Betrachtungszeitraum bei € 559,–; 5.000 Einheiten wurden abgesetzt. Aus dieser Konstellation resultieren die umseitig genannten Umsätze/Leistungen i. H. v. € 2.795.000. Alle weiteren Angaben

| | Gesamtergebnisrechnung | | Abgrenzungsrechnung | | | | Betriebsergebnisrechnung | |
			unternehmensbezogene Abgrenzungen		kostenrechnerische Korrekturen			
Konto	Aufwendungen	Erträge	neutrale Aufwendungen	neutrale Erträge	betriebl. Aufwdg.	verrechnete Kosten	Kosten	Leistungen
Umsatzerlöse		2.795.000						2.795.000
Rohstoffe	1.000.000		250.000				750.000	
Miete	500.000		300.000				200.000	
Löhne	250.000						250.000	
Gehälter	250.000		225.000				25.000	
kalkulat. Zinsen						75.000	75.000	
kalkulat. UN-Lohn						100.000	100.000	
Summen	2.000.000	2.795.000	775.000	0	0	175.000	1.400.000	2.795.000
Salden	795.000			775.000	175.000		1.395.000	

Abb. 3.40 Abgrenzungsrechnung; Beispiel Target-Costing. (Eigene Darstellung in Anlehnung an Schema von Deitermann et al. 2016, S. 362)

entstammen der umseitig genannten Auflistung und wurden verursachungsgerecht in die Tabelle der Abgrenzungsrechnung eingetragen.

Die zu den Geschäftsprozessen gehörenden **Angaben** liefern sogleich **Informationen** für die **Verteilung** der Kosten im **Betriebsabrechnungsbogen**/in der **Kostenstellenrechnung**. So sind die € 250.000 für den **Verbrauch** von **Material** in der **Verwaltung** und im **Vertrieb gleichermaßen** den beiden Kostenstellen **zugerechnet**.

Kostenstellenrechnung / Betriebsabrechnungsbogen					
Gemeinkostenarten	Daten Abgrenzungsrechnung	Kostenbereiche			
		I Material	II Fertigung	III Verwaltg.	IV Vertrieb
Einzelkosten					
Einkauf Rohstoffe	750.000		750.000		
Lohnaufwand	250.000		250.000		
Σ Einzelkosten	1.000.000		1.000.000		
Gemeinkosten					
Einkauf Rohstoffe	250.000			125.000	125.000
Mietaufwand	500.000	100.000	200.000	100.000	100.000
Gehaltsaufwand	250.000	75.000	25.000	75.000	75.000
kalkulatorische Zinsen	75.000		75.000		
kalk. UN-Lohn	100.000				100.000
Σ Gemeinkosten	1.175.000	175.000	300.000	300.000	400.000

Abb. 3.41 Kostenstellenrechnung/Betriebsabrechnungsbogen. (Eigene Darstellung in Anlehnung an Schema von Deitermann et al. 2016, S. 392)

Die Verteilung der Mietaufwendungen erfolgte im o. g. Verhältnis 4:2:2:2 sowie die Verteilung der Gehälter Verhältnis 1:3:3:3 auf die Kostenstellen 1 bis 4. Die auf das betriebsnotwendige Kapital bezogenen, kalkulatorischen Zinsen werden ausschließlich auf der Kostenstelle „Fertigung" berücksichtigt. Die Zuordnung des kalkulatorischen **Unternehmerlohns** auf die Kostenstelle **Vertrieb** erfolgt aus dem Grund, da der **Unternehmensinhaber** selbst **primär** mit dem **Verkauf** seiner Produkte **beschäftigt** ist.

Der Einsatz der Werte des Abrechnungsbogens in die Kostenträgerrechnung führt zu den Selbstkosten i. H. v. € 2.225.000, die wiederum mit der Summe der Kosten sowie der neutralen Aufwendungen des Betriebsabrechnungsbogens übereinstimmen müssen

$$\sum \text{Einzelkosten} \, € \, 1.000.000 + \sum \text{Gemeinkosten} \, € \, 1.175.000$$
$$= € \, 2.175.000$$

$$\sum \text{Kosten (Abgrenzungsrechnung)} \, € \, 1.400.000$$
$$+ \sum \text{neutrale Aufwendungen} \, € \, 775.000$$
$$= € \, 2.175.000$$

(Abb. 3.42).

Ausgehend von 5.000 verkauften Produkten errechnen sich Selbstkosten i. H. v. € 435,– pro **Stück**. Die Berücksichtigung eines Gewinnzuschlags von 20 % sowie ei-

Fertigungsmaterial	750.000	
+ Materialgemeinkosten	175.000	
= Materialkosten		925.000
Fertigungslöhne	250.000	
+ Fertigungsgemeinkosten	300.000	
= Fertigungskosten		550.000
= Herstellkosten d. Erzeugung		1.475.500
+ Verwaltungsgemeinkosten		300.000
+ Vertriebsgemeinkosten		400.000
= Selbstkosten		2.175.000

Abb. 3.42 Kostenträgerrechnung. (Deitermann et al. 2016, S. 399)

nes Rabattzuschlags von 4,6 % führt zu dem eingangs genannten Verkaufspreis i. H. v.
€ 559,–.

Berechnung des Gewinnzuschlags:

$$€\,435 \times 22,5\,\% \quad = €\,97,88,–$$
$$€\,435 + €\,97,88 \quad = €\,532,88$$

Berechnung des Rabattzuschlags:

$$((€\,532,88 \div 95,4) \times 100) = 558,57 - \text{aufgerundet: } €\,559,–$$

Die Berechnung des Verkaufspreises kann auch durch Multiplikation der Material-
und Fertigungseinzelkosten mit den Zuschlagssätzen

- der Fertigung,
- des Materials,
- der Verwaltung und
- des Vertriebs

erfolgen.

Die Rechenwege zur Ermittlung der der Zuschlagssätze im Einzelnen:

$$\text{Materialgemeinkostenzuschlagssatz} = \frac{\text{Materialgemeinkosten}}{\text{Fertigungsmaterial}} \times 100$$

$$\frac{175.000}{750.000} \times 100 = 23,33\,\%$$

$$\text{Fertigungsgemeinkostenzuschlagssatz} = \frac{\text{Fertigungsgemeinkosten}}{\text{Fertigungslöhne}} \times 100$$

$$\frac{300.000}{250.000} \times 100 = 120\,\%$$

$$\text{Verwaltungsgemeinkostenzuschlagssatz} = \frac{\text{Verwaltungsgemeinkosten}}{\text{Herstellkosten der Erzeugung}} \times 100$$

$$\frac{300.000}{1.475.000} \times 100 = 20,33\,\%$$

$$\text{Vertriebsgemeinkostenzuschlagssatz} = \frac{\text{Vertriebsgemeinkosten}}{\text{Herstellkosten der Erzeugung}} \times 100$$

$$\frac{400.000}{1.475.000} \times 100 = 27,12\,\%$$

Ausgehend von € 150 **Materialeinzelkosten** (750.000 ÷ 5.000) errechnen sich bei Multiplikation mit dem Satz von 23,33 % **Materialkosten** i. H. v. € 185 (aufgerundet).

Fertigungseinzelkosten i. H. v. € 50 (€ 250.000 ÷ 5.000 Stück) **multipliziert** mit dem **Fertigungsgemeinkostenzuschlagssatz** von 120 % ergeben **Gesamtfertigungskosten** i. H. v. € 110.

Die **Herstellkosten** der Erzeugung von € 295 **multipliziert** mit den **Zuschlagssätzen** der **Verwaltung** (20,33 %) und des **Vertriebs** (27,12 %) führen wiederum zu den **Selbstkosten** i. H. v. € 434,98 (aufgerundet: € 435).

Ungeachtet des angewandten Rechenwegs zur Ermittlung der Selbstkosten wird deutlich, dass für das Unternehmen **Handlungsbedarf** besteht. **Der** durch die Marketing-Abteilung recherchierte **Verkaufspreis** der **Konkurrenzprodukte** liegt zwar **oberhalb** der durch das Controlling ermittelten **Selbstkosten**, doch ist der **Listenpreis** i. H. v. € 559 auf Dauer **nicht** zu **halten**, wenn die Produkte **keine** kundenseitig wahrnehmbare **Funktionen/Merkmale aufweisen**, die den **höheren Preis rechtfertigen**. Unter Berücksichtigung der umseitig dargestellten Kalkulation und dem Gewinnzuschlag von 22,5 % liegen die **Zielkosten** des Unternehmens bei € 388,61.

€ 499 − 4,5 % Rabattabschlag = 476,05

€ 476,05 − 22,5 % Gewinnabschlag [(476,05 ÷ 122,5) × 100] = € 388,61

Für den Unternehmer stehen jetzt verschiedene **Maßnahmen** zur **Kostensenkung** zur Auswahl. Er kann

- den kalkulatorischen **Zins senken,**
- seine **Mitarbeit** in Form des kalkulatorischen **Unternehmerlohns** geringer bewerten,
- den **Gewinnzuschlag** oder
- den **Rabattzuschlag senken**

und seine Produkte zu einem nicht verhandelbaren Festpreis anbieten.

Egal wie die individuelle Lösung des Unternehmers im o. g. Beispiel aussieht, wird doch die Bedeutung des Target Costings und die Notwendigkeit der Zusammenarbeit und Abstimmung zwischen

- dem Marketing,
- dem Controlling und
- der Unternehmensleitung

offensichtlich. Ferner zeigt das Beispiel, dass die **Zielkostenrechnung** für gewinnorientiert wirtschaftende Unternehmen zur **Entscheidungsvorbereitung** verwendet werden kann.

Bezogen auf **Non-Profit-Unternehmen** z. B. des **Gesundheitswesens**, die auch als Beteiligte des dritten Sektors bezeichnet werden, kann die Anwendung der **Zielkostenrechnung** eine in monetärer Hinsicht **überlebensnotwendige Maßnahme** darstellen. Gesundheitsunternehmen wie

- stationäre Leistungserbringer (Krankenhäuser),
- niedergelassene Mediziner,
- medizinische Versorgungszentren (Durchführung ambulanter Operationen),

sind **stärker Gesetzen unterworfen** als privatwirtschaftliche Unternehmen (Gorschlüter 2001, S. 12) Zusätzlich zu Gesetzestexten wie z. B.

- dem Bürgerlichen Gesetzbuch (BGB),
- dem Handelsgesetzbuch (HGB),
- dem Kündigungsschutzgesetz (KSchG)

sind von Unternehmen des dritten Sektors zusätzlich

- das Sozialgesetzbuch (SGB),
- das Krankenhausentgeltgesetz (KEntgG),
- das Krankenhausfinanzierungsgesetz (KHG) oder
- die Fallpauschalenverordnung (FPV)

zu berücksichtigen.

Gemäß § 108 SGB zugelassene **Krankenhäuser** sind gemäß § 7 KHEntgG **verpflichtet**, die an und für Patientinnen und Patienten erbrachten medizinisch-pflegerischen **Leistungen lediglich** als

- **Fallpauschalen** nach auf Bundesebene vereinbartem Entgeltkatalog,
- **Zusatzentgelte** nach auf Bundesebene vereinbartem Entgeltkatalog oder
- **ergänzendes Entgelt** bei Überschreitung der Grenzverweildauer

abzurechnen.

Die seitens der Leistungserbringer an die Kostenträger (Krankenkassen oder selbstzahlende Patientinnen und Patienten) fakturierbaren Leistungen werden unter Berücksichtigung aller gestellten Diagnosen und Operationen mittels einer als „Grouper" bezeichneten Software zunächst zu einer **Fallpauschale** zusammengefasst. Diese Fallpauschalen werden, in Anlehnung an das ursprünglich aus Australien stammende Abrechnungssystem als DRGs (Diagnosis Related Groups) bezeichnet Den jährlich überarbeiteten Fallpauschalen, von denen inzwischen annähernd 1.200 existieren[4], ist eine **Wertigkeit** zugeordnet, die mit dem inzwischen landeseinheitlichen **Basisfallwert** multipliziert wird. Das **Produkt** der beiden Werte bildet den fakturierbaren **Betrag** der Krankenhäuser an seine Kostenträger. Die berechenbaren Beträge und durchführbaren Leistungen der Krankenhäuser sind **budgetiert**, damit **kein Wettbewerb** zwischen den einzelnen Häusern entsteht, der zu einer Verdrängung und somit zu einer Einschränkung der flächendeckenden Sicherung medizinischer Versorgung der Bevölkerung führt. In Abb. 3.43 ist das Schema der Leistungsabrechnung im Krankenhaus dargestellt.

Jährlich verhandeln Leistungserbringer und Kostenträger die Höhe des Budgets und die Anzahl der zu erbringenden Leistungen. Zu diesem Zweck bereiten Krankenhäuser eine Aufstellung der im Betrachtungszeitraum fakturierten Entgelte vor.

Insbesondere an Hand des Schemas in Abb. 3.43 wird deutlich, welchem „Problem" Leistungserbringer des dritten Sektors im Gegensatz zu privatwirtschaftlichen z. B. Produktions- oder Dienstleistungsunternehmen gegenüberstehen, das eine **Zielkostenrechnung** (Target-Costing) unverzichtbar macht: der **fehlenden** Möglichkeit zur **freien Preisbildung**.

Erschwerend zur Festlegung der Leistungspreise durch geltende Rechtsverordnung kommt die Tatsache, dass **Gesundheitsunternehmen** auf Grund der Inhalte von § 1 UWG (Gesetz zur Vermeidung von Wettbewerbsbeschränkungen) i. V. m. § 27 der Berufsordnung für Ärzte **nur** sehr **eingeschränkt Werbemaßnahmen** durchführen können. Eine Grauzone bildet in diesem Zusammenhang zwar das Internet, doch ist auch dieses Medium nur eingeschränkt als Werbeträger anzusehen, da auf Websites häufig lediglich organisatorische und/oder strukturelle Informationen der betreffenden Häuser zu finden sind. Informationen hinsichtlich der „Leistungsfähigkeit" im medizinisch-pflegerischen Bereich sind selten dargestellt und dürfen bedingt durch o. g. Vorschriften nicht erwähnt

---

[4] Vgl. Fallpauschalenkatalog 2018: die exakte Anzahl beträgt 1.248.

Struktur der stationären Leistungsabrechnung

- ICD,
- OPS,
- Stammdaten

„GROUPER"

DRG; Fallpauschale mit
Leistungsgewichtung
gemäß FPV

Leistungsgewicht (cw) x Base-Rate = berechenbarer Betrag

Beispiel

Entfernung von Varizen (Crossektomie)

Diagnose: I 83.9

Operationsschlüssel: 5-385.70

DRG: F39B

Abb. 3.43 Schematische Darstellung der Leistungsabrechnung im Krankenhaus

werden. Insofern werden Patientinnen und Patienten nicht auf die Existenz von Leistungserbringern aufmerksam – es sei denn, sie suchen danach.

Da **weder** über **Preise noch** über **Werbemaßnahmen** die Möglichkeit besteht, potentielle „Kunden" zu gewinnen und auf diese Weise den Umsatz zu steigern, bleibt
stationären Leistungserbringern **keine** andere **Möglichkeit**, als die **Kosten** intern an die
erlösbaren Budgets **anzupassen**. Damit dies auch so praktiziert wird, bieten neben den
Spitzenverbänden auch private Unternehmen MS-Excel-basierte Tools an, mit Hilfe derer
Krankenhäuser einfach in die Lage versetzt werden, ihre Zielkosten auf der Grundlage
der Erlöse eines abgelaufenen Geschäftsjahres zu ermitteln. Alle als DRG abgerechneten,
erbrachten Leistungen des Hauses werden in diesem Tool in eine Datentabelle kopiert, der
Basisfallwert eingetragen und in einer separaten Ergebnismaske werden dem Nutzer die
maximalen Kosten nach Kostenstellenbereichen aufgelistet.

Die Ergebnismaske ist in Abb. 3.43 zu sehen; in der äußersten linken Spalte sind die
Oberbegriffe der Kostenstellen-Bereiche und in Spalten die Funktionsbereiche dargestellt.

Die Verteilungsschlüssel für die in Abb. 3.44 erkennbaren Funktionsbereiche

- ärztlicher Dienst (ÄD),
- Pflegedienst (PFD),
- medizinisch-technischer Dienst/Funktionsdienst (MTD/FD),
- Implantations-/Transplantationsmedizin (Impl./Transpl.),
- den übrigen medizinischen Bedarf,
- die medizinische Infrastruktur sowie
- die übrige Infrastruktur (z. B. Verwaltung und IT)

sind variabel und können in der äußersten rechten Spalte individuell eingetragen werden.

G-DRG-Erlös-Tool ᵉᵃˢʸ **für Patientengruppen auf Basis des Landes-Basis-Fallwertes FP-Katalog 2013 (HFA) - Version 1.0**
[Quelle: G-DRG Report-Browser für HA V2011/2013 des InEK (www.g-drg.de)]

Musterkrankenhaus

Ihr Landes-Basis-Fallwert ?	2.729,96 €						

Sollen Zu- und Abschläge bei der Berechnung Berücksichtigung finden [ja/nein] : ja

Ihre importierten Daten :	Fallzahl:	CMI:	Casemix[CM]:	davon:	relativer CM	Zu-/Abschläge:	Tage:
	23.708	1,032	24.467,366		24.855,599	-388,233	196.213

daraus ermittelte Kennzahlen :	Ihre mVWD:	mVD lt. FPK:	Differenz:	Betten bei einer Auslastung von :	85%	632
	8,3	7,0	1,3			

Kostenstellen-Bereich	1. ÄD	2. PFD	3. MTD/FD	4. AM	5. Impl./Transpl.	6. Übriger med. Bedarf	7. Med. Infrastr.	8. Übrige Infrastr.	TOTAL	
1 Normalstation	6.095.203 €	11.981.934 €	640.494 €	1.155.416 €	- €	1.148.169 €	3.123.870 €	10.343.987 €	34.489.074 €	51,6%
2 Intensivstation	1.175.400 €	2.424.991 €	48.525 €	349.671 €	514 €	435.291 €	400.849 €	1.058.610 €	5.893.851 €	8,8%
3 Dialyseabteilung	979 €	2.316 €	230 €	377 €	- €	3.154 €	439 €	1.252 €	8.747 €	0,0%
4 OP-Bereich	2.225.926 €	- €	1.866.465 €	108.008 €	2.273.670 €	1.702.999 €	1.012.543 €	1.433.493 €	10.523.104 €	15,9%
5 Anaesthesie	1.693.408 €	- €	1.094.783 €	116.641 €	- €	377.812 €	229.965 €	467.824 €	3.980.434 €	6,0%
6 Kreißsaal	232.832 €	- €	514.857 €	27.811 €	- €	60.880 €	71.841 €	278.400 €	1.186.620 €	1,8%
7 Kard. Diagn./Therapie	37.243 €	- €	37.196 €	3.764 €	82.697 €	71.578 €	17.562 €	28.884 €	278.924 €	0,4%
8 Endosk. Diagn./Therapie	210.811 €	- €	218.087 €	9.487 €	6.697 €	147.949 €	94.466 €	146.075 €	833.573 €	1,2%
9 Radiologie	525.037 €	- €	614.805 €	15.444 €	32.129 €	585.405 €	255.952 €	428.958 €	2.457.729 €	3,7%
10 Labor	179.197 €	- €	762.558 €	342.560 €	226 €	1.124.706 €	104.868 €	346.149 €	2.860.264 €	4,3%
11 Übrige diagn./therap. Bereiche	814.946 €	45.679 €	1.918.710 €	26.457 €	260 €	325.502 €	200.037 €	851.019 €	4.182.610 €	6,3%
12 Basis	- €	- €	- €	- €	- €	- €	- €	- €	- €	
TOTAL 1	13.190.983 €	14.454.921 €	7.716.710 €	2.155.636 €	2.396.193 €	5.983.445 €	5.612.392 €	15.384.651 €	66.794.930 €	
Relativer Anteil an Gesamt (%) :	19,7%	21,6%	11,6%	3,2%	3,6%	9,0%	8,3%	23,0%		

TOTAL 2	Personal-Erlöse "Weiße Dienste"				Sachmittel-Erlöse		Erlöse Infrastruktur		TOTAL
	35.362.614				10.535.275		20.897.042		66.794.930 €
Relativer Anteil an Gesamt (%) :	52,9%				15,8%		31,3%		100,0%
Relativer Anteil an Gesamt (%) :	37,3%	40,9%	21,8%	6,1%	6,8%	16,9%	26,4%	73,6%	100,0%

Benchmarkkennzahlen:	1. ÄD	2. PFD	3. MTD/FD	4. AM	5. Impl./Transpl.	6. Übriger med. Bedarf	7. Med. Infrastr.	8. Übrige Infrastr.	TOTAL
Erlöse pro Fall :	556 €	610 €	325 €	91 €	101 €	252 €	233 €	649 €	2.817 €
Erlöse pro Berechnungstag :	67 €	74 €	39 €	11 €	12 €	30 €	28 €	78 €	340 €
Erlöse pro effektive Bewertungsrelation :	539 €	591 €	315 €	88 €	98 €	245 €	225 €	629 €	2.730 €
Erlöse pro Bett :	20.859 €	22.857 €	12.202 €	3.409 €	3.789 €	9.461 €	8.717 €	24.327 €	105.621 €

Abb. 3.44 DRG-Erlös-Tool für Krankenhäuser. (Kalkulationsschema bereitgestellt unter Thieme 2018 – www.medinfoweb.de; letzter Abruf am 26.03.2015)

Da eine **Zusammenfassung** und **Auflistung** aller **DRGs** gemäß der Fallpauschalenverordnung zum Zweck der Budgetverhandlungen **verpflichtend** ist, bedeutet die Anwendung eines Tools wie umseitig dargestellt einen **nur marginalen**, zusätzlichen **Aufwand** für die Krankenhäuser. Die Existenz und die kostenlose Verfügbarkeit demonstrieren die Notwendigkeit zur Praktizierung einer Zielkostenrechnung, die seitens der Spitzenverbände und privater Anbieter gleichermaßen unterstützt wird.

3.9 Ein- und mehrperiodische Ansätze des wertorientierten Controllings

Bereits im ersten Kapitel wurden 4 gängige und literarisch weit verbreitete **Controlling-Konzeptionen** vorgestellt und erläutert. Darüber hinaus wurde dargestellt, dass Controlling-**Aktivitäten** auf nahezu **alle** in der **Funktionsablauforientierung** eines Unternehmens auffindbaren **Abteilungen zugeschnitten** werden und dem **Operations Research** dienen können. Beispielhaft seien an dieser Stelle das

- Personalcontrolling
  - mit dem Ziel der Sicherstellung Verfügbarkeit von adäquatem Personal in qualitative und quantitativer Hinsicht, oder das
- Marketing- und Vertriebscontrolling
  - zum Zweck der Sicherstellung umsatzförderlicher Vertriebsmaßnahmen sowie der Aufrechterhaltung von Kundenzufriedenheit genannt.

Controlling-Instrumente werden häufig auf **Basis** der Daten der **Finanzbuchhaltung** erstellt. Ggf. erfolgt eine **ergänzende Trennung** der **Aufwendungen** und **Erlöse** in **Kosten-** und **Leistungen** mittels der **Abgrenzungsrechnung** (vgl. hierzu Beispiele in Abschn. 3.7 und 3.8).

Gegenstände des Kosten- und Erlöscontrollings sind die Personal- und oder Sachkosten bzw. die aus dem Absatz produzierter Güter oder erbrachter Dienstleistungen resultierenden Erlöse.

Ergänzend zu den o. g. genannten Angaben lässt sich jedoch zusätzlich – wie häufig in Großunternehmen/Konzernen praktiziert – ein „**wertorientiertes Controlling**" betreiben, dessen **Aufgaben** in der kontinuierlichen **Überprüfung** der **Verzinsung** des zur Wirtschaftstätigkeit **eingesetzten Kapitals** sowie der hiermit einhergehenden **Aufrechterhaltung** des **Unternehmenswertes** besteht. Die **Intention** des wertorientierten Controllings geht einher mit der im Rahmen der Investitionsrechnung stets zu berücksichtigenden **Verzinsung** eingesetzten **Kapitals** und stellt diese Überprüfung in den Mittelpunkt der Kontroll- und Steuerungsmaßnahmen (Kesten 2014, S. 5).

Der **Unternehmenswert resultiert**, losgelöst von immateriellen Aspekten wie dem Firmenwert etc., in erster Linie **aus** dem für Wirtschaftstätigkeiten **bereitgestellten Kapital**. Da dieses **anstelle** der **Bindung in** einem **Wirtschaftsunternehmen** für Investitionen

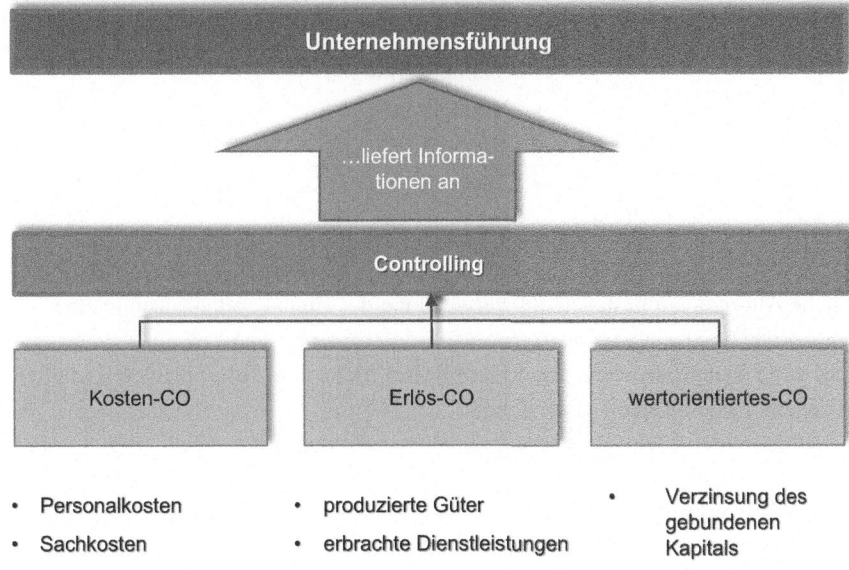

Abb. 3.45 Positionierung des wertorientierten Controllings im Unternehmen

etc. auch „**risikoarm**" und **zinsgewinnbringend** bei Kreditinstituten bzw. am Kapital-markt **angelegt** werden könnte, soll es eine adäquate Verzinsung zur Kompensation des Risikos erfahren. Die Verzinsung trägt zur Steigerung des Eigenkapitals und somit zur Steigerung des Unternehmenswertes bei (Abb. 3.45).

Als Beispiel zur Verdeutlichung sei ein Unternehmer angenommen, der seine Selbstän-digkeit mit den in u. a. Inventar aufgeführten Vermögensgegenständen beginnt.

I N V E N T A R	
Fahrzeug	50.000
BGA	2.500
Σ Anlagevermögen	**52.500**
Forderungen	2.500
Bank	15.000
Σ Umlaufvermögen	**17.500**
Darlehen	20.000
Σ Verbindlichkeiten	**20.000**
Eigenkapital	50.000

Zur Erinnerung sei der Rechenweg zur Bestimmung des Eigenkapitals erneut dargestellt:

> Anlagevermögen
> +   Umlaufvermögen
> ./.   Verbindlichkeiten
> =   Eigenkapital

Die in dieser Situation zu klärenden Fragen lauten:

- Welche Alternativen bestehen zur Verwendung des Eigenkapitals anstelle einer „Selbständigkeit"? und
- **Was** ist zu **beachten,** wenn das **Eigenkapital nicht** dem **Inhaber**/Gesellschafter des
Unternehmens/der Gesellschaft **gehört**
  – nämlich seitens Anteilseignern/Aktionären bereitgestellt wurde?

Für die **Übernahme** des unternehmerischen **Risikos erwarten Unternehmer** und auch
Anleger eine Entschädigung in Form einer angemessenen **Verzinsung** des bereitgestellten Kapitals. Das gebundene **Kapital** soll **höhere Erträge erwirtschaften, als** es bei
vergleichbaren Alternativen der Fall wäre – zum **Beispiel** am **Kapitalmarkt.** Die **Aktivitäten** im Rahmen des **wertorientierten Controllings** sind **daher** auf das auszurichten,
was als der **Shareholder-Value** bezeichnet wird; der Interessantheitsgrad des Unternehmens für Inhaber und Anleger in monetärer Hinsicht. Anders ausgedrückt: wie viel höher
ist der **Grad** der **Kapitalverzinsung** durch Anlage finanzieller Mittel in dem betreffenden
Unternehmen im Vergleich zur Anlage z. B. am Kapitalmarkt?

Eine **Steigerung** des **Shareholder Value** lässt sich erreichen, **wenn** die **Indifferenzgleichung**

$$E - A \geq K \times i \quad \text{bzw.}$$

$$r \geq i$$

im Rahmen der Tätigung von Geschäftsprozessen **erfüllt** wird (Wöhe et al. 2016, S. 185).

Den in der Formel enthaltenen Variablen liegen folgende Bedeutungen zu Grunde:

E = Erlöse
A = Aufwendungen
r = Verzinsung des eingesetzten Kapitals („rentability" in %)
K = Kapital
i = Zinssatz

(Ebda, S. 184).

Zur Ermittlung der Rentabilität ist wieder der Blick in die Daten der Finanzbuchhaltung – genauer ausgedrückt den aus Bilanz sowie G&V bestehenden Jahresabschluss
erforderlich.

Beispiel

Ein mittelständisches Unternehmen erstellt zum Ende des Geschäftsjahres die u. a. Gewinn- und Verlustrechnung sowie die u. a. Bilanz.

Gewinn- und Verlustrechnung

Lohnaufwand	5.000.000	Umsatzerlöse	10.000.000
Gehaltsaufwand	3.500.000		
Abschreibung	500.000		
Gewährleistungsaufwand	500.000		
Saldo / Gewinn	500.000		
	10.000.000		10.000.000

Bilanz

Anlagevermögen	9.000.000	Eigenkapital	10.000.000
Roh-, Hilfs-, Betriebsstoffe	8.000.000	Rückstellungen	500.000
Forderungen	1.500.000	Verbindlichkeiten	9.500.000
Bank	1.500.000		
	20.000.000		20.000.000

Zu Grunde gelegt wird ein Kapitalmarktzins i. H. v. 3,5 %; alle weiteren Angaben zum Einsatz in die umseitig genannte Indifferenzgleichung sind dem Jahresabschluss zu entnehmen.

$$E - A \geq K \times i$$
$$r \geq i$$
$$10.000.000 - 9.500.000 \geq 10.000.000 \times 3,5\%$$
$$500.000 \geq 350.000\%$$
$$5\% \geq 3,5\%$$

Die beiden o. g. **Prozentsätze** machen bereits **deutlich**, dass die **Indifferenzgleichung erfüllt** ist und die **Investition** in das **Unternehmen** eine **höhere Verzinsung** ermöglicht, **als** es am **Kapitalmarkt** der Fall wäre.

Problematisch für **Kapitalanleger** und/oder **Aktionäre** ist die Tatsache, dass der für **Ausschüttungen verwendbare Gewinn** durch die Bildung von Rückstellungen und Abschreibungsaufwendungen um insgesamt 1 Mio. **reduziert** ist. Die hieraus resultierende Steuerreduktion stellt zwar einen Vorteil für den Unternehmer dar, jedoch fühlen sich Anleger u. U. um ihre Dividenden betrogen.

Da der in der G&V ausgewiesene Gewinn nicht auf tatsächlichen Zahlungsflüssen basiert, werden Dividenden in der Praxis häufig auf Basis des bereits in Abschn. 3.6.4 behandelten **Kapitalflusses/Cash-Flows** kalkuliert, der den Gewinn um die Einstellungen in Rückstellungen sowie die Abschreibungen nach oben korrigiert (Wedell und

Dilling 2013, S. 222). Ein verkürztes Schema in Anlehnung an die E-DRS 28 hat folgendes Aussehen:

Jahresüberschuss	500.000
+ Abschreibungen	500.000
+ Einstellung in Rückstellungen	500.000
Kapitalfluss / Cash-Flow	**1.500.000**

Eine **Aufgabe** des wertorientierten **Controllings** lässt sich bereits aus der **Berechnung** des **oberhalb** des **G&V-Gewinns** liegenden **Cash-Flows** ableiten: die **Sicherstellung** der **Liquidität**. Ein gewisser Grad von Weitsicht ist in dieser Hinsicht tatsächlich angebracht, um eine Ausschüttung an Anteilseigner tatsächlich zu ermöglichen. Für o. g. Beispiel ist die **Ausschüttung** jedoch **unproblematisch**. An Hand der Bilanz ist zu erkennen, dass die **erforderlichen**, liquiden **Mittel** i. H. v. € 1,5 Mio. **verfügbar** sind.

Im Rahmen des **einperiodischen Ansatzes** muss das Controlling **sicherstellen**, dass der **Economic Value Added** (EVA) stets **positiv** ist. Als **EVA** wird die **Differenz** der **Gewinne** und der **Kapitalkosten** bezeichnet. Er basiert auf der bereits umseitig erwähnten Indifferenzgleichung.

$$E - A \geq K \times i$$

Ein **positiver EVA** deutet an, dass die **Mindestverzinsungsansprüche** der Anteilseigner **übertroffen** wurden. Aktionäre prüfen an Hand des Wertes das durch den Vorstand einer Aktiengesellschaft erwirtschaftete Jahresergebnis (Horváth et al. 2015, S. 215).

Der **Unternehmenswert** bzw. der Shareholder Value lässt sich im Rahmen einer **mehrperiodischen Betrachtung** als eine Art der **ewigen Rente** verstehen. Werden prospektiv steigende bzw. zumindest kontinuierliche Gewinne (E − A) unterstellt, lässt sich mittels Division der Gewinne durch die Kapitalkosten r der tatsächliche Unternehmenswert ermitteln (Wöhe und Döring 2013, S. 186). Formal bedeutet das:

$$UW = \frac{E - A}{r}$$
$$\frac{500.000}{5\%} = 10 \text{ Mio. EUR}$$

Um zu **vermeiden**, dass die **Anleger** ihr Geld **zinsgünstiger** und **risikoärmer** am Kapitalmarkt anlegen, ist der **Shareholder Value** kontinuierlich zu **steigern**. Diesbezügliche Möglichkeiten sind

- Unternehmenstransaktionen/umsatzwirksame Unternehmenszusammenschlüsse,
- Kostensenkungen durch Synergieeffekte,
- Standortverlagerungen,
- Kostensenkungen durch die Herbeiführung geringerer Fertigungsaufwendungen,
- Änderungen der Rechtsform (Wöhe et al. 2016, S. 184 ff.).

Dem **Controlling** kommen im Rahmen der **Unterstützung** einer **wertorientierten Unternehmensführung** mannigfache Aufgaben zu. **Entscheidungsvorbereitung** in Form eines regelmäßigen **Berichtswesens** und präziser **Kostenkalkulationen** sind in diesem Zusammenhang an erster Stelle zu nennen. **Driftet** der **Unternehmenswert** tatsächlich in **Größenordnungen** ab, die eine **Abwanderung** von **Kapitalanlegern** zur **Folge** haben können, ist die **Ursache** hierfür zu **ermitteln.** Liegt der **Grund** für zu hohe Aufwendungen in einem **Konflikt** der **Interessen** der **Unternehmensleitung und** den Interessen der **Anleger,** kommt dem **Controlling** einmal mehr die Aufgabe zu, als „**Sparringspartner**" für die Geschäftsführung aufzutreten. Die Notwendigkeit der Existenz von Anlegern, welche das für die Wirtschaftstätigkeit erforderliche Kapital zur Verfügung stellen, muss der Unternehmensleitung dann verdeutlicht werden (Abb. 3.46).

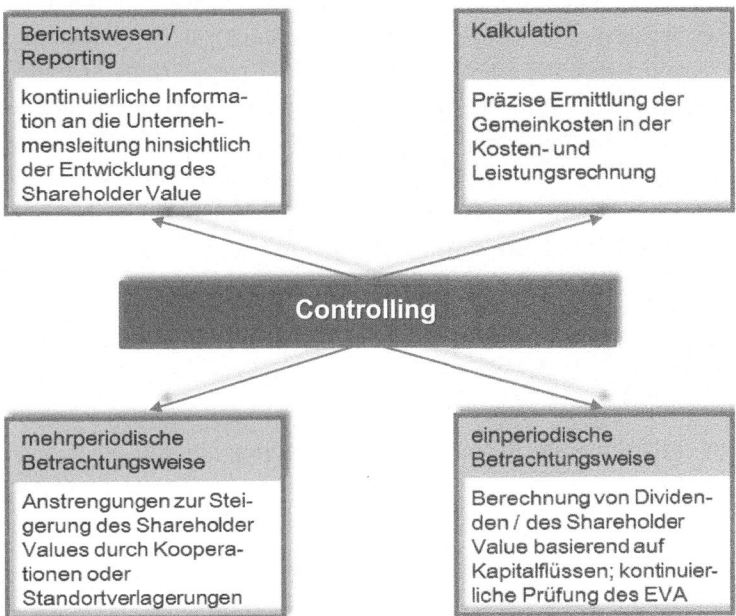

Abb. 3.46 Aufgaben des Controllings im Rahmen der wertorientierten Unternehmensführung

3.10   Zusammenfassung

Instrumente und **Maßnahmen** des **operativen Controllings** beziehen sich, gemäß literarisch häufig auffindbarer Erläuterungen, auf einen **Zeitraum** von **einem Jahr**, bzw. das
laufende Geschäftsjahr. Mit Blick auf die Tatsache, dass **Bauprojekte**, die literarisch
den strategischen Maßnahmen und Entscheidungen zugeordnet werden, mit modernen
Werkstoffen häufig bereits **innerhalb eines Jahres fertiggestellt** sind, soll die **Definition**
vom starren Zeitrahmen gelöst und wie folgt **ergänzt** werden: **operative Entscheidungen**
sowie die sich hierauf beziehenden **Instrumente** sind solche, die im **Rahmen** des **operativen** (Tages-)**Geschäfts realisierbar** sind und **keine organisatorischen Maßnahmen**
erforderlich machen. Im Gegensatz hierzu werden solche Maßnahmen als strategisch bezeichnet, die einen Zeitraum von mehr als 10 Jahren umfassen und mit der Notwendigkeit
organisatorischer Änderungen verbunden sind.

Das Controlling-Instrument des **Soll-Ist-Vergleichs** hat seinen **Ursprung** in den **Naturwissenschaften**, in denen die Prämisse gilt, dass lediglich messbare Vorgänge und
Prozesse auch steuerbar sind. Eine Produktionsmaschine, ein Küchengerät o. ä., das für
eine Anschlussspannung von 110 V ausgelegt ist, kann nicht ohne vorherige Installation
eines Transformators mit in Deutschland üblichen 200 V betrieben werden, ohne dass es
zerstört wird. Die Situation lässt sich auch auf die Wirtschaftswissenschaften übertragen,
indem unterstellt wird, dass ein mit der Erteilung von Handlungsanweisungen einher-
gehender Regelprozess in einem Wirtschaftsunternehmen zur Kostenreduktion nur auf
Basis einer detaillierten Kosten- und Erlösstruktur des Unternehmens möglich ist. Sofern
Abweichungen vom Plan vorliegen, sind darüber hinaus die „Verursacher" der Abweichungen relevant: die übermäßig hohe Kosten verursachenden **Kostenstellen** die auch als
Abteilungen innerhalb der funktionsablauforientierten Struktur bezeichnet werden.

Prüfen lassen sich außer der **Kostensituation** von Unternehmen auch alle anderen
entscheidungsrelevanten Aspekte wie die

- Umsatzsituation,
- die Erlössituation oder
- die Beschäftigungsabweichung.

Die grundsätzlichen **Anforderungen** an die **Messung** von Vorgängen und/oder Prozessen lauten

- Übereinstimmung,
- Zuverlässigkeit,
- Objektivität

der erhobenen Informationen sowie die

- Wirtschaftlichkeit,

gemäß derer der **Nutzen** der Informationserhebung deren **Kosten übersteigt**.

Die **Informationserhebung** kann situationsbezogen, **individuell** oder auch in Form eines **Berichtswesens**/Reportings erfolgen, das in Großunternehmen und Konzernen oft regelmäßig erstellt wird.

Ein im Rahmen der Anwendung von Investitionsrechnungsverfahren sinnvoll einzusetzendes Tool des Controllings stellt die **Regressionsanalyse** dar. Mit Hilfe statischer und dynamischer Investitionsrechnungsverfahren lässt sich u. a.

- die Rentabilität,
- die Verzinsung,
- die Amortisation

des im Rahmen eines Investitionsprojekts **eingesetzten**/gebundenen **Kapitals** bestimmen. Weitaus **aufwendiger**, problematischer **und** auch **risikoreicher** als der Einsatz von Werten in Formeln der Investitionsrechnungsverfahren **ist** die **Bestimmung** der zu **erwartenden Rückflüsse**, die für die Berechnung erforderlich sind. Rückflüsse lassen sich durch

- Kundenbefragungen,
- Recherche in Statistiken oder
- die Analyse von Vergangenheitswerten

ermitteln, aus denen sich maximal eine **Punktewolke** erstellen lässt, wenn Befragungs-/ **Untersuchungsergebnisse** aus Unternehmen stammen, die in **Art** und **Umfang nicht** mit demjenigen **übereinstimmen**, das Interesse an ihnen bekundet. **Erforderlich** ist in einer solchen Situation zunächst eine „**Glättung**" der Daten, **um** hieraus eine solide **Entscheidungsbasis** zu kreieren. Ein adäquates Tool ist in diesem Zusammenhang die **Regressionsanalyse**, die mit Hilfe der Methode der kleinsten Quadrate die sog. ideale Gerade durch eine Punktewolke und somit z. B. den Durchschnittspreis, -umsatz, -kosten, etc. eines Produkts oder einer Dienstleistung ermittelt. Mathematisch wird die Steigung „b" einer allgemeinen Geradengleichung (s. o.: Suche nach der idealen Geraden)

$$y = a + bx$$

über eine Regressionsgerade und die Formel

$$b = \frac{n \times (\sum xy) - (\sum x) \times (\sum y)}{n \times (\sum x^2) - (\sum x)^2}$$

berechnet.

Ursprünglich der Kosten- und Leistungsrechnung zugeordnet ist ein weiteres Instrument des operativen Controllings: die **Break-Even-Analyse**, die auch als die **Gewinnschwellenanalyse** bezeichnet wird. Sie wird **eingesetzt, um festzustellen**, ab welcher **Anzahl** erbrachter **Leistungen** oder verkaufter **Produkte** die erwirtschafteten **Umsätze** die entstandenen **Kosten übersteigen** und das Unternehmen mit der Gewinnerzielung beginnt.

Unerlässlich für die Durchführung einer **Gewinnschwellenanalyse** ist die **Aufteilung** der **Gesamtkosten** des Unternehmens in

- Fixkosten und
- variable Kosten.

Im kartesischen Koordinatensystem wird die Umsatz- der Kostengeraden gegenübergestellt und der Schnittpunkt beider Geraden ermittelt. Da Umsätze mit jeder verkauften Einheit bzw. durch jede erbrachte Dienstleistung erzielt werden, ist die formale Darstellung recht einfach:

$$U = Px$$

... wobei die Variable P den Produkt- oder Dienstleistungspreis und x die abgesetzte Menge symbolisiert.

Die allgemeine Geradengleichung

$$y = a + bx$$

lässt sich als Ausgangspunkt für die Bildung einer Kostenfunktion verwenden, wobei die Variable

- y die Gesamtkosten,
- a die Fixkosten,
- b die variablen Kosten und
- x die ausgebrachte Menge an Produkten und/oder Dienstleistungen

verkörpert. Hieraus resultiert dann die Gesamtkostenfunktion

$$K(x) = K_F + (K_v \times x).$$

Die Ermittlung der Gewinnschwelle erfolgt im Rahmen der BEA dann entweder grafisch unter Verwendung einer Wertetabelle für Umsätze und Kosten, deren Daten im 2. Quadranten des kartesischen Koordinatensystems eingetragen werden oder durch Gleichsetzen der beiden Funktionen $U_{(x)}$ und $K_{(x)}$.

Ein Instrument, dessen grafische Lösung ebenfalls zu einem Schnittpunkt von zwei Geraden im 2. Quadranten des kartesischen Koordinatensystems führt, dessen Aussage jedoch völlig von der BEA abweicht ist die **Plankostenrechnung**, die literarisch auch häufig als **Beschäftigungsabweichungsanalyse** bezeichnet wird. Sie arbeitet nicht mehr ausschließlich mit Ist- sondern mit Plandaten hinsichtlich der

- Umsätze,
- Kosten oder
- Leistungen

eines Unternehmens.

Die **Erhebung** der hierzu erforderlichen **Informationen** geschieht **in** der betrieblichen **Praxis** häufig in **Zusammenarbeit** des **Controllings** mit

- dem Personalwesen,
- den Bereichsleitern der Funktionsbereiche sowie in Abhängigkeit der Branche auch
- den Bereichsleitern der vorhandenen Funktionsbereiche.

Die **Ziele** der Beschäftigungsabweichungsanalyse liegen in

- der Verifikation der Plankosten,
- der Verifikation der geplanten Fixkosten sowie
- der Überprüfung der Einhaltung von Leistungsvorgaben,

… was ggf. zur Bildung des Begriffs der Beschäftigungsabweichungsanalyse geführt hat.

Zu Grunde liegen der Plankostenrechnung die Sollkosten sowie die verrechneten Plankosten;

$$\text{Sollkosten} = \text{Fixkosten} + (\text{Plankostensatz} \times \text{Beschäftigung})$$
$$\text{verrechnete Plankosten} = \text{Beschäftigung} \times \text{Plankostenverrechnungssatz}$$

sowie der Plankostensatz und der Plankostenverrechnungssatz.

$$\text{Plankostensatz} = \frac{\text{variable Plankosten}}{\text{Planbeschäftigung}}$$
$$\text{Plankostenverrechnungssatz} = \frac{\text{geplante Gesamtkosten}}{\text{Planbeschäftigung}}.$$

Die **grafische Lösung** auf Basis von Wertetabellen, die durch die Anwendung der o. g. Formeln erstellt wurden, führt zu zwei **Geraden** im zweiten Quadranten des kartesischen Koordinatensystems, von denen die der **Sollkosten**, auf Grund der **isolierten Fixkosten** auf der **Ordinate** in **Höhe** des **Betrags** der **Fixkosten** beginnt. Die Gerade der **verrechneten Plankosten** verläuft, auf Grund der bereits beinhalteten „verrechneten" Fixkosten durch den **Ursprung** des **Koordinatensystems**. Der **Schnittpunkt** der beiden Geraden kennzeichnet das **Maximum** der **Kosten** sowie die **maximale**, geplante

Beschäftigung/Anzahl von **Leistungen.** Trägt man als Anwender des Tools **Istwerte** ein und liegen diese für einen Beschäftigungsgrad von x **oberhalb** der **Sollkosten,** so wurden **mehr** Kosten im Rahmen des laufenden Betriebs **verursacht,** als es gemäß der Planung hätte sein dürfen. **Grund** dafür können **Überschreitungen** der **Vorgaben** durch Mitarbeiterinnen und Mitarbeiter, **oder** aber ein seitens der Unternehmensleitung **zu gering geplanter Fixkostenblock** sein.

Liegen die **Kosten** für einen Beschäftigungsgrad von x jedoch **unterhalb** der der **verrechneten Plankosten** ist davon auszugehen, dass die **Fixkosten** seitens der Unternehmensleitung **zu großzügig** geplant/**kalkuliert** wurden.

Obwohl die Plankostenrechnung in erster Linie eine Kostenbetrachtung darstellt, eignen sich ihre Ergebnisse auch zur Prüfung der Beschäftigung, bzw. der tatsächlichen Auslastung verfügbarer Kapazitäten.

Unternehmerische Geschäftstätigkeiten und Entscheidungen unterliegen häufig Unsicherheiten, welche die langfristige Existenz des Unternehmens gefährden können. Diese Unsicherheiten können, in Abhängigkeit der Ursache als

- marktwirtschaftliche,
- leistungswirtschaftliche oder
- finanzwirtschaftliche

Risiken bezeichnet werden.

Unternehmen sind **selten** in der Lage, **sämtliche Geschäftstätigkeiten** aus **Eigenkapital zu finanzieren.** Forderungsausfälle, Investitionen usw. machen **Zwischenfinanzierungen** erforderlich, für die wiederum **Fremdkapital** benötigt wird. Sind **Kapitaldienste/**Rückzahlungen in Anspruch genommenen Fremdkapitals **nicht möglich,** weil markt-, leistungs- und/oder finanzwirtschaftliche Risiken nicht ausreichend gewürdigt wurden, **droht** Illiquidität und **Insolvenz** des betroffenen Unternehmens.

Im Rahmen einer umfangreichen **Risikoanalyse** sind daher z. B. vor Investitionsentscheidungen sind daher

- **Kapitaldienste** über die gesamte **Nutzungsdauer** von Investitionsobjekten zu berücksichtigen,
- erwartete **Umsatzsteigerungen** eher pessimistisch als optimistisch zu beurteilen,
- und an Hand zu erwartender **Überschüsse** zu entscheiden, ob diese eine **ausreichende Liquidität sicherstellen** können.

Sofern die **Anzahl** der buchhalterisch zu erfassenden **Geschäftsprozesse** innerhalb eines Unternehmens die Erstellung eines **Berichtswesens** nicht mehr ermöglicht, bzw. der **Aufwand** zu seiner Erstellung den **Nutzen übersteigt,** weil die **Übersicht nicht** mehr **gewährleistet** ist, greifen Controlling und Unternehmensleitung gerne zu Kennzahlen, um die wirtschaftliche/finanzielle Situation des Unternehmens zu beurteilen und im Falle des Auftretens von Abweichungen entsprechend zu steuern.

Kennzahlen spiegeln in verdichteter und quantitativ **messbarer** Form relevante **Zusammenhänge** eines Unternehmens wider und bilden in Form von Gruppierungen **Ergebnisziele** ab. Ihr Ursprung liegt in der Bilanzanalyse, sie lassen sich in monetäre, nicht-monetäre sowie absolute und relative unterscheiden.

Als Beispiele für **monetäre** Kennzahlen können

- der Gewinn,
- die Eigenkapitalquote,
- die Anlagendeckung oder auch
- die Wirtschaftlichkeit

angeführt werden.

Beispiele für **nicht-monetäre** Kennzahlen sind

- der Angebotserfolg,
- die Reklamations- oder Schlechtleistungsquote sowie
- die Lagerumschlagshäufigkeit aus dem Bereich der Materialwirtschaft.

Das weltweit bekannteste Kennzahlensystem stammt aus dem Jahr 1919 und wurde vom US-amerikanischen Chemiekonzern **Du-Pont** entwickelt. Hauptmerkmal des Systems ist der sog. **Return on Investment** (ROI), der als Kennzahl die **Verzinsung** des **gesamten**, dem Unternehmen zur Verfügung stehenden **Kapitals** (Bilanzsumme) verkörpert.

Eine Kennzahl, die viele Jahre primär seitens des Controllings angewandt wurde und seit Inkrafttreten des **Bilanzrechtsmodernisierungsgesetzes** 2010 gemäß § 264 HGB **verpflichtend** von **kapitalmarktorientierten Kapitalgesellschaften** anzuwenden ist, ist der „Cash-Flow" der in deutscher Sprache als **Kapitalflussrechnung** bezeichnet wird. Seine Berechnung bereinigt den Unternehmensgewinn um alle Positionen des Jahresabschlusses, die nicht auf Zahlungsmittelflüssen basieren.

Basierend auf den Daten der Kosten- und Leistungsrechnung wird seitens des Controllings **Fixkostenmanagement** betrieben. Fixkosten werden als **Kosten** der **Betriebsbereitschaft** bezeichnet und **entstehen** auch dann, **wenn keine betrieblichen Leistungen erbracht werden**. Sie sind **überwiegend** den **Gemeinkosten** zuzurechnen; beispielsweise handelt es sich um Miete, Abschreibung, Versicherungen und/oder Beiträge. Fixkosten werden häufig **während** Phasen **wirtschaftlichen Aufschwungs aufgebaut**. Während **Rezessionsphasen** besteht für Unternehmen dann häufig die Notwendigkeit sowie einhergehend hiermit die **Problematik**, Fixkosten, die mit **Kapitaldiensten** einhergehen und die **Liquidität belasten**, wieder **abzubauen**. Fixkosten resultieren oftmals

- aus der Bindung an langfristige Verträge,
- aus der gesetzlich festgelegten Nutzungsdauer von Vermögensgegenständen (vgl. § 7 Abs. 1 EStG)

und führen dementsprechend zur **Notwendigkeit** der Leistung von **Kapitaldiensten**, die kurzfristig nicht beeinflussbar sind.

Handlungsoptionen zum Abbau von Fixkosten bestehen

- in der Umschuldung,
  - ... der Wandlung von kurz- in längerfristige Darlehen (zu günstigeren Zinskonditionen),
- der Entscheidung zum Erwerb von Eigentum,
  - ... anstelle der Inanspruchnahme von Leasing

sowie in der

- Reduktion kalkulatorischer Kosten,
  - die innerhalb der Abgrenzungsrechnung das Betriebsergebnis verschlechtern und die Erfordernis zu Preissteigerungen suggerieren.

Wenn **Märkte** sich von **Verkäufer-** zu **Käufermärkten wandeln**, besteht für die Anbieter nicht mehr die Möglichkeit, ihre Preise über die Ermittlung der Selbstkosten und der Addition eines Gewinnzuschlags zu ermitteln. Die **maximalen** „Vorgaben" **resultieren** dann aus den Preisen, welche Nachfrager für Produkte und/oder Dienstleistungen zu zahlen bereit sind. Aus diesen vorgegebenen Preisen müssen Unternehmen die möglichen Kosten ableiten und das betreiben, was als eine **Zielkostenrechnung** bzw. mit dem Anglizismus des **Target Costing** bezeichnet wird. Wichtige Datenbasis zur Entscheidungsvorbereitung hinsichtlich der Kostenanpassung sind die Kostenstellen- und die Kostenträgerrechnung.

Insbesondere in Non-Profit-Unternehmen und/oder Gesundheitsunternehmen kann die Anwendung einer Zielkostenrechnung für das wirtschaftliche Überleben entscheidend sein, da hier die berechenbaren „Preise" für erbrachte Leistungen seitens des Gesetzgebers festgelegt sind.

Neben den auf die einzelnen Bereiche der Funktionsablauforientierung eines Unternehmens zugeschnittenen Controlling-Aktivitäten wie

- Personalcontrolling oder
- Marketingcontrolling,

die Daten für die **Entscheidungsvorbereitung** liefern, überprüfen und beeinflussen in manchen Unternehmen insbesondere Mitarbeiterinnen und Mitarbeiter des Finanzcontrollings kontinuierlich die **Entwicklung** des **Unternehmenswertes** bzw. der **Verzinsung** des für die Wirtschaftstätigkeit **eingesetzten Kapitals**. Diese **Betrachtungsweise** ist nicht ausschließlich für den/die **Unternehmensinhaber** interessant, sondern auch für **Anteilseigner/Aktionäre**, die für die Bereitstellung ihres Kapitals eine angemessene Verzinsung in Form von zum Jahresende auszuschüttenden **Dividenden** erwarten.

Die Aktivitäten des wertorientierten Controllings sind daher auf das auszurichten, was mit dem Anglizismus des **Shareholder Value** bezeichnet wird – dem **Interessantheitsgrad** eines Unternehmens für Anleger und Anteilseigner aus **monetärer Sicht**. Eine Steigerung des Shareholder Value wird erreicht, wenn die Erlöse (E) abzüglich der Ausgaben (A) das Kapital (K) multipliziert mit dem am Kapitalmarkt erreichbaren Zinssatz (i) übersteigen. Formal lässt sich die Berechnung wie folgt darstellen:

$$E - A \geq K \times i \text{ bzw.}$$
$$r \geq i$$

Kapitalanleger werden dem Unternehmen nur dann „treu" bleiben, wenn die **Kapitalverzinsung „r" größer** bleibt **als** eine am **Kapitalmarkt** realisierbare **Verzinsung** zu einem Zinssatz „i". Sollte dies nicht der Fall sein, werden Anleger dazu tendieren, ihr Kapital „risikoärmer" z. B. bei einem Kreditinstitut zu festen oder variablen Zinssätzen anzulegen.

Im Rahmen des wertorientierten Controllings werden alle Maßnahmen vorbereitet und eingeleitet, um eine Abwanderung der Anleger aus dem Unternehmen zu vermeiden.

3.11 Wiederholungs- und Kontrollfragen

1. **Regressionsanalyse – Bezug:** Abschn. 3.2
   Eine Hotelkette plant die Leistungsdiversifikation in Form einer Fahrzeugvermietung, um Gästen, losgelöst von Kooperationen mit existenten Anbietern, Mietfahrzeuge zur Verfügung stellen zu können. Als Neueinsteiger in die Branche besteht noch Unkenntnis hinsichtlich der erzielbaren Umsätze. Hinsichtlich der Zimmerbelegung rechnet das Unternehmen mit einer Anzahl von 20 bis 30 benötigten Fahrzeugen, für die ein durchschnittlicher Umsatz ermittelt werden soll. Durch Recherche in Form von Befragungen und Marktforschungsaktivitäten liegen die folgenden Informationen hinsichtlich der Mitbewerbersituation vor.

Lfd. Nummer	Anz. Mietwagen (x)	Umsätze (y)
1	5	595
2	10	510
3	15	785
4	20	1.640
5	25	1.865
6	30	1.930
7	35	2.605
8	40	3.010
9	45	3.505

Lfd. Nummer	Anz. Mietwagen (x)	Umsätze (y)
10	50	3.200
11	55	3.295
12	60	3.690
13	65	4.135
14	70	4.380

Bereits auf den ersten Blick ist erkennbar, dass die durchschnittlichen Umsätze nicht konstant sind. Kunden mieten die Fahrzeuge für unterschiedlich Dauern, die von einer Stunde bis zu mehreren Tagen reichen. Insofern ist keine Beantwortung der Frage möglich, ob die Umsatzsituation für Anbieter mit mehr als 50 Fahrzeugen aussichtsreicher ist als für Anbieter mit weniger als 20 usw. Die Aufgabe besteht nun darin, einen Durchschnittswert der Umsätze aller 14 identifizierten Mitbewerber zu errechnen, da dieser Wert als Basis für die Gewinnschwellenanalyse verwendet werden soll. Die Ergebnisse der o. g. Tabelle sind umseitig grafisch in Form einer Punktewolke dargestellt. Ermitteln Sie den durchschnittlich erzielbaren Umsatz unter Einsatz der Methode der kleinsten Quadrate.

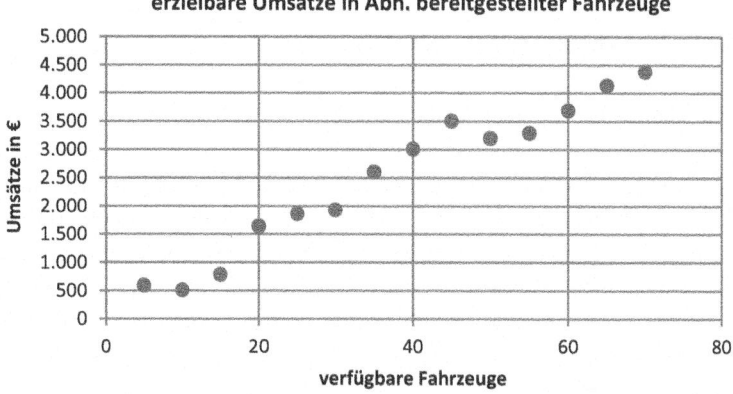

2. **Break-Even-Analyse – Bezug:** Abschn. 3.3
   Die private, regionale Airline „Easyair" erhält von der staatlichen Fluggesellschaft das Angebot, 2.000 Flüge in deren Namen durchzuführen, da beim staatlichen Luftfahrtunternehmen Kapazitätsengpässe aufgetreten sind.
   Die Flüge sollen jeweils mit einem Betrag von € 45,– vergütet werden. Der „Easyair" entstehen Fixkosten für die Abschreibung der Flugzeuge, Darlehenstilgungen, Versicherung etc. i. H. v. € 90.000 sowie variable Kosten pro Flug i. H. v. € 11,25.
   Berechnen Sie die kritische Menge und nehmen Sie Stellung zu der Frage, ob die „Easyair" den Auftrag des staatlichen Luftfahrtunternehmens annehmen sollte oder nicht.

3. **Break-Even-Analyse – Bezug:** Abschn. 3.3

   Ein deutscher Fahrzeughersteller kauft die Motorhauben eines Fahrzeugtyps gestanzt und lackiert zu einem Preis von € 110 pro Stück bei einem Lieferanten zu. Jährlich werden hiervon 5.000 Einheiten benötigt. Das Controlling stellt im Rahmen einer Revision der Fertigung fest, dass durch Re-Organisation in der internen Blechschlosserei Kapazitäten verfügbar werden und möchte prüfen, ob die Motorhauben zu einem günstigeren Preis selbst gefertigt werden könnten.

   Dem Fahrzeughersteller entstehen Fixkosten für die Gehälter, Miete der Produktionsstätte, etc. i. H. v. € 250.000 sowie variable Kosten pro Bauteil i. H. v. € 65,–.

   Berechnen Sie die kritische Menge und nehmen Sie Stellung zu der Frage, ob der Fahrzeughersteller bei gegebener Kostensituation in der Lage ist, die Motorhauben zu einem günstigeren als dem Zukaufpreis selbst zu fertigen.

4. **Plankostenrechnung/Beschäftigungsanalyse – Bezug:** Abschn. 3.4

   Erläutern die Bedeutung der im Rahmen der Plankostenrechnung zu ermittelnden Sollkosten sowie der verrechneten Plankosten.

5. **Plankostenrechnung/Beschäftigungsabweichungsanalyse – Bezug:** Abschn. 3.4

   Erläutern Sie den Unterschied zwischen Plankosten- sowie dem Plankostenverrechnungssatz.

6. **Plankostenrechnung/Beschäftigungsanalyse – Bezug:** Abschn. 3.4

   Ein Beratungsunternehmen ermittelt Gesamtkosten i. H. v. € 250.000, wovon 25 % als variabel anzusehen sind. Die geplante Beschäftigung liegt bei 7.500 Einheiten. Berechnen Sie den Plankosten- sowie den Plankostenverrechnungssatz.

7. **Plankostenrechnung/Beschäftigungsanalyse – Bezug:** Abschn. 3.4

   Ein mittelständisches Dienstleistungsunternehmen erbringt Wartungs- und Reparaturdienstleistungen an Werkzeugmaschinen von Kunden im In- sowie angrenzenden Ausland. 25 Angestellte führen ausschließlich die o. g. Wartungen und Reparaturen durch.

   a) Bestimmen Sie die maximale Beschäftigung (in Tagen), wenn von den 365 Kalendertagen 52 Wochenenden sowie 11 Feiertage zu subtrahieren sind und jedem der Mitarbeiter außerdem 30 Tage Urlaub zustehen.

   b) Ermitteln Sie den maximal erreichbaren Umsatz, wenn pro Einsatztag durchschnittlich € 1.500 erwirtschaftet werden.

   c) Berechnen Sie die Sollkosten sowie die verrechneten Plankosten ausgehend von erwarteten Gesamtkosten i. H. v. € 6.050.000 und einem Fixkostenanteil von 40 %.

   d) Zeichnen Sie die Ergebnisse in ein Koordinatensystem und interpretieren Sie die Punkte
      - Beschäftigung: 3.000; Kosten 3.000.000
      - Beschäftigung: 3.000; Kosten 4.000.000
      - Beschäftigung: 3.000; Kosten 5.000.000

8. **Risikoanalyse und -einschätzung – Bezug:** Abschn. 3.5

   Nennen und erläutern Sie mögliche Bedrohungen für die Korrektheit unternehmerischer Entscheidungen.

9. **Risikoanalyse und -einschätzung – Bezug:** Abschn. 3.5
   Ein Unternehmen plant die Erweiterung seines Leistungsportfolios, um an der in diesem Bereich erwarteten Absatzsteigerung von 1,5 % zu partizipieren. Um die Erweiterung des Leistungsportfolios realisieren zu können, ist jedoch die Aufnahme von
   Fremdkapital erforderlich. Die Umsatz-/Kostensituation des Unternehmens gestaltet
   sich wie folgt:

Jahresumsatz	1.500.000
Monatliche Kosten	110.000
Erwartete Absatzsteigerung	1,5 % (siehe Aufgabentext)
Erforderliches Fremdkapital	750.000
Laufzeit des Kredits	4 Jahre
Zinssatz	5 %

   Berechnen Sie das finanzielle Risiko und sprechen Sie eine Empfehlung aus, ob das
   Unternehmen das Risiko auf sich nehmen sollte, oder nicht.
10. **Kennzahlen – Bezug:** Abschn. 3.6
    Erläutern Sie, bezüglich welcher Aspekte Kennzahlen grundsätzlich unterschieden
    werden können.
11. **Kennzahlen – Bezug:** Abschn. 3.6
    Betrachten Sie die u. a. Beispielbilanz und ermitteln Sie an Hand der verfügbaren Informationen

BILANZ

Gebäude	250.000	Eigenkapital	150.000
technische Anlagen	125.000		
Betriebs-und Geschäftsausstattung	75.000	langfristige Darlehen bei Kreditinstituten	250.000
Roh-, Hilfs-und Betriebsstoffe	125.000	Lieferantenverbindlich-keiten	325.000
Forderungen	125.000		
Bank	25.000		
	725.000		725.000

   • den Grad der finanziellen Unabhängigkeit
   • die Anlagendeckung und
   • die Vermögensstruktur
12. **Kennzahlen – Bezug:** Abschn. 3.6
    Betrachten Sie die nachstehend abgebildete Bilanz sowie Gewinn- und Verlustrechnung und berechnen Sie den Return on Investment und die Gesamtkapitalrentabilität.

Wie beurteilen Sie das Ergebnis des ROI?

BILANZ

Anlagevermögen		Eigenkapital	14.500.000
BGA	7.500.000		
Fuhrpark	10.000.000	**Fremdkapital**	
Umlaufvermögen		langfr. Verbindlichk.	15.000.000
Forderungen	20.000.000	kurzfr. Verbindlichk.	10.500.000
Bank	5.000.000	Rückstellungen	2.500.000
Summe	42.500.000	**Summe**	42.500.000

Gewinn- und Verlustrechnung	
Umsätze aus Lieferungen und Leistungen	50.000.000
Personalaufwand	25.000.00
Abschreibungen	5.000.000
Materialaufwand	5.000.000
Mietaufwand	5.000.000
Gewinn vor Steuern	*10.000.000*

13. **Kennzahlen – Bezug:** Abschn. 3.6

Erläutern Sie die Vorgehensweise bei der Bestimmung des Cash-Flow/des Kapitalflusses.

14. **Kennzahlen – Bezug:** Abschn. 3.6

Eine kapitalmarktorientierte Kapitalgesellschaft weist zum Ende des Geschäftsjahres die folgende Gewinn- und Verlustrechnung aus. Berechnen sie den Cash-Flow und interpretieren Sie das Ergebnis im Vergleich zu dem des Vorjahres, das bei 200.000 € lag

Gewinn- und Verlustrechnung

Lohn-/ Gehaltsaufwand	350.000	Umsatzerlöse	900.000
Materialaufwand	250.000	aktivierte Eigenleistung in AV	150.000
AfA auf BGA	150.000	Erträge aus Wertzuschreibung UV	50.000
Gewährleistungsaufwand (Rückst.)	100.000		
Gewinn	250.000		
	1.100.000		1.100.000

15. **Fixkostenmanagement – Bezug:** Abschn. 3.7

    Erläutern Sie, aus welchem Grund die Beeinflussung von Fixkosten für Unternehmen problematisch und nennen Sie diesbezügliche Beispiele.

16. **Fixkostenmanagement – Bezug:** Abschn. 3.7

    Erläutern Sie das Kontrollinstrument der betriebswirtschaftlichen Auswertung (BWA) und nennen Sie seine Vor- und Nachteile.

17. **Target Costing – Bezug:** Abschn. 3.8

    Erläutern Sie den Begriff des Target Costing.

18. **Target Costing – Bezug:** Abschn. 3.8

    Ein Fertigungsunternehmen kann 6.000 Einheiten seiner Produkte absetzen. Ein 15%iger Gewinnzuschlag sowie ein 5%iger Rabattzuschlag soll berücksichtigt werden. Bestimmen Sie an Hand der nachfolgend abgebildeten Kostenstellenrechnung und unter Zuhilfenahme der vorgegebenen tabellarischen Kostenstellenrechnung die Selbstkosten des **Unternehmens**.

    Errechnen Sie weiterhin, unter Berücksichtigung der o. g. Gewinn- und Rabattzuschläge den Listenpreis der Produkte und beurteilen Sie, ob bei einem Marktpreis i. H. v. € 399,–, welcher von Mitbewerbern angeboten wird, eine Anpassung der Kosten erforderlich ist.

Kostenstellenrechnung / Betriebsabrechnungsbogen					
Kostenarten	Daten Ab-grenzungs-rechnung	Kostenbereiche			
		I Material	II Fertigung	III Verwaltg.	IV Vertrieb
Einzelkosten					
Einkauf Rohstoffe	650.000		650.000		
Lohnaufwand	300.000		300.000		
Σ Einzelkosten	950.000		950.000		
Gemeinkosten					
Einkauf Rohstoffe	200.000			100.000	100.000
Mietaufwand	400.000	75.000	200.000	75.000	50.000
Gehaltsaufwand	250.000	75.000	25.000	75.000	75.000
kalkulatorische Zinsen	100.000		100.000		
kalk. UN-Lohn	150.000				150.000
Σ Gemeinkosten	1.100.000	150.000	325.000	250.000	375.000

Fertigungsmaterial		
+ Materialgemeinkosten		
= Materialkosten		
Fertigungslöhne		
+ Fertigungsgemeinkosten		
= Fertigungskosten		
= Herstellkosten d. Erzeugung		
+ Verwaltungsgemeinkosten		
+ Vertriebsgemeinkosten		
= Selbstkosten		

19. **wertorientiertes Controlling – Bezug:** Abschn. 3.9

Von einer Aktiengesellschaft liegen folgende Bilanz sowie Gewinn- und Verlustrechnung vor:

Schlussbilanz

Anlagevermögen	15.000.000	Gezeichnetes Kapital	20.000.000
Roh-, Hilfs-, Betriebsstoffe	7.500.000	Rückstellungen	1.000.000
Forderungen	12.500.000	Verbindlichkeiten	19.000.000
Bank	5.000.000		
	40.000.000		40.000.000

Gewinn- und Verlustrechnung

Lohnaufwand	12.500.000	Umsatzerlöse	25.000.000
Gehaltsaufwand	7.500.000		
Abschreibung	2.500.000		
Gewährleistungsaufwand	1.000.000		
Saldo / Gewinn	1.500.000		
	25.000.000		25.000.000

Errechnen Sie

- die Rentabilität „r" und beurteilen Sie, ob eine Steigerung des Shareholder Value erreicht wird, wenn ein Kapitalmarktzins von 2,75 % vorliegt.
- Errechnen Sie dann den Free-Cash Flow.

- Versetzen Sie sich in die Lage der Anteilseigner und beurteilen Sie an Hand des EVA, ob der Vorstand der Gesellschaft in Ihrem Sinne gewirtschaftet hat.

3.12   Lösungen Kap. 3

1. Die Formel zur Anwendung der Methode der kleinsten Quadrate lautet

$$b = \frac{n \times (\sum xy) - (\sum x) \times (\sum y)}{n \times (\sum x^2) - (\sum x)^2}$$

Um die erforderlichen einsetzen zu können, ist es zunächst erforderlich, die Ergebnistabelle der Stichprobe um das Produkt aus x und y sowie x^2 zu erweitern und die jeweiligen Summen zu bilden.

Lfd. Nummer	Anz. Mietwagen (x)	Umsätze (y)	x × y	x^2
1	5	595	2.975	25
2	10	510	5.100	100
3	15	785	11.775	225
4	20	1.640	32.800	400
5	25	1.865	46.625	625
6	30	1.930	57.900	900
7	35	2.605	91.175	1.225
8	40	3.010	120.400	1.600
9	45	3.505	157.725	2.025
10	50	3.200	160.000	2.500
11	55	3.295	181.225	3.025
12	60	3.690	221.400	3.600
13	65	4.135	268.775	4.225
14	70	4.380	306.600	4.900
Summe	*525*	*35.145*	*1.664.475*	*25.375*

$$b = \frac{14 \times (1.664.475) - (525) \times (35.145)}{14 \times (25.375) - (525)^2}$$

$$b = 60,93$$

Basierend auf den empirisch ermittelten Daten liegt der erzielbare Durchschnittsumsatz pro Fahrzeug bei € 60,93. Aus diesem Wert lässt sich jetzt durch Multiplikation mit der zu erwartenden Ausbringungsmenge eine Umsatzfunktion erstellen und für die Break-Even-Analyse weiterverwenden. Im nachfolgenden Diagramm ist der durchschnittliche Umsatz als Trendlinie dargestellt.

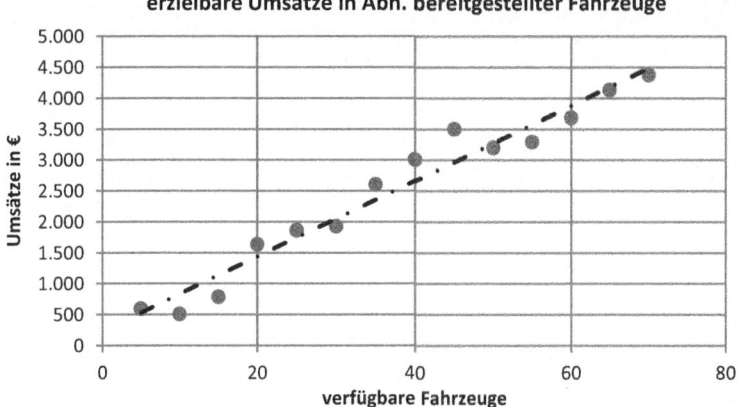

2. An Hand der genannten Kosten, des Preises und der Anzahl durchzuführender Flüge lässt sich die Kostenfunktion

$$K(x);\ 90.000 + (11{,}25x)$$

sowie die Umsatzfunktion

$$U(x);\ 45x$$

erstellen.

Durch Gleichsetzen der Umsatz- und der Kostenfunktion erhält man die Gleichung

$$90.000 + (11{,}25x) = 45x$$

welche aufgelöst nach x zu folgendem Ergebnis führt:

$$90.000 + (11{,}25x) = 45x \qquad |-11{,}25x$$
$$90.000 = 33{,}75x \quad |\div 33{,}75x$$
$$2.666{,}67 = x$$

Die Darstellung einer Ergebnistabelle erfolgt erst ab einer Anzahl von 1.800 Flügen, da bereits hier das Ergebnis deutlich sichtbar und die Entscheidung zur Annahme oder zur Ablehnung offenkundig wird.

Anz. Flüge	Kosten	Umsatz
1.800	110.250	81.000
1.900	111.375	85.500
2.000	*112.500*	*90.000*
2.100	113.625	94.500
2.200	114.750	99.000
2.300	115.875	103.500
2.400	117.000	108.000
2.500	118.125	112.500
2.600	119.250	117.000
2.700	120.375	121.500
2.800	121.500	126.000
2.900	122.625	130.500

Der Auftrag sollte seitens der „Easyair" zu den genannten Konditionen auf keinen Fall akzeptiert werden, da die Durchführung einer Anzahl von „lediglich" 2.000 Flügen nicht kostendeckend ist. Die Gewinnschwelle wird erst ab einer Anzahl von 2.667 Flügen erreicht. Das Unternehmen sollte entsprechend nachverhandeln und ein Kontingent von > 2.667 Flügen oder aber eine höhere Vergütung für erbrachte Dienstleistung fordern.

Der zur Kostendeckung bei einem Kontingent von 2.000 Flügen erforderliche Preis lässt sich durch Einsetzen von X = 2.000 in die in die gleichgesetzte Kosten- und Umsatzfunktion leicht ermitteln:

$$90.000 + (11{,}25 \times 2.000) = 2.000y$$
$$112.500 = 2.000y \quad | \div 2.000$$
$$56{,}25 = y$$

Kostendeckung würde bei einer Vergütung i. H. v. € 56,25 erreicht. Die Nachverhandlungen sollten demnach auf die Erzielung dieses Preises oder die bereits o. g. Anzahl von > 2.667 Flügen gestützt werden. Zu den gegebenen Konditionen sollte der Auftrag jedenfalls abgelehnt werden. Nachstehend ist die grafische Darstellung des Break-Even-Punktes abgebildet.

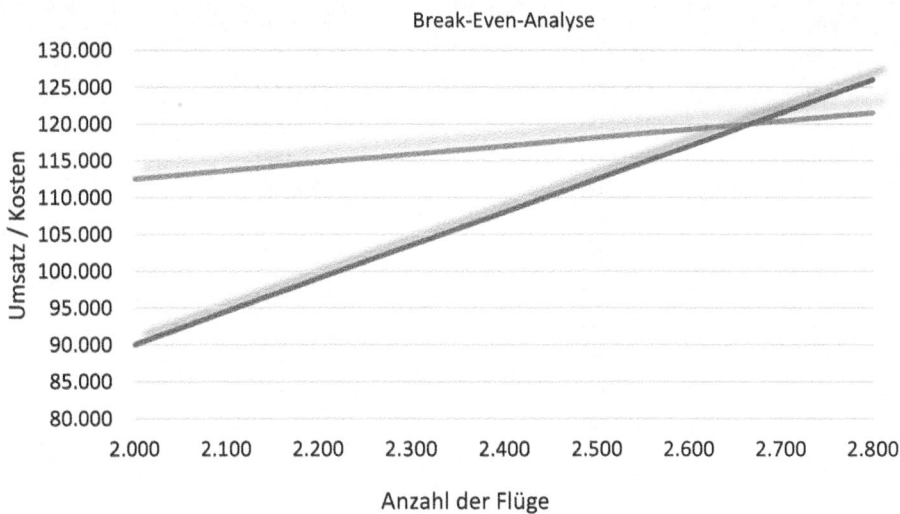

3. In dieser Situation können aus den gegebenen Daten zwei Kostenfunktionen K_1 und K_2 gebildet und diese miteinander verglichen werden. Ein Umsatz wie in Aufgabe 1 liegt hier nicht vor – es soll vielmehr die Menge ermittelt werden, die in beiden Situationen (Leistungseinkauf und Selbstfertigung) identische Kosten verursacht. An Hand dieses Wertes ist dann zu prüfen, ob diese Menge unter- oder oberhalb des Bedarfs des Automobilherstellers liegt. Zunächst zur Bildung der Kostenfunktionen:

K_1 (x) ; 250.000 + (65X) ... resultierend aus den Selbstkosten des Automobilherstellers

sowie

K_2 (x) ; (110x) ... bezüglich des Zukaufs der Motorhauben.

Gleichgesetzt erhält man die Formel

$$250.000 + (65x) = 110x$$

an Hand derer sich mittels Auflösung nach X die kritische Menge ermitteln lässt

$$250.000 + (65x) = 110x \quad | -65x$$
$$250.000 = 45x \quad | \div 45$$
$$5.555.5 = x$$

Nachstehend zunächst die Wertetabelle sowie die grafische Darstellung des Break-Even-Punktes.

Menge	Selbstkosten	Einkaufskosten
500	282.500	55.000
1.000	315.000	110.000
1.500	347.500	165.000
2.000	380.000	220.000
2.500	412.500	275.000
3.000	445.000	330.000
3.500	477.500	385.000
4.000	510.000	440.000
4.500	542.500	495.000
5.000	575.000	550.000
5.500	607.500	605.000
6.000	640.000	660.000
6.500	672.500	715.000

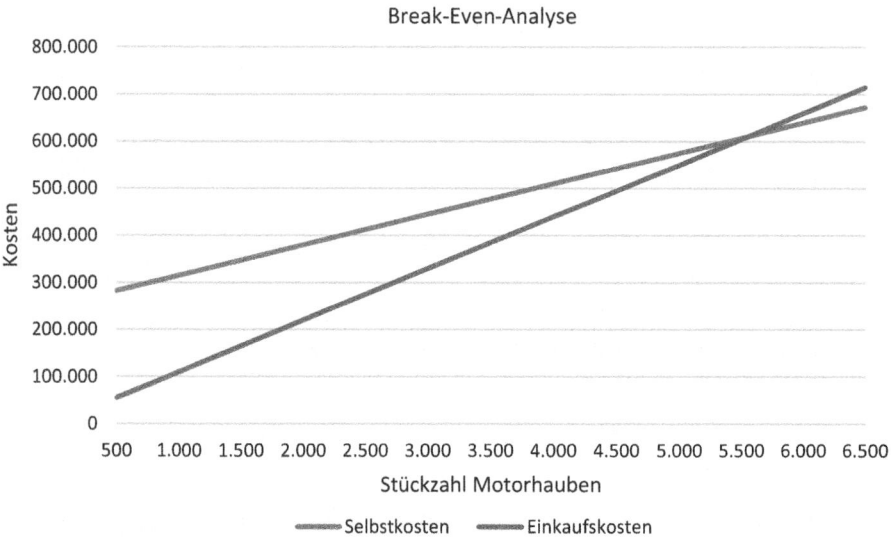

Das Angebot des Lieferanten ist mit Blick auf die Herstellkosten der (Selbst-)Fertigung konkurrenzlos günstig. Sofern die Qualität des Produktes den Anforderungen des Maschinenbauers entspricht und im Fall

- von Lieferengpässen,
- der Insolvenz des Lieferanten oder
- kurzfristig benötigter, zusätzlicher Mengen

auf einen abweichenden Lieferanten zurückgegriffen werden kann, sollten die im Zuge der Reorganisation geschaffenen Kapazitäten in der Produktion anderweitig genutzt werden.

Im Zuge der Berechnung der Selbstkosten soll, ebenso wie in Aufgabe 1, noch die Preisobergrenze ermittelt werden, ab welcher die Selbstfertigung günstiger wird, als der Zukauf der Bauteile.

Zu diesem Zweck wird wieder die bekannte Menge der benötigten Bauteile innerhalb des definierten Zeitraums in die Gleichung eingesetzt

$$250.000 + (65 \times 5.000) = 5.000y$$

und sodann die Variable Y isoliert

$$575.000 = 5.000y \quad | \div 5.000$$
$$115 = y$$

Ab einem Einkaufspreis von € 115 wäre der Automobilhersteller in der Lage, zu einem geringeren Preis selbst zu fertigen. Diese Information ist ggf. für die Einkaufsabteilung als Richtwert bei Eingang einer Preisanpassung interessant, da die Option zur Fertigung der Bauteile im eigenen Haus einen Ansatzpunkt für Verhandlungen darstellen kann.

4. Unter Sollkosten sind diejenigen zu verstehen, die sich mittels des Produkts des Plankostensatzes und der Planbeschäftigung sowie der Summe der gesamten Fixkosten des Unternehmens berechnen.

   Die verrechneten Plankosten werden durch Multiplikation des auf Vollkosten basierenden (fixe- und variable Kosten beinhaltenden) Plankostenverrechnungssatz sowie der Planbeschäftigung ermittelt. Der Begriff der verrechneten Plankosten suggeriert bereits die Berücksichtigung der fixen Kosten in der gesamten Kostensumme.

   Auf Grund der Tatsache, dass im Rahmen der Ermittlung von Sollkosten der gesamte „Fixkostenblock" der Summe pro Beschäftigungseinheit hinzuaddiert wird, verläuft die auf einer Wertetabelle basierende Gerade nicht durch den Ursprung eines kartesischen Koordinatensystems, sondern beginnt auf der Ordinate in Höhe der Fixkostensumme. Die verrechneten Plankosten hingegen verlaufen, auf Grund der Berücksichtigung sowohl der fixen als auch der variablen Kosten durch den Nullpunkt eines Koordinatensystems. Beide Geraden schneiden sich in dem Punkt, der die maximale Planbeschäftigung sowie die maximalen, hieraus resultierenden Plankosten markiert.

5. Der Plankostenverrechnungssatz berücksichtigt im Gegensatz zum Plankostensatz sowohl die variablen als auch die fixen Kosten.

6. Der zur Bestimmung der Sollkosten erforderliche Plankostensatz beinhaltet lediglich die variablen Plankosten, da eine Addition der Fixkosten als „Block" erfolgt.

   Im Gegensatz hierzu berücksichtigt der für die Bestimmung der verrechneten Plankosten erforderliche Plankostenverrechnungssatz sowohl die fixen als auch die variablen Kosten in Relation zur Planbeschäftigung.

   Der Plankostenverrechnungssatz wird unter Anwendung der Formel

$$\text{Plankostenverrechnungssatz} = \frac{\text{geplante Gesamtkosten}}{\text{Planbeschäftigung}}$$

ermittelt. Eingesetzt in o. g. Formel ergibt sich somit

$$33{,}33 = \frac{250.000}{7.500}$$

als Plankostenverrechnungssatz.

Der Plankostensatz wird unter Anwendung der Formel

$$\text{Plankostensatz} = \frac{\text{variable Plankosten}}{\text{Planbeschäftigung}}$$

ermittelt. Eingesetzt in o. g. Formel ergibt sich somit

$$8{,}33 = \frac{62.500}{7.500}$$

als Plankostenverrechnungssatz.

7. a) Die maximale Beschäftigung errechnet sich aus folgender Differenz:

	365	Kalendertage
./.	104	Wochenendtage
./.	30	Urlaubstage
./.	11	Feiertage
=	**220**	**kalkulatorische Arbeitstage**

Die 220 Arbeitstage sind jetzt noch mit der Anzahl von 25 Mitarbeitern zu multiplizieren und man erhält eine Planbeschäftigung von insgesamt 5.500 Tagen.

b) Der maximal erreichbare Umsatz beträgt € 8.250.000 und errechnet sich aus 220 kalkulatorischen Arbeitstagen, multipliziert mit dem durchschnittlichen Umsatz i. H. v. € 1.500 (pro Tag) und der Anzahl von 25 Mitarbeitern.

c) Zur Ermittlung der Sollkosten sind die variablen Plankosten sowie die Planbeschäftigung erforderlich. Ausgehend von € 6.050.000 gesamten Plankosten und einem Fixkostenanteil i. H. v. 40 % ergeben sich variable Kosten i. H. v. 3.630.000 sowie Fixkosten i. H. v. 2.420.000. Der Quotient aus den variablen Plankosten sowie der Planbeschäftigung bildet den Plankostensatz, so dass sich unter Berücksichtigung der zur Verfügung stehenden Daten ergibt:

$$\text{Plankostensatz} = \frac{3.630.000}{5.500} = 660$$

Eingesetzt in die an die allgemeine Geradengleichung y = a + bx angelehnte Formel

$$\text{Sollkosten} = \text{Fixkosten} + (\text{Plankostensatz} \times \text{Beschäftigung})$$

lässt sich durch Einsetzen der bisher ermittelten Werte die Gleichung

$$\text{Sollkosten} = 2.420.000 + (660 \times \text{Beschäftigung})$$

ermitteln, woraus sich wiederum eine Wertetabelle mit folgendem Aussehen erstellen lässt.

Fixkosten	Plankostensatz	Beschäftigung	Sollkosten
2.420.000	660	0	*2.420.000*
2.420.000	660	1.000	*3.080.000*
2.420.000	660	2.000	*3.740.000*
2.420.000	660	3.000	*4.400.000*
2.420.000	660	4.000	*5.060.000*
2.420.000	660	5.000	*5.720.000*
2.420.000	660	6.000	*6.380.000*

Die zur Erstellung eines Diagramms benötigten verrechneten Plankosten errechnen sich aus dem Plankostenverrechnungssatz; dem Quotienten aus den geplanten Gesamtkosten und der Planbeschäftigung, welcher zur Erstellung einer Wertetabelle mit der Beschäftigung multipliziert wird.

$$\text{Plankostenverrechnungssatz} = \frac{\text{geplante Gesamtkosten}}{\text{Planbeschäftigung}}$$

Die erforderlichen Werte sind bereits in der Aufgabenstellung vorgegeben, so dass nur noch einzusetzen ist

$$1.100 = \frac{6.050.000}{5.500}$$

An Hand des Plankostenverrechnungssatzes lässt sich wiederum eine Wertetabelle mit folgendem Aussehen erstellen.

Plankostenverrechnungssatz	Beschäftigung	Verrechnete Plankosten
1.100	0	*0*
1.100	1.000	*1.100.000*
1.100	2.000	*2.200.000*
1.100	3.000	*3.300.000*
1.100	4.000	*4.400.000*
1.100	5.000	*5.500.000*
1.100	6.000	*6.600.000*

Die Übertragung der Soll- und der verrechneten Plankosten in ein kartesisches Koordinatensystem bringt zwei Geraden zum Vorschein, von denen die der verrechneten Plankosten durch den Ursprung des Koordinatensystems verläuft und die der Sollkosten bei € 2.420.000 (Fixkosten) beginnt. Die Darstellung kann als Kontroll- und Steuerungsinstrument des Controllings bezüglich der Einhaltung von Leistungs- und Kostenbudgets verwendet werden. Beispielsweise lassen sich hierin die in Frage d) aufgeführten Koordinaten eintragen, deren Bedeutung interpretiert werden kann und aus der Steuerungsmaßnahmen ableitbar sind.

d) Die in der Aufgabenstellung vorgegebenen Koordinaten sind besser zu interpretieren, wenn deren Position in Relation zum Verlauf der Soll- und der verrechneten
   Plankosten ersichtlich ist. In u. a. Diagramm wird ihre Lage deutlich.

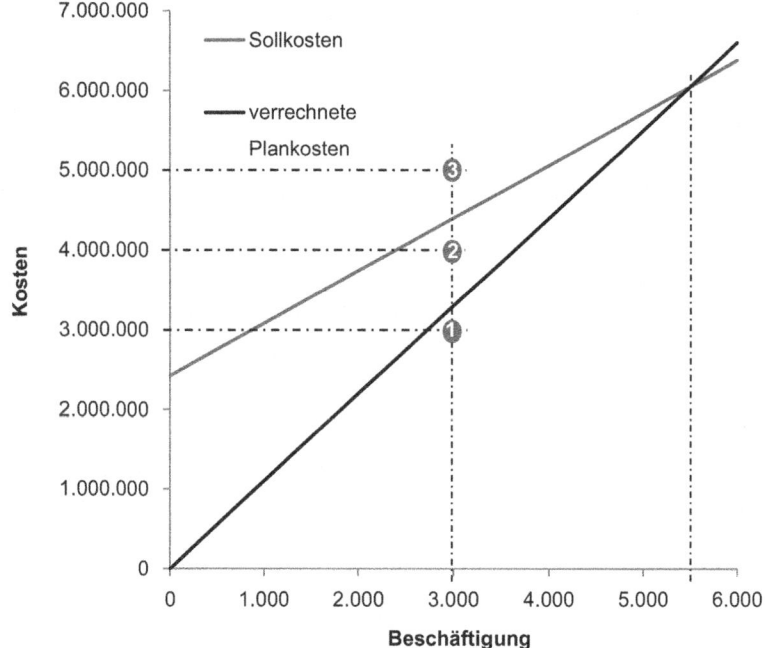

In den verrechneten Plankosten sind neben den variablen auch bereits anteilige
Fixkosten enthalten und deren Verlauf in Abhängigkeit der Beschäftigung ist dargestellt.

Der Punkt ①, eine Beschäftigung i. H. v. 3.000 sowie Kosten i. H. v. € 3.000.000
kennzeichnend, liegt unterhalb der verrechneten Plankostengeraden, was darauf
schließen lässt, dass die enthaltenen Fixkosten zu großzügig geplant wurden. Eine
Korrektur im laufenden Jahr ist anzuraten, eine Korrektur im Folgejahr erforderlich, da andernfalls monetäre Potentiale unberücksichtigt bleiben, die für Investition o. ä. nutzbar sind.

Punkt ② für eine Beschäftigung von 3.000 sowie Kosten i. H. v. 4.000.000 liegt
zwischen den Soll- und den verrechneten Plankosten. Für den Fall dass die Beschäftigung den Vorgaben entspricht ist hieraus erkennbar, dass die budgetierten
Kosten nicht ausgeschöpft wurden und somit noch Potential für zusätzliche Kapazitäten vorhanden ist. Über z. B. Arbeitnehmerüberlassungen o. ä. könnten mit den
verfügbaren Geldmitteln zusätzliche Arbeitskräfte beschäftigt und bei entsprechender Auftragslage auch der Umsatz gesteigert werden.

Punkt ③ steht für das Worst-Case-Szenario: eine Überschreitung des Kostenbudgets, welches noch getoppt werden könnte durch die Situation, dass zum Überprü-

fungszeitpunkt eine Beschäftigung von > 3.000 erwartet wurde. In dieser Situation ist Intervention hinsichtlich der Kostenreduktion angebracht, um in erster Linie Liquiditätsengpässe zu vermeiden.

8. Es sind an dieser Stelle beispielhaft das marktwirtschaftliche-, das leistungswirtschaftliche und das finanzwirtschaftliche Risiko zu nennen. Hinsichtlich der Marktsituation bedeuten die Tatsachen, dass Absatz und Umsatz stets von der Nachfrage abhängig sind und die Nachfrage wiederum von der weltweiten wirtschaftlichen Situation beeinflusst wird, schwer kalkulierbare Risiken. Das leistungswirtschaftliche- folgt aus dem marktwirtschaftlichen Risiko. Der in Unternehmen stattfindende Güterverzehr muss über die Umsätze zurückfließen. Ist dies nicht der Fall, kommt zusätzlich das finanzwirtschaftliche Risiko zum Tragen, das die Gefahr der ausbleibenden Bedienung von Kapitaldiensten beschreibt. Können Bank- und/oder Lieferantenverbindlichkeiten nicht beglichen werden, droht Illiquidität und ggf. Insolvenz des Unternehmens.

9. Der erste Schritt bei der Durchführung einer Risikoanalyse für die beschriebene Situation sollte in der Bestimmung der erforderlichen Kapitaldienste bestehen. € 750.000 Fremdkapital sind erforderlich, das zu einem Zinssatz von 5 % über eine Laufzeit von 4 Jahren bereitgestellt werden kann. Unter Einsatz der Zinsformel$(1 + i)^n$ wird zunächst die Gesamtbelastung des Fremdkapitals und durch anschließende Division durch die Gesamtlaufzeit die jährliche Belastung ermittelt. Durch Einsetzen der Angaben in die Formel ergibt sich folgender Wert:

$$750.000 \times (1{,}05)^4 = 911.629{,}67$$

Dividiert durch 4 Jahre Laufzeit beträgt der jährlich zu leistende Rückzahlungsbetrag € 227.907,42.

Zum Zweck der besseren Vergleichbarkeit der Ergebnisse werden die als monatlich anfallend angegebenen Gesamtkosten des Unternehmens mit 12 multipliziert – somit entstehen Gesamtkosten i. H. v. € 1.320.000. Durch die Addition der Kapitaldienste entsteht wiederum eine jährliche Gesamtbelastung i. H. v. € 1.547.907,42.

Hinsichtlich der Umsätze ist eine Steigerung i. H. v. 1,5 % p. a. prognostiziert; diese lässt sich rechnerisch über entweder bereits o. g. Zinsformel oder durch Multiplikation der jeweiligen (gesteigerten) Jahresumsätze mit dem Zinssatz ermitteln. Die entsprechenden Ergebnisse sind in der untenstehenden Tabelle aufgeführt.

Die Ergebniszeile macht deutlich, dass es für das Unternehmen selbst nach Ablauf von 3 Jahren nicht möglich ist, bei der vorgegebenen Kostenstruktur aus der Verlustzone heraus die Gewinnzone zu erreichen. Sofern sich Umsätze und/oder Kosten in keiner Weise beeinflussen lassen, ist daher vom Vorhaben abzuraten.

		1. Folgejahr	2. Folgejahr	3. Folgejahr
Umsätze	1.500.000,00	1.522.500,00	1.545.337,50	1.568.517,56
Kosten	1.320.000,00	1.320.000,00	1.320.000,00	1.320.000,00
Fremdkapital	227.907,42	227.907,42	227.907,42	227.907,42
Ergebnis	-47.907,42	-25.407,42	-2.569,92	20.610,14

10. Kennzahlen lassen sich in monetäre, nicht-monetäre sowie absolute und relative unterscheiden.

11. Der Grad der finanziellen Unabhängigkeit wird aus dem Quotienten des Eigenkapitals und der Bilanzsumme errechnet. An Hand der Angaben in der Beispielbilanz beträgt der Grad der finanziellen Unabhängigkeit (Eigenkapitalquote) 20,69 %.
Die Anlagendeckung, als Quotient aus dem Eigenkapital und dem Anlagevermögen berechnet, beträgt auf das Beispiel bezogen 33,3 %. Mit 62,07 % Anlagevermögen ist das Unternehmen als anlageintensiv zu bezeichnen.

12. Aus der Bilanz sowie der Gewinn- und Verlustrechnung sind alle zur Berechnung des ROI erforderlichen Angaben enthalten.
Umsätze/Erlöse aus Lieferungen und Leistungen: 50.000.000
Gewinn: 10.000.000
Gesamtkapital/Bilanzsumme: 42.500.000

$$\frac{Gewinn}{Umsatz} \times \frac{Umsatz}{Gesamtkapital} \times 100 = \text{Return on Investment}$$

$$\frac{10.000.000}{50.000.000} \times \frac{50.000.000}{42.500.000} \times 100 = 23,52\,\%$$

Das Ergebnis (ROI) ist mit 23,52 % durchaus zufriedenstellend. Der ROI sollte nicht unterhalb von 10 % liegen. Diesen Wert überschreitet das Beispielunternehmen jedoch bei Weitem.

13. Zur Bestimmung des Kapitalflusses wird der Gewinn des Unternehmens um alle nicht auf Zahlungsmittelflüssen basierenden Geschäftsvorfälle von Unternehmen bereinigt. Subtrahiert vom Gewinn werden Bewertungen, die den Gewinn und das Eigenkapital steigern. Hierzu gehören Wertzuschreibungen auf das Umlaufvermögen oder Steigerungen des Anlagevermögens in Form diesbezüglich selbst erstellter Gegenstände, die nicht veräußert wurden. Addiert werden hingegen Positionen, die den Gewinn und das Eigenkapital des Unternehmens reduzieren. Hierzu gehören Abschreibungen oder Einstellungen in Rückstellungen.

14. Basierend auf der in der Aufgabenstellung abgebildeten Gewinn- und Verlustrechnung lässt sich das folgende Schema zur Berechnung des Kapitalflusses erstellen.

	250.000	Unternehmensergebnis
+	150.000	Abschreibungen
-	50.000	Wertzuschreibungen UV
+	100.000	Einstellungen in Rückstellungen
-	150.000	Investitionen in das AV
=	**300.000**	**Cash-Flow**

Der Unterschied des Kapitalflusses (300.000 €) ist im Vergleich zum Gewinn vor Steuern (250.000 €) sicher nicht als gravierend zu bezeichnen, doch wird die Steigerung auf den ersten Blick deutlich. Für den Kapitalfluss existieren keine Richtwerte wie z. B. für den Return on Investment (ROI). Eine progressive Entwicklung des Kapitalflusses ist, ebenso wie eine progressive Entwicklung des Gewinns, grundsätzlich zunächst als positiv zu werten.

15. Fixkosten, die auch als Kosten der Betriebsbereitschaft bezeichnet werden, resultieren häufig aus langfristig angelegten Geschäftsprozessen. Hierzu gehören beispielsweise:
   • Anschaffungen von Vermögensgegenständen des Anlagevermögens,
     – die Kosten in Form von Abschreibungen verursachen;
   • Verträge zur Wartung und Instandsetzung von Vermögensgegenständen,
     – die Kosten in Form regelmäßig zu leistender Zahlungen verursachen;
   • Leasing von z. B. Fahrzeugen,
     – die Kosten in Form regelmäßig zu leistender Raten verursachen oder
   • Kreditaufnahmen,
     – die wiederum Kosten in Form regelmäßig zu leistender Rückzahlungen verursachen.

Ihr Aufbau erfolgt häufig in Phasen des Aufschwungs, während derer Unternehmensleitungen nicht immer die gesamte (monetäre) Tragweite ihrer Entscheidungen bedenken und berücksichtigen. In der Langfristigkeit liegt die Ursache für die Problematik der Beeinflussung, da mit einer Laufzeit von mehreren Jahren abgeschlossenen Leasing- oder Darlehensverträge selten innerhalb eines Geschäftsjahres zu ändern/anzupassen sind.

16. Bei einer betriebswirtschaftlichen Auswertung handelt es sich um ein Kontrollinstrument, welches auf den Daten der Finanzbuchhaltung basiert und in vielen finanzbuchhalterisch ausgerichteten ERPen bereits als feste Auswertung integriert ist. In ihr können Umsätze im zeitlichen Vergleich den Kosten gegenübergestellt und kann das Betriebsergebnis gesamtunternehmensbezogen ermittelt werden.

Der große Vorteil einer betriebswirtschaftlichen Auswertung liegt in der i. d. R. raschen Verfügbarkeit und der – bei regelmäßiger und sorgfältiger Führung der Handelsbücher – Aktualität der Umsätze und Kosten. Sie liefert jedoch keinerlei Aussagen zur
   • Liquidität des Unternehmens,
   • zu den Bestandsveränderungen oder
   • den abteilungsbezogenen Ergebnissen in funktionsablauforientierten Strukturen.

Eine Abgrenzung der Kosten von den Leistungen bzw. ein ausführliches Berichtswesen/Kennzahlensystem ist durch die BWA insofern nicht zu ersetzen.

17. Dem Target Costing liegt die Idee zu Grunde, Unternehmenskosten für die Erstellung von Gütern und/oder Dienstleistungen mit dem zu erwartenden Erlös in direkte Beziehung zu setzen. Auf diese Weise lässt sich ermitteln, welcher Kostenumfang durch zu erwartende Erlöse gedeckt werden kann. Sofern sich also ein Markt von einem Verkäufer- zu einem Käufermarkt verändert und dementsprechend ein Angebotsüberschuss vorliegt oder Leistungspreise wie im Gesundheitswesen festgelegt sind, können Verkaufspreise nicht mehr über die Bestimmung der Selbstkosten zuzüglich eines Gewinnzuschlags festgelegt werden. In einer solchen Situation muss geprüft werden, welche Preise für Güter/Dienstleistungen Kunden zu zahlen bereit sind und wie hoch die Selbstkosten sein dürfen.

18. Der Rechenweg zur Bestimmung der Selbstkosten des Unternehmens i. H. v. € 2.050.000 lässt sich an Hand der u. a. Kostenträgerrechnung nachvollziehen.

Fertigungsmaterial	650.000	
+ Materialgemeinkosten	150.000	
= Materialkosten		800.000
Fertigungslöhne	300.000	
+ Fertigungsgemeinkosten	325.000	
= Fertigungskosten		625.000
= Herstellkosten d. Erzeugung		1.425.000
+ Verwaltungsgemeinkosten	250.000	
+ Vertriebsgemeinkosten	375.000	
= Selbstkosten		2.050.000

Ausgehend von 6.000 verkauften Einheiten bedeutet dies Selbstkosten pro Stück i. H. v. € 341,67. Der mit 15 % zu berücksichtigende Gewinnzuschlag führt zu einem Preis von € 392,92.

$$€ 341,67 \times 15\% = 51,25$$

$$€ 341,67 + € 51,25 = € 392,92$$

Der zusätzliche, 5 %ige Rabattzuschlag führt zu einem Listenpreis von € 413,60.

$$(€ 392,92 \div 95) \times 100 = € 413,60$$

Eine Kostenanpassung i. H. v. € 65.000 würde bei unverändertem Gewinn- und/oder Rabattaufschlag zum Listenpreis von € 399,– führen.

19. Die Rentabilität lässt sich auf Basis der Indifferenzgleichung

$$E - A \geq K \times i$$

errechnen. Maßgabe für den Shareholder Value ist Einhaltung der Prämisse

$$r \geq i.$$

Eingesetzt in die Gleichung ergeben sich die folgenden Werte:

$$25.000.000 - 23.500.000 \geq 20.000.000 \times 2{,}75\,\%$$

$$r = \frac{Gewinn}{Eigenkapital} \times 100$$

$$7{,}5\,\% = \frac{1.500.000}{20.000.000} \times 100$$

$$7{,}5\,\% \geq 2{,}75\,\%$$

Eine Steigerung des Shareholder Value wird erreicht. Die Kapitalverzinsung innerhalb des Unternehmens liegt mit 7,5 % deutlich oberhalb des Kapitalmarktzinses i. H. v. 2,75 %. Der Cash-Flow wird in Anlehnung an das Beispielunternehmen durch Addition der Einstellungen in Rückstellungen sowie der Abschreibungen zum Gewinn bestimmt. Gemäß der deutschen Rechnungslegungsvorschriften und das entsprechende Schema wird der Cash-Flow wie folgt bestimmt:

Jahresüberschuss	1.500.000
+ Abschreibungen	2.500.000
+ Einstellung in Rückstellungen	1.000.000
Kapitalfluss / Cash-Flow	5.000.000

Der Economic Value Added lässt sich aus der Lösung o. g. Indifferenzgleichung ableiten. Die Differenz der Aufwendungen und Erlöse (E − A) beträgt auf Basis des Cash-Flows 5.000.000. Die Anlage von 20 Mio. € zu 2,75 % auf dem Kapitalmarkt würde „lediglich" eine Verzinsung i. H. v. 550.000 € bewirken (K × i).

Die Ausschüttung des Betrages ist in voller Höhe möglich, da die liquiden Mittel auf dem Bankkonto verfügbar sind. Die Wirtschaftstätigkeit des Vorstands kann als absolut im Sinne der Anleger geschehen bezeichnet werden.

Literatur

Binder, C.: Die Entwicklung des Controllings als Teildisziplin der Betriebswirtschaftslehre. Deutscher Universitäts-Verlag, Wiesbaden (2006)

Deitermann, M., Schmolke, S., Rückwart, W.-D., Stobbe, S., Flader, B.: Industrielles Rechnungswesen IKR, 45. Aufl. Winklers, Braunschweig (2016)

Deutsches Institut für medizinische Dokumentation und Information – DIMDI: Fallpauschalenkatalog. https://www.g-drg.de/G-DRG-System_2018/Fallpauschalen-Katalog/Fallpauschalen-Katalog_2018. Zugegriffen: 28. Juni 2018

Ebel, B.: Produktionswirtschaft, 9. Aufl. Kiehl, Ludwigshafen (2009)

Gorschlüter, P.: Das Krankenhaus der Zukunft, 2. Aufl. Kohlhammer, Stuttgart (2001)

Graumann, M.: Controlling, Begriff, Elemente, Methoden und Schnittstellen, 5. Aufl. NWB, Herne (2018)

Horváth, P., Gleich, R., Seiter, M.: Controlling, 13. Aufl. Vahlen, München (2015)

Kesten, R.: Investitionsrechnung in Fällen und Lösungen, 2. Aufl. NWB, Herne (2014)

Kruschwitz, L.: Investitionsrechnung, 4. Aufl. Oldenbourg, München (2009)

Littkemann, J., Derfuß, K., Holtrup, M.: Unternehmenscontrolling, Praxishandbuch für den Mittelstand, 2. Aufl. NWB, Herne (2018)

Lüdenbach, N., Christian, D.: IFRS Essentials, 2. Aufl. NWB, Herne (2012)

Olfert, K.: Kostenrechnung, 16. Aufl. Kiehl, Herne (2010a)

Olfert, K.: Lexikon Finanzierung und Investition. Kiehl, Herne (2010b)

Olfert, K.: Investition, 12. Aufl. Kiehl, Herne (2012)

Olfert, K.: Finanzierung, 16. Aufl. Kiehl, Herne (2013)

Ossadnik, W.: Controlling, 4. Aufl. Oldenbourg, München (2009)

Pförtsch, W., Godefroid, P.: Business-to-Business-Marketing, 5. Aufl. Kiehl, Herne (2013)

Posselt, G.: Mitarbeiter führen mit Kennzahlen – Attention Leadership. Springer, Wiesbaden (2014)

Reichmann, T.: Controlling mit Kennzahlen, 8. Aufl. Vahlen, München (2011)

Rinker, C., Ditges, J., Arendt, U.: Bilanzen, 14. Aufl. Kiehl, Herne (2012)

Statistisches Bundesamt: Insolvenzen nach Wirtschaftszweigen; Daten der Jahre 2006 bis 2012, Unternehmen einschließlich Kleingewerbe (2012)

Thieme, M.: G-DRG-Erlöstool (2018). https://medinfoweb.de/toolbox.html?showfilter=1&filter%5BMulticontentsItemCID%5D=1&sort=&begin=&end=. Zugegriffen: 28. Juni 2018

Weber, J., Schäffer, U.: Einführung in das Controlling, 15. Aufl. Schäffer-Poeschel, Stuttgart (2016)

Wedell, H., Dilling, A.: Grundlagen des Rechnungswesens, 14. Aufl. NWB, Herne (2013)

Wöhe, G., Döring, U.: Einführung in die Allgemeine Betriebswirtschaftslehre, 25. Aufl. Vahlen, München (2013)

Wöhe, G., Döring, U., Brösel, G.: Einführung in die Allgemeine Betriebswirtschaftslehre, 26. Aufl. Vahlen, München (2016)

Ziegenbein, K.: Kompakt-Training Controlling, 3. Aufl. Kiehl, Ludwigshafen (2006)

Ziegenbein, K.: Controlling, 10. Aufl. Kiehl, Ludwigshafen (2012)

Planungshorizont und ausgewählte Instrumente des strategischen Controllings

4

Lernziele

- Verständnis für die Abgrenzung strategischer und operativer Controlling-Instrumente
- Kenntnis von vier ausgewählten strategischen Controlling-Instrumenten
- Übersicht der Anwendung in der betrieblichen Praxis

Bereits zu Beginn von Kap. 3 wurde auf die **Unterschiede** der **operativen** und **strategischen Planung** sowie Maßnahmen und Instrumente des operativen und strategischen Controllings hingewiesen. Neben dem **zeitlichen Horizont**, der

- für die **operative** Planung einen Zeitraum von **ca. 1 Jahr**,
- für die **taktische** Planung einen **Zeitraum** zwischen **1 und 5 Jahren** sowie
- für die **strategische** Planung einen **Zeitraum** von **5 bis zu 10 Jahren**

umfasst, lässt sich die **Abgrenzung** auch noch mit **Blick** auf die hiermit einhergehenden, **organisatorischen Maßnahmen** vornehmen.

Operative Planung/Maßnahmen/Instrumente

- … lässt/lassen sich **im Rahmen** des üblichen (operativen) **Tagesgeschäfts** realisieren/implementieren,

während **strategische** Planung/Maßnahmen/Instrumente

- sich nur in Verbindung **mit organisatorischen** Maßnahmen/**Veränderungen**

umsetzen lassen.

© Springer Fachmedien Wiesbaden GmbH, ein Teil von Springer Nature 2019   179
B. Hubert, *Grundlagen des operativen und strategischen Controllings*,
https://doi.org/10.1007/978-3-658-23006-7_4

Operative Planung

- bezieht seine **Informationen primär** aus dem internen/externen **Rechnungswesen,**
- fokussiert sich auf die Probleme der kurz- und mittelfristigen Planung und Kontrolle
- und ist auf die Zielgrößen Gewinn- und Liquidität ausgerichtet.

Beispiel

Im Rahmen **operativer** Planung ...

- prüft ein Unternehmen seine kurzfristige **Liquidität,**
- plant die **Lohn-** und **Gehaltszahlungen** für das Ende des Monats,
- ... oder die **Erweiterung** des **Kontokorrentkredits.**

Die Planung eines angestrebten Gewinns und/oder die Erhöhung des Eigenkapitals zum Zweck der Steigerung der Kreditwürdigkeit zählt mit Blick auf den Zeithorizont des laufenden Geschäftsjahres ebenfalls zur operativen Planung.

Die **strategische** Planung hingegen

- fokussiert langfristige Existenzsicherung und Erfolgspotentialnutzung,
- entstand in den 70er Jahren auf Grund der zunehmenden Komplexität von Märkten und
- basiert auf Unternehmens- und Umweltanalysen (Alter 2013, S. 11).

Beispiel

Im Rahmen der der **strategischen** Planung ...

- erstellen Unternehmen bspw. einen mittel- bis langfristig ausgelegten, vollständigen Finanzplan,
- ... oder planen Baumaßnahmen einschließlich der Finanzierung.

Das **Ziel** einer **Fluggesellschaft,** innerhalb der nächsten 5 Jahre mehr als 50 % der Buchungen online abzuwickeln ist ebenfalls der strategischen Planung zuzurechnen.

4.1 Strategische Umsatzplanung nach dem Modell von Hax und Majluff

Die **Umsatzplanung** stellt den **Anfang** der **Unternehmensplanung** dar, da bei **vielen Kostenpositionen** eine direkte **Abhängigkeit** zu den **Umsatzerlösen** besteht (Spraul und Oeser 2004, S. 76). Literarisch wird anstelle des Begriffs „Umsatzplanung" häufig der Begriff der „Absatzplanung" verwendet, wobei anzumerken ist, dass die Umsatz-/**Absatzplanung** im engen **Zusammenhang** mit der **Marktforschung** steht und **nicht automatisch mit** den **Aufgaben** des **Controllings korreliert** wird. **Unternehmen, die sich** längere Zeit **unterhalb** des anvisierten **Geschäftsvolumens** bewegen, haben i. d. R. **wirtschaftlich keine Überlebenschance** (Bayerischer Industrie- und Handelskammertag e. V. und Armbruster 2013, S. 18).

Ziel der Absatz- oder Umsatzplanung **ist** die **Festlegung** des **Absatzprogramms** von Unternehmen und außerdem die **Prognose** möglicher **Absatzmengen** sowie die **Festlegung** von (**erzielbaren** – vgl. Abschn. 3.8 „Target Costing") **Absatzpreisen**. Der **Ausgangspunkt** für die **Absatzplanung** liegt in der **Analyse** von **Umweltdaten**, zu denen **Aspekte** wie das **Marktvolumen** oder der individuelle **Marktanteil** zählen. **Daten**/Informationen bezüglich Konkurrenz- und Absatzsituationen werden in der betrieblichen Praxis z. B. durch **Marktforschungsunternehmen** oder eben ggf. durch die betroffenen **Unternehmen selbst** beschafft (Wöhe 1998, S. 535).

In Anlehnung an die zu Beginn des Kapitals genannte Abgrenzung operativer und strategischer Maßnahmen und Planung lässt sich die Umsatzplanung in beide Richtungen praktizieren. So kann die

- **operative Umsatzplanung**
  - in Form der kurzfristigen bzw. monatlichen Liquiditätsplanung und die
- **strategische Umsatzplanung**
  - im Rahmen der Prognostizierung zukünftiger Geschäftsfelder, Absatzmärkte, Produkte oder Dienstleistungen

angewandt werden.

Die Variante nach Hax und Majluff ist eine der ältesten, literarisch überlieferten Vorgehensweisen zur strategischen Umsatzplanung und stammt aus dem Jahr 1988 (Hax und Majluff 1988, S. 29).

Im Rahmen der **langfristigen Planung** sind **keine Umsätze** sondern **Gesamtmärkte** sowie der Marktanteil eines Unternehmens oder eines Konzerns als **Bindeglied** zwischen beidem zu prognostizieren.

Ähnlich wie beim Kennzahlensystem nach Du Pont, das als „Endwert" den Return on Investment (ROI; vgl. Abschn. 3.6.3), eine Kennzahl zur Ermittlung der Verzinsung des gesamten, eingesetzten Kapitals bestimmt, wird gemäß der strategischen Umsatzplanung nach Hax und Majluff

- das **Gesamt-Marktvolumen** als Produkt aus dem **Marktvolumen** der Vorperiode und dem **Marktwachstumsfaktor**;
- der **Marktanteil** als **Summe** des **Marktanteils** der **Vorperiode** sowie der **realisierten Änderung** von Marktanteilen;
- und abschließend der **Unternehmensumsatz** als **Produkt** aus dem **Gesamtmarktvolumen** und dem **Marktanteil** des Unternehmens

berechnet.

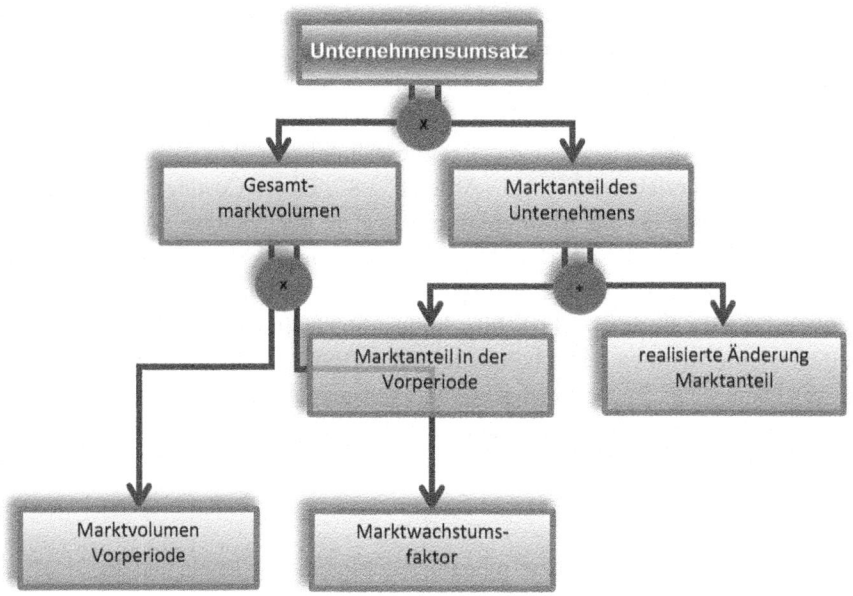

Abb. 4.1 Vorgehensweise bei der strategischen Umsatzplanung nach Hax und Majluff

Die Berücksichtigung der **Umweltfaktoren** wie

- bestehendes **Marktvolumen**,
- realisierte **Marktanteile** und
- **Wachstumsfaktoren**

werden an Hand der Abb. 4.1 deutlich und zeigen auf, dass die **Anwendung** des Instruments eine eher **mikroökonomische** als **betriebswirtschaftliche** Sichtweise erforderlich macht.

Beispiel

Die Vorgehensweise und die benötigten Informationen für die **Umsatzplanung** nach dem Konzept von Hax und Majluff lassen sich mittels eines konkreten Anwendungsbeispiels am besten verdeutlichen. Die diesbezügliche Berücksichtigung von Marktanteilen und Wachstumsfaktoren werden basierend auf neu zugelassenen PKW der Daimler AG dargestellt. Den Daten liegen **lediglich** die Umsätze und Absatzzahlen innerhalb der **BRD** zu Grunde.

Im Jahr 2016 wurden in Deutschland insgesamt 3.351.607 neue PKW zugelassen; 311.286 hiervon waren solche der Marke „Mercedes-Benz". In 2017 betrug die Zulassungszahl der Neufahrzeuge 3.441.262 – 326.188 hiervon stammten aus den Fertigungsbetrieben der Daimler AG (Kraftfahrtbundesamt 2018, S. 4).

Zulassungen von Neufahrzeugen in Deutschland; Anzahl der Neufahrzeuge der Daimler AG			
2016		2017	
Σ Neuzulassungen	Daimler Neuzulassungen	Σ Neuzulassungen	Daimler Neuzulassungen
3.351.262	311.286	3.441.262	326.188

Basierend auf diesen Informationen ist

- der **Marktanteil** des PKW-Segments,
- der Marktanteil der **Vorperiode** und
- die realisierte **Änderung** des **Marktanteils**

der Daimler AG leicht berechenbar.

Marktanteil 2017: $(326.188 \div 3.441.262) \times 100 = 9,47\,\%$

Marktanteil 2016: $(311.286 \div 3.351.262) \times 100 = 9,29\,\%$

Zur Bestimmung des **Planumsatzes** wird jetzt noch der **Gesamtumsatz** der deutschen Pkw-Industrie der Jahre 2016 und 2017 benötigt. Dieser betrug 2016 148,3 und 2017 152,3 Mrd. €[1].

In Anlehnung an das **Berechnungsschema** von Hax und Majluff bildet das **Produkt** des **Gesamtmarktvolumens** und des **Marktanteils** eines Unternehmens den **Planumsatz**.

Planumsatz 2016: $148,3\,\text{Mrd.}\,€ \times 9,47\,\% = 14.044.010.000\,€$

Planumsatz 2017: $152,3\,\text{Mrd.}\,€ \times 9,29\,\% = 14.148.670.000\,€$

Da im online verfügbaren Geschäftsbericht der Daimler AG bedauerlicherweise lediglich der konzernweite Umsatz des Geschäftssegments „Mercedes-Benz Cars", nicht aber der isolierte Umsatz in Deutschland veröffentlicht wird, lassen sich die o. g. Daten nicht verifizieren. Auffällig ist jedoch, dass der Marktanteil des Segments für 2016 mit 10,4 % und für 2017 mit 10,5 % angegeben ist[2] – Werte, die über den im Modell ermittelten und auf Angaben des Statistischen Bundesamtes basierenden Daten liegen. Ungeachtet dieser Tatsache verdeutlicht o. g. Modell, dass für Unternehmen durch Anwendung der Methode von Hax und Majluff eine näherungsweise Umsatzermittlung auch auf großen Märkten möglich ist.

Als dreh- und Angelpunkt der betrieblichen Planung ist die Absatz-/**Umsatzplanung** mit größten **Schwierigkeiten** verbunden. **Daten**, die von der Marktforschung bereitge-

---

[1] Vgl. Statistisches Bundesamt: Umsatz der Automobilindustrie in Deutschland in den Jahren 2005 bis 2017 (in Milliarden Euro), Daten, Wiesbaden 2018.
[2] Vgl. www.bundesanzeiger.de, Geschäftsbericht Daimler AG 2017, vollst. URL im Literaturverzeichnis.

stellt werden sind **lückenhaft** und **unsicher**; dies betrifft **insbesondere** die **Prognose** der **Absatzmengen** und **Absatzpreise**.

▶   Eine wichtige Frage in diesem Zusammenhang ist beispielsweise, in welcher Höhe/in welchem Umfang die Daimler AG Preisnachlässe gewähren musste, um die o. g. Absatzzahlen überhaupt zu erreichen.

Fehleinschätzungen der **Nachfrage** und der **Konkurrenzsituation** können die **Notwendigkeit** zur **Änderung** der **Absatzpolitik** nach sich ziehen. Wie an Hand der Ergebnisse der Umsatzplanung nach Hax und Majluff deutlich ersichtlich ist, kann dies eine **Abweichung** der **Ist-** von den **Planwerten** und ein ggf. **negatives Unternehmensergebnis** zur Folge haben (Wöhe 1998, S. 636). Aus dieser Erkenntnis lässt sich die **Schlussfolgerung** ziehen, dass ein **Unternehmen** in einer Art und Weise **aufgebaut** sein muss, die eine permanente **Kontrolle** und **Einflussnahme** (Steuerung) **ermöglicht**. Zu diesem Zweck werden in (Mehrprodukt-)Unternehmen, die über ein „große" Produktpalette (> 10 unterschiedliche Produkte und/oder Modelle) verfügen, **Produkt**-Marktsegmente gebildet. Basen dieser Segmente sind

- die **Produktlebenszykluskurve** und
- die **Portfoliomatrix**.

Die der **Produktlebenszykluskurve** zu Grunde liegende **Theorie** ist, dass die mittels eines Produkts erzielbaren **Umsätze** von der **Phase abhängen**, in der es sich gerade befindet. Literarisch existiert eine Vielzahl von Quellen, die sich mit der Thematik beschäftigen. Mit Blick auf das bis hierhin behandelte Tool der strategischen Umsatzplanung soll die Variante nach Hax und Majluff aus dem Jahr 1988 zu Grunde gelegt werden, die bezüglich der literarischen Zitationen nach wie vor Gültigkeit besitzt. Das Modell geht von 4 Phasen aus:

- **Entstehung:**
  - Entwicklung eines Produkts, daraus resultierend hohe Kosten und (bedingt durch den Vertrieb von „Prototypen") nur geringe Umsätze.
- **Wachstum:**
  - Das Produkt erreicht, resultierend aus entsprechendem Marketing und Werbemaßnahmen einen gesteigerten Bekanntheitsgrad; Nachfrage und Umsätze steigen.
- **Reife:**
  - die Nachfrage erreicht ihren Höhepunkt und nimmt zum Ende der Phase bereits ab; maximal erzielbare Umsätze werden im Rahmen der Reifephase erreicht.
- **Alter:**
  - Marktsättigung ist erreicht; es erfolgt ein drastischer Umsatzrückgang im Verlauf der Phase (Abb. 4.2).

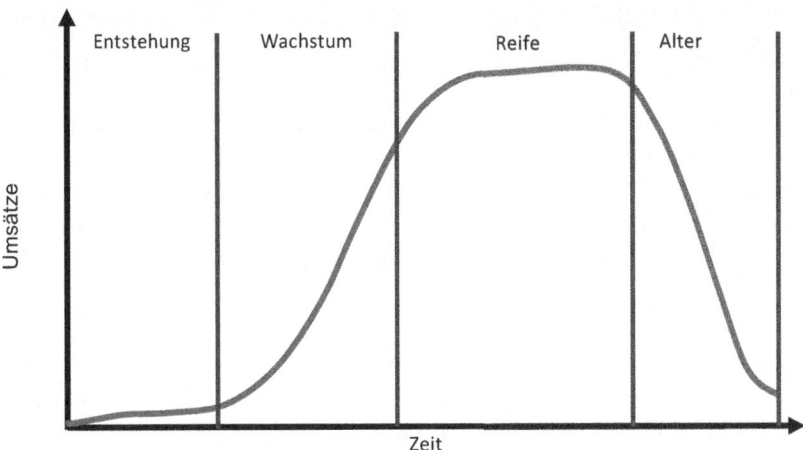

Abb. 4.2 Produktlebenszykluskurve in der Darstellungsweise nach Hax und Majluff. (Vgl. Hax und Majluff 1988, S. 154)

Zur präzisen **Umsatzplanung** sollte für jedes **Produkt** eines Mehrproduktunternehmens zunächst seine aktuelle „**Position**" in der **Produktlebenszykluskurve** bestimmt werden. Befindet es sich bereits in der „Altersphase" so sind die zukünftigen Umsätze allenfalls marginal und sollten für das Gesamtergebnis des Unternehmens im Idealfall gar nicht mehr berücksichtigt werden. Aus der Zuordnung der Produkte zu unterschiedlichen Phasen der Existenz lässt sich wiederum deren Potential ableiten, welches für die Umsatzplanung von größter Relevanz ist. In einer **Portfoliomatrix**, die ebenfalls bereits 1988 von Hax und Majluff beschrieben wurde, existieren vier Felder, in welchen eine Klassifikation der Produkte in Abhängigkeit ihres Marktanteils und ihres Wachstumspotentials erfolgt. Unterschieden werden

- „**poor dogs**"
    - … die „armen Hunde", deren Wachstumspotential ebenso wie ihr Marktanteil gegen null tendiert,
    - … Produkte, die sich in der Altersphase der Produktlebenszykluskurve befinden.
- „**cash-cows**"
    - … die zu „melkenden Kühe" mit zwar (nur noch) **geringem Wachstumspotential** aber **hohem Marktanteil**, die **hohe Umsätze** erwirtschaften;
    - … Produkte, die sich in der **Reifephase** der Produktlebenszykluskurve befinden.
- „**question marks**"
    - … als „Fragezeichen" zu bezeichnende Produkte, die auf Grund der Tatsache, dass es sich z. B. um **Innovationen**/Neuentwicklungen handelt ggf. ein **hohes Wachstumspotential** aufweisen, jedoch noch **keinen** nennenswerten **Marktanteil** erreicht haben;

- ... Produkte, die sich in der **Entstehungsphase** der Produktlebenszykluskurve befinden.
- „stars"
  - ... Produkte, bei denen die Bezeichnung Programm ist, die sowohl ein **hohes Wachstumspotential** und einen bereits beachtlichen **Marktanteil** aufweisen und darüber hinaus auch **Umsätze** erwirtschaften, welche die Entwicklungskosten zu decken beginnen;
  - ... Produkte, die sich am **Anfang** der **Wachstumsphase** der Produktlebenszykluskurve befinden.

An Hand eines sehr frei gewählten Beispiels lassen sich die Zusammenhänge verdeutlichen und lässt sich außerdem darstellen, dass Produkte, die basierend auf ihren Absatzzahlen den Eindruck erwecken, das Ende der Reifephase bereits erreicht zu haben (poor dogs) zur Abrundung eines Produkt- und oder Leistungsportfolios von Unternehmen weiterhin angeboten werden müssen bzw. sollten.

Beispiel

Ausgehend von den Daten der **Zulassungsstatistik** des **Kraftfahrtbundesamtes** ist die in Abb. 4.3 dargestellte **Portfoliomatrix** mit willkürlichen Modellen der Marke „Mercedes-Benz" versehen[3], die in Relation zu anderen Modellen auffallend hohe bzw. niedrige **Zulassungszahlen** aufweisen. Die Angaben lassen sich wie folgt interpretieren:

Modellsegment „SL":

- „lediglich" 157 Neuzulassungen seit Januar 2018,
- Sättigungsgrad scheint erreicht zu sein,
- Marktpotential ist nur noch gering,
- im Rahmen der Umsatzplanung nicht mehr zu berücksichtigen

Abb. 4.3 Portfoliomatrix in der Darstellungsweise nach Hax und Majluff. (Vgl. Hax und Majluff 1988. S. 37)

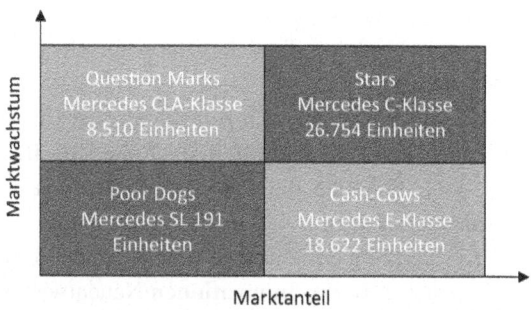

---

[3] Vgl. Kraftfahrtbundesamt: Neuzulassungen von Personenkraftwagen nach Segmenten und Modellreihen, Flensburg 2018.

- Kosten für die Entwicklung eines Nachfolgemodells bzw. eines Modells mit alternativem Antrieb (Elektro- oder Hybridantrieb) ist ggf. anzuraten.

Modelsegment „E-Klasse":

- im Modelljahr 2018 nicht mehr neu, weist jedoch hohe Zulassungszahlen und entsprechende Umsätze auf,
- Wachstumspotential in Anlehnung an Erscheinungsjahr/Position der Produktlebenszykluskurve gering,
- Modell erwirtschaftet nach wie vor hohe Umsätze und sollte im Rahmen der Umsatzplanung entsprechend berücksichtigt werden.

Modellsegment „CLA-Klasse":

- hohes Wachstumspotential auf Grund des neuesten Stands der Technik,
- bisher konnte jedoch noch kein hoher Marktanteil erreicht werden.

Modellsegment „C-Klasse":

- bis Mai 2018 bereits > 26.000 Neuzulassungen,
- Steigerung unter Berücksichtigung der Entwicklung vergangener Jahre feststellbar,
- Maximum des Marktanteils bisher nicht erreicht, Wachstumspotential noch nicht ausgeschöpft,
- Umsatzsteigerung im Folgejahr zu erwarten und im Rahmen der Planung zu berücksichtigen.

Das o. g. Beispiel und die Fahrzeugsegmente sind selbstverständlich willkürlich gewählt und es versteht sich fast von selbst, dass seitens der Daimler AG ein Produkt wie das als „SL" bezeichnete Sportcoupé nicht aus dem Portfolio gestrichen werden, auch wenn es gemäß der Absatz- und Umsatzzahlen in der Portfolio-Matrix als „poor-dog" eingestuft wird. Das Fahrzeug erfreut sich seit vielen Jahren großer Beliebtheit – wenn auch nur in einem eingeschränkten Kundenkreis – und wird regelmäßig technisch überarbeitet und einer optischen Modellpflege unterzogen.

Grundsätzlich verdeutlicht aber der Bezug des Modells zur strategischen Umsatzplanung auf einen Automobilhersteller, für welche Unternehmen die strategische Umsatzplanung nach Hax und Majluff geeignet ist und für welche nicht. Umsätze bzw. Absatzmengen von Großunternehmen der Automobilbranche lassen sich leicht in eine Relation zueinander setzen,

- da eine Datenbasis auf Grund gesetzlicher „Meldepflicht" besteht,
- die empirische Datenerhebung für das Operations Research insofern unproblematisch ist und
- Marktanteile eines Unternehmens auf diese Weise leicht zu ermitteln sind.

Insbesondere **KMU** haben **keine** diesbezüglichen **Möglichkeiten**, ihre **Marktposition** zu **bestimmen**. Der **Marktanteil** eines Unternehmens lässt sich daher bestenfalls **schätzen**, jedoch **nicht** präzise **ermitteln** (vgl. hierzu auch Wöhe et al. 2016, S. 81).

- Umsatzentwicklungen (... ungeachtet der Tatsache, ob sie positiv oder negativ sind) sind lediglich an Hand von Vergangenheitswerten ermittelbar,
- das Modell von Hax und Majluff scheint primär auf Großunternehmen zugeschnitten zu sein.[4]

Die Vorgehensweise erscheint unter Bedingungen sinnvoll, die in der Zeit „nach dem Weltkrieg" vorherrschten.

- Die im Vergleich zur heutigen Zeit geringe Anzahl von Unternehmen fertigten Produkte, die ein hohes Wachstumspotential/hohes Marktwachstum aufwiesen,
- die vorherrschenden Trends ließen sich präzise prognostizieren,
- es existierten Unternehmen mit dominierenden Geschäftszweigen,
- das Rivalitätsniveau zwischen den Wettbewerbern war, auf Grund der ebenfalls „geringen" Anzahl von Unternehmen ebenfalls gering.

4.2 Balanced Scorecard[5]

4.2.1 Konzeption und Aufbau

Die **Gestalt** bzw. der Aufbau einer **Balanced Scorecard** lässt sich mit relativ wenigen Worten erläutern. Das seitens **Kaplan** und **Norton** (1996) im Jahr 1996 entwickelte Controlling-Tool gleicht hinsichtlich seiner Darstellungsweise eines **Punktekarte** beim Golf oder beim Bowling und bietet dem Anwender eine **Übersicht**

- der **Perspektiven**, aus denen die innerhalb eines Unternehmens ablaufenden Geschäftsprozesse betrachtet werden,
- die hinsichtlich der Perspektiven gesteckten und zu erreichenden **Ziele**,
- **Maßgrößen**, an Hand derer die **Ziele messbar** sind sowie
- Kurzformen formulierter **Strategien**, die zur Erreichung der Ziele verfolgt werden (Abb. 4.4).

In Abhängigkeit der behandelten **Sichtweisen** wird die BSC literarisch **sowohl** dem **strategischen**, als auch dem **taktischen Controlling** zugeordnet. Ausgehend von der

---

[4] Diese Vermutung lässt sich durch die Beispiele auf den Seiten 318, 339 und 365 des Buches „Strategisches Management" stützen, denen lediglich US-amerikanische Konzerne zu Grunde liegen.
[5] Auszüge dieses Kapitels erschienen in der Ausgabe 05/2013 der „Controlling & Management Review", Wiesbaden 2013, S. 56–63.

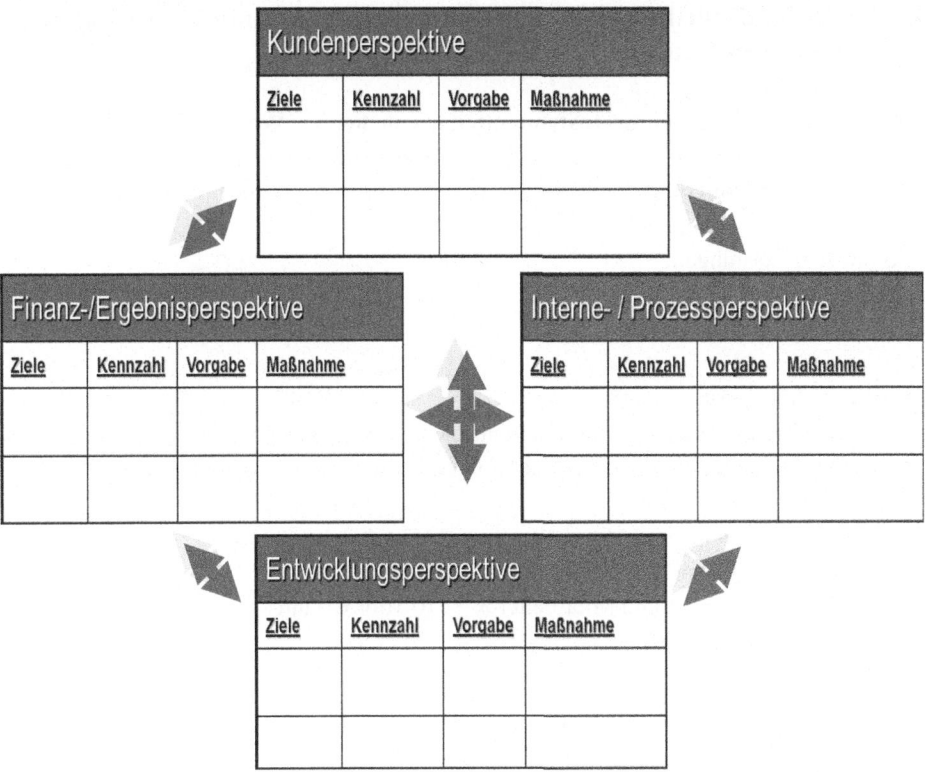

Abb. 4.4 Balanced Scorecard. (Darstellung in Anlehnung an Horváth et al. 2015, S. 115)

Tatsache, dass die Einhaltung der in einer Balanced Scorecard formulierten **Ziele** und **Strategien** sich i. d. R. auf **Zeiträume** beziehen, die **über ein laufendes Geschäftsjahr** hinausgehen besteht jedoch Einigkeit, dass es sich hierbei um **kein Instrument** des **operativen Controllings** handelt.

Inhaltlich

- werden **Ziele** in Kurzform ausformuliert,
  - deren Einhaltung mittels Kennzahlen oder absoluter Werte überprüft wird,
- werden **Vorgaben** zwecks Vergleichsmöglichkeit dargestellt und
  - mit entsprechenden **Maßnahmen** versehen.

Die **Darstellungsweise** des Instruments mutet auf den ersten Blick profan an. Die **Herausforderung** für Anwender in Gestalt von Unternehmensleitungen oder Controllerinnen und Controllern **besteht** jedoch darin, es auf die **individuellen Bedürfnisse** eines Unternehmens **anzupassen**. Das bedeutet: erreichbare Ziele und Strategien zu formulieren, passende Kennzahlen auszuwählen und deren Einhaltung durch die stringente Verwendung des Instruments zu prüfen und zu steuern.

4.2.2   Anwendungsbeispiel der BSC: Kundenzufriedenheitscontrolling im Mittelstand

Der Einsatz von **Controlling-Instrumenten** ist in **keiner Weise Großunternehmen** und/oder **Konzernen vorbehalten**. Auch bzw. **insbesondere** im **Mittelstand** ist es **wichtig**, Unternehmen **an Hand** konkreter und präziser **Daten** hinsichtlich

- erbrachter Leistungen,
- Umsätze oder
- Kosten

zu führen (Abb. 4.5).

Über 99 % aller deutschen Unternehmen sind dem Segment der KMU zuzuordnen. Die Klassifikation/Eingruppierung wird nach folgenden Kriterien vorgenommen:

- $\leq$ 9 Mitarbeiterinnen und Mitarbeiter & $\leq$ 2 Mio. € Jahresumsatz
  → Kleinstunternehmen,
- $\leq$ 49 Mitarbeiterinnen und Mitarbeiter & $\leq$ 10 Mio. € Jahresumsatz
  → kleine Unternehmen,

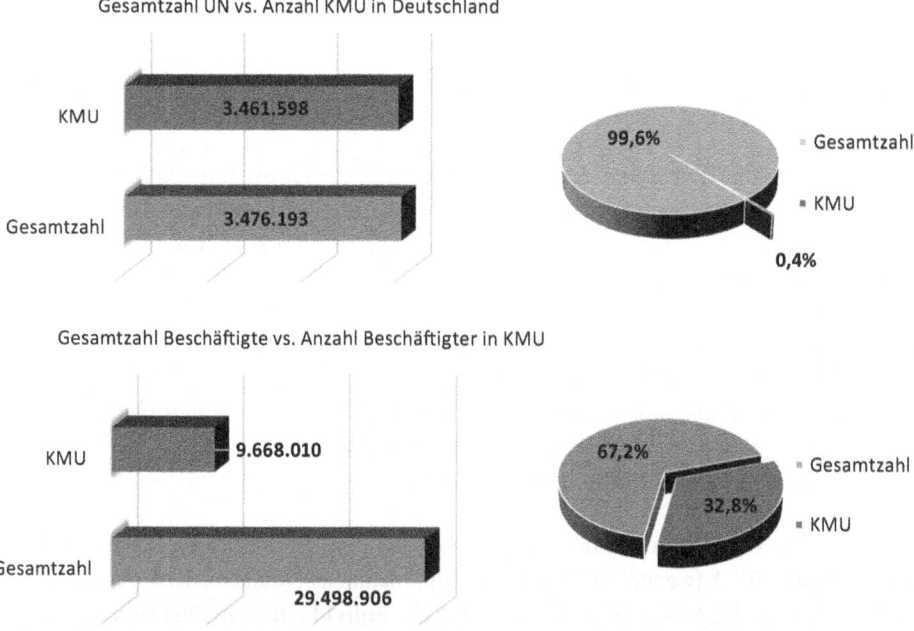

Abb. 4.5 Anteile klein- und mittelständischer Unternehmen sowie Beschäftigter in Deutschland. (Vgl. Statistisches Bundesamt: Unternehmensregister, Wiesbaden 2018)

- ≤ 249 Mitarbeiterinnen und Mitarbeiter & ≤ 50 Mio. € Jahresumsatz
  $\rightarrow$ mittlere Unternehmen,
- > 249 Mitarbeiterinnen und Mitarbeiter & > 50 Mio. € Jahresumsatz
  $\rightarrow$ Großunternehmen (Söllner 2014, S. 41)

Literarisch werden **KMU** häufig als der „**Motor** der **Wirtschaft**" bezeichnet (Söllner 2014, S. 40). Im Hinblick auf die **Beschäftigtenzahlen** ist diese Entstehung dieser Aussage in keiner Weise mehr verwunderlich. Unternehmen mit weniger als 249 Beschäftigten und weniger als 50 Mio. € Umsatz sehen sich häufig Problemen gegenüber, die Großunternehmen zwar nicht unbekannt sind, sie jedoch nicht mit existentiellen Bedrohungen konfrontiert.

KMU verfügen, im **Gegensatz** zu **Großunternehmen**, häufig über eine **geringere** (Eigen-) **Kapitalausstattung**. Die **Gründe** hierfür liegen vielfach in

- wettbewerbsbedingten **Absatzdefiziten**
  - ... resultierend aus der Existenz vieler „Billiganbieter" u. a. aus dem Ausland,
- **geringen Margen** für Produkte und Dienstleistungen
  - ... resultierend aus dem Preiskampf, der dem o. g. Wettbewerb folgt,
- **schlechten Ratings** bei Kreditinstituten
  - ... als Folge des Wettbewerbs und der Absatzdefizite sowie
- hohen Privatentnahmen
  - ... in Form geleaster Fahrzeuge etc., die als Aufwendungen gebucht den Gewinn und somit den dem Eigenkapital zurechenbaren Betrag des Unternehmens schmälern (Hohmann 2010, S. 7 ff.).

Darüber hinaus besteht in KMU häufig

- ein Abhängigkeitsverhältnis als Zulieferer der Großindustrie
  - ... weil die Anzahl der eigenen, direkten Kunden für das wirtschaftliche Überleben des Unternehmens nicht ausreicht,
- eine **unscharfe Aufgabenzuordnung** der Mitarbeiterinnen und Mitarbeiter
  - ... so dass personelle und finanzielle Kapazitäten für z. B. komplexe Marketingaktivitäten nicht vorhanden sind.

Aus den o. g. Gründen sind **KMU** demnach **unter Berücksichtigung aller** möglichen **Perspektiven** zu kontrollieren und zu führen, zu denen

- das Finanzwesen,
- der Kundenstamm sowie seine Entwicklung,
- die interne Entwicklung hinsichtlich der Produkte und/oder Leistungen,
- der störungsfreie Ablauf des operativen Tagesgeschäfts und
- die Aufrechterhaltung der Liquidität

gehören. Da mit Blick auf die o. g. erhöhten **existenzgefährdenden Risikofaktoren** insbesondere im Mittelstand eine erhöhte **Gefahr** der **Insolvenz** besteht, ist der Einsatz von **Controllinginstrumenten** hier **nicht** als **optional**, sondern als **erforderlich** anzusehen. Es versteht sich von selbst, dass verwendete Controlling-Tools den Überblick über alle Perspektiven ermöglichen müssen – einen derartigen Überblick leistet z. B. die Balanced Scorecard (Paul 2007, S. 554).

Beispiel

Ein gemäß der umseitig genannten Klassifizierung des Statistischen Bundesamtes als mittelständisch anzusehendes Maschinenbauunternehmen fertigt computergesteuerte Werkzeugmaschinen, exportiert seine Produkte weltweit und führt Service-Dienstleistungen ausschließlich an den eigenen Produkten durch. Zum Kundenstamm gehören sowohl kleine Handwerks- und Industriebetriebe als auch weltweit operierende Konzerne. Die Aufrechterhaltung der Kundenzufriedenheit, resultierend aus hoher Qualität der Produkte und Dienstleistungen, wird seit Jahren als primäres Ziel verfolgt. Zur Abbildung der Leistungen und Geschäftsprozesse im Allgemeinen kommt ein ERP zum Einsatz, das die Erstellung von Reports ermöglicht (vgl. Abschn. 2.2). Zu Beginn des neuen Geschäftsjahres sieht sich die Unternehmensleitung der folgenden Umsatzsituation gegenüber.

Das Säulendiagramm in Abb. 4.6 zeigt eine deutlich degressive **Entwicklung** der **Umsätze** bei den Kunden, die als „Key-Accounts" – **Schlüsselkunden** – im vorliegenden Fall als **Hauptumsatzträger** bezeichnet werden.

- Beim Kunden 52390, dem Hauptumsatzträger der vergangenen Jahre, ist ein Umsatzrückgang von mehr als 77 % zu verzeichnen,
- beim Kunden 51701 sind es mehr als 86 %,
- beim Kunden 51804 mehr als 89 %,
- der Kunde 53324 hat im vergangenen Geschäftsjahr gar keine Umsätze mehr getätigt,

usw. Die Daten stammen aus dem **Finanzwesen** bzw. wurden seitens der dort tätigen Mitarbeiterinnen und Mitarbeiter aufbereitet.

Eine solche Situation kann als der größte anzunehmende Unfall eines Unternehmens bezeichnet werden. Umsatzrückgänge in derartigen Größenordnungen machen nicht nur deutlich, dass die **Kundenzufriedenheit** – insbesondere bei den Schlüsselkunden – **gegen null tendiert**. Es bahnt sich darüber hinaus ein **Liquiditätsengpass** an, der die Existenz des Unternehmens gefährdet.

Zu veranlassen ist jetzt das, was umgangssprachlich als **sofortige Maßnahmen** zu bezeichnen ist. Angesprochen ist in diesem Zusammenhang die Abteilung **Marketing/Vertrieb**, welcher die Aufgabe der Kundenpflege bzw. die Betrachtung des Unternehmens aus der **Kundenperspektive** obliegt.

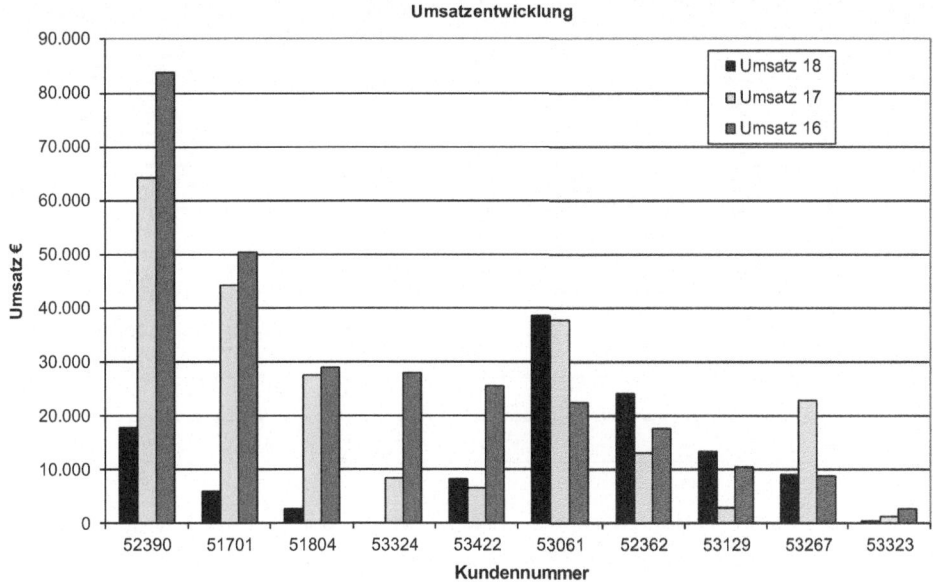

Abb. 4.6 Umsatzentwicklung der Key-Accounts

Neben den **Bemühungen** um **Neukunden** sowie die **Pflege** der **Bestandskunden** mit dem Ziel, diese wieder zu Re-orientieren sind die **Gründe** für die **Umsatzrück-gänge** zu eruieren, um derartige Situationen in der Zukunft zu vermeiden.

Als **Auslöser** für eine wie in **der** Fallstudie **beschriebene** Situation kommt nur ein **grundsätzliches Problem** in Frage, **das** z. B. **aus** der **Qualität** der **Produkte** und **Dienstleistungen** resultiert, die ggf. nicht den Erwartungen und Zielen der Unternehmensleitung entspricht. Die Existenz eines ERP und die Möglichkeit zur Generierung von Reports vereinfacht die diesbezügliche Untersuchung. Naheliegend ist zunächst die Korrelation der Anzahl von Service-Einsätzen mit den kundenseitig getätigten Umsätzen. Auf diese Weise ist festzustellen, ob die Umsatzrückgänge aus einer ggf. „schlechten" Qualität der Produkte oder den Dienstleistungen resultieren.

Das **basierend** auf einem **Report** erstellte und in Abb. 4.7 dargestellte **Diagramm** bestätigt die Vermutung, dass eine direkte **Beziehung zwischen** der **Qualität** der gefertigten Produkte **und** den **Umsatzrückgängen** besteht. Konträr zu Abb. 4.6 bedeuten hohe Säulen hier einen hohen Umsatzrückgang bzw. eine große Anzahl von Reparatur-/Service-Dienstleistungen innerhalb der Gewährleistungsfrist. „Viele" Reparaturen waren innerhalb der Gewährleistungsfrist bei den Kunden

- 53324,
- 52390 und
- 51701

erforderlich, die auch hinsichtlich der Umsatzrückgänge auffällig waren (vgl. Abb. 4.6).

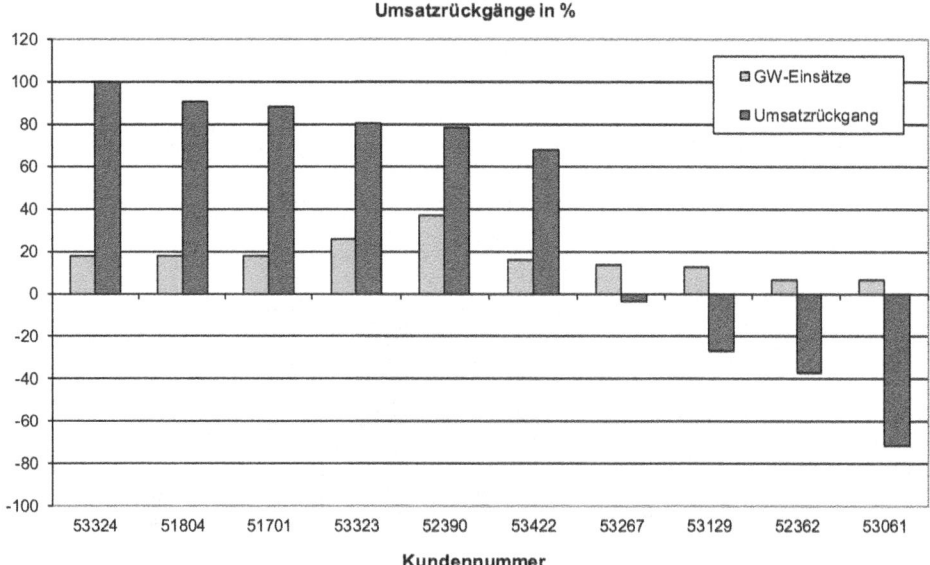

Abb. 4.7 Kostenpflichtige sowie Service-Einsätze innerhalb der Gewährleistungsfrist

Im nächsten Schritt muss die Führungsebene das Unternehmen aus der internen bzw. der Prozessperspektive betrachten und die genauen Ursachen für die Notwendigkeit der häufigen Service-Einsätze während der Gewährleistungsfrist ermitteln. Anders ausgedrückt: es ist zu klären, welche Bauteile der produzierten Werkzeugmaschinen am häufigsten Defekte aufweisen.

Wieder zeigt sich der Vorteil, der aus der Verwendung eines ERP resultiert. Alle Service-Einsätze werden in elektronischer Weise erfasst und als „kostenpflichtig" oder „Garantie" klassifiziert. Darüber hinaus wird jeder Einsatz schriftlich auf einem vorgefertigten Formular dokumentiert und nach Abschluss durch den Kunden unterzeichnet. Darüber hinaus werden die „reparierten" Baugruppen – d. h. die Bauteile, an denen Reparaturen erforderlich waren – auf den Formularen – den sog. Service-Nachweisen – explizit ausgewiesen. An Hand der auf diese Weise dezidiert erfassten Daten und des darauf basierenden Reports kann wiederum eine Grafik erstellt werden, welche die am häufigsten Störungen auslösenden Baugruppen eindeutig darstellt (Abb. 4.8).

Innerhalb der Gewährleistungsfrist treten die meisten Störungen an

- den Brennerhöhenverstellungen,
- den Steuerungen und
- den Plasmaanlagen

auf.

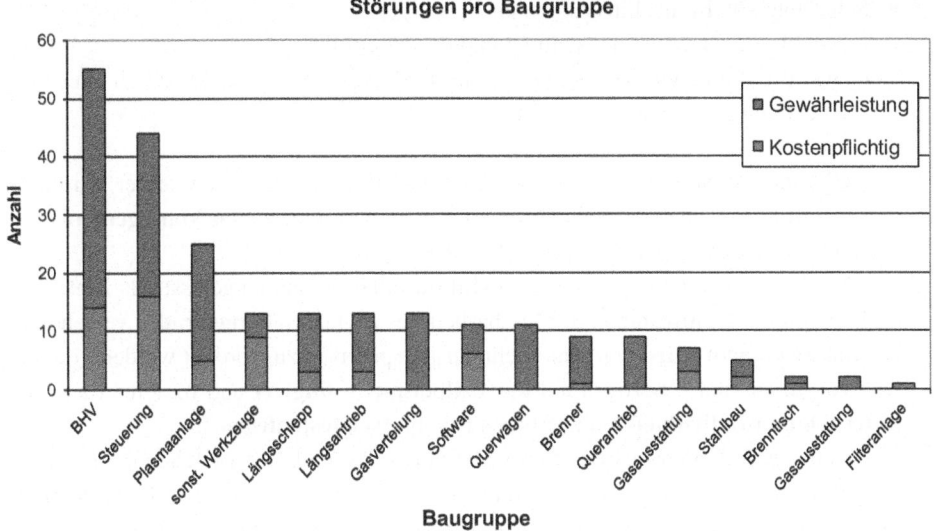

Abb. 4.8 Störungen pro Baugruppe

Die Unternehmensleitung ist somit erschöpfend hinsichtlich der Ursachen für Umsatzrückgänge bei Schlüsselkunden informiert und kann entsprechende Maßnahmen zu deren Kompensation/Abbau einleiten. Die Intensivierung der Kundendienstpolitik hat zunächst oberste Priorität.

Vorgehensweise:

- Festlegung von konkreten **Zielen** wie z. B.:
  - … **Kundenneugewinnung**
  - … **Rückgewinnung** der **Altkunden**, was als die schwierigste Aufgabe anzusehen ist, da innerhalb des Vertriebs kaum etwas ein größeres Problem darstellt als die Re-orientierung eines auf Grund schlechter Dienstleistung abgewanderten Altkunden,
  - **Aufrechterhaltung** der **Liquidität**;
    - Ziele, die sowohl die **Kunden**- als auch die des Unternehmens betreffen.
- Bestimmung von **Kompetenzen**:
  - Leiter der **Fertigung**: Auslieferung der Produkte in getestetem und technisch einwandfreiem Zustand,
  - Leiter des **Kundendienstes**: **zeitnahe** und qualitativ **einwandfreie** Durchführung von **Reparaturdienstleistungen**,
  - Leiter **Vertrieb**: Durchführung umfangreicher Werbe-, Marketing- und **Kundenpflegemaßnahmen**;
    - Maßnahmen, die sowohl die **Kunden**- als auch die **interne-/Entwicklungsperspektive** des Unternehmens betreffen.

- Schaffung von Kontrollinstrumenten
  - ... für die Unternehmensleitung und das Controlling,
  - wie die **Balanced Scorecard**, um die Einhaltung der Ziele bezüglich aller Perspektiven gleichzeitig prüfen zu können.

In Summe können die o. g. Maßnahmen als die Implementierung einer **Kundendienstpolitik** oder auch die **Schaffung** eines **kundenfokussierten Managements** bezeichnet werden (Wöhe und Döring 2010, S. 442 ff.).

Abb. 4.9 verdeutlicht, wie die o. g. **Maßnahmen** zusammengefasst, als **Ziele** formuliert und mit **Kennzahlen** zur Messbarkeit des **Zielerreichungsgrades** versehen in der **Balanced Scorecard** den Unternehmensperspektiven zugeordnet werden können. Die **Vorgaben** sind – bezogen auf das Fallbeispiel – **fingiert** und basierend auf den **unternehmensindividuell** realisierbaren Ergebnissen **festzulegen**.

Aus der **Kundenperspektive** betrachtet lautet das **Ziel**, den bestehenden Kundenstamm um 10 % zu erweitern. **Messbar** ist der Wert an Hand der absoluten **Anzahl**, die sich wiederum z. B. aus den im **Finanzwesen** neu angelegten Kundennummern ermitteln lässt. Als **Maßnahme** ist eine verstärkte **Akquisition** und **Kundenbetreuung** vorzunehmen, für die der **Leiter** der Abteilung **Vertrieb** als **Verantwortlicher** benannt werden kann.

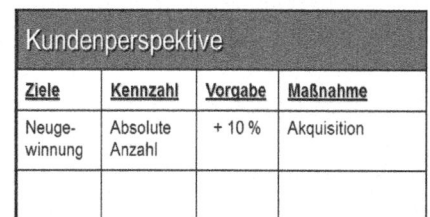

Kundenperspektive

Ziele	Kennzahl	Vorgabe	Maßnahme
Neugewinnung	Absolute Anzahl	+ 10 %	Akquisition

Finanz-/Ergebnisperspektive

Ziele	Kennzahl	Vorgabe	Maßnahme
Umsatzsteigerg.	Abs. Zahl lt. BWA	+ 10 %	Dienstleistungs-/ Absatzsteigerung
Steigerg. EK-Anteil	EK-Quote	+ 5 %	Forderungsaufbau

Interne- / Prozessperspektive

Ziele	Kennzahl	Vorgabe	Maßnahme
Kostenreduktion	Überschuss;	- 30 %	Kurzarbeit
Absatzsteigerg.	Angebotserfolg	+ 15 %	Verstärkte Kundenbetreuung

Entwicklungsperspektive

Ziele	Kennzahl	Vorgabe	Maßnahme
MA-Zufriedenh.	Betriebszugehörigk.	+ 10 %	Bonussystem, Qualifikation

Abb. 4.9 Ziel-, Kennzahlen- Vorgaben- und Maßnahmenzuordnung nach Perspektiven in der Balanced Scorecard. (Darstellung in Anlehnung an Horváth et al. 2015, S. 116 ff.)

Eine der **Kundenperspektive** zuordenbare **Zielvariante** ist die **Kundenzufrieden-heitsquote**, die an Hand des **Umsatzes** messbar ist (vgl. Ausführungen zu Beginn des Kapitels: sinkende Umsätze insbesondere der Schlüsselkunden sind Indikatoren für sinkende Kundenzufriedenheit). Als **alternative Kennzahl** lässt sich auch die **Gewährleistungsquote** heranziehen; entsprechende Informationen kann die Abteilung Kundendienst/Service bereitstellen. Als **Maßnahmen** kommen einerseits die **Kundenbetreuung** und andererseits die **Produktentwicklung** in Frage. **Verantwortlich** in diesem Fall wären der **Leiter** der **Vertriebsabteilung** und der Leister der **Fertigung/Produktion**.

Aus der *Finanz- und Ergebnisperspektive* des Unternehmens hat zunächst die **Aufrechterhaltung** der **Liquidität**, die sich u. a. durch eine **Steigerung** des **Umsatzes** erreichen lässt, **Priorität**. **Messbar** ist die Steigerung **an Hand** der **absoluten Werte**, die aus den unter Verwendung des ERP jederzeit generierbaren **betriebswirtschaftlichen Auswertungen** (BWA; vgl. Abschn. 3.7) ablesbar sind.

Zumindest mittelfristig sollte eine **Steigerung** des **Eigenkapitalanteils** angestrebt werden – insbesondere dann, wenn dieser, resultierend aus den Umsatzeinbrüchen und ggf. **Liquiditätsengpässen** bereits gelitten hat. Dieser ist an Hand von unterjährig erstellten **Zwischenbilanzen messbar**, die jedoch ebenfalls unter Verwendung des ERP ohne großen Aufwand zur Verfügung stehen sollten. Zu Grunde liegende **Maßnahmen** sind die **Absatz-** und **Dienstleistungssteigerung** sowie der hieraus resultierende **Forderungsaufbau**. **Verantwortlich** hierfür ist wiederum die **Vertriebsleitung**.

Die Durchführung von **Maßnahmen**, welche die *interne-/Prozessperspektive* des Unternehmens betreffen, kann insbesondere für Mitarbeiterinnen und Mitarbeiter mit den größten Unannehmlichkeiten verbunden sein. Lassen sich **Umsatzsteigerungen nicht** so schnell **realisieren**, wie es für den Fortbestand des Unternehmens erforderlich ist, **müssen Kosten eingespart** werden. Da die **Senkung** von **Kapitaldiensten** oder Mietaufwendungen für ein Produktionsunternehmen kurzfristig **nahezu unmöglich** ist, bleibt oft nur die **Möglichkeit** der **Einsparungen** von **personellen Aufwendungen**. Diese **Maßnahme** sollte **jedoch** stets zu **allerletzt** in **Erwägung** gezogen werden. Eine **Alternative** zum **Erhalt** von **Arbeitsplätzen** ist daher die übergangsweise **Durchführung** von **Kurzarbeit** gemäß §§ 95–111 SGB III. Das **Ergebnis** ist an Hand des z. B. **in** der **BWA** ausgewiesenen Überschusses**/Gewinns messbar**, für den die **Unternehmensleitung** in diesem Fall selbst Sorge zu tragen hat.

Ebenfalls seitens der Unternehmensleitung zu beeinflussen sein können in Bezug auf das Fallbeispiel die Maßnahmen bezüglich der *Entwicklungsperspektive*. Um ein Unternehmen aus einer derart schlechten, wirtschaftlichen Situation zu manövrieren bedarf es einem Mitarbeiterstamm, der sich einerseits mit dem Unternehmen verbunden fühlt und darüber hinaus loyal ist. Um diese Einstellung aufrechtzuerhalten bieten sich nach Überwindung der Krise **Bonussysteme**, kostenlose **Qualifikationsmaßnahmen** oder **Sonderzahlungen** an. Hieraus resultierende Ergebnisse, **messbar** z. B. durch die **durchschnittliche Dauer** der **Betriebszugehörigkeit**, treten ggf. erst nach mehreren Jahren zu Tage. U. a. aus diesem Grund wird die **Balanced Scorecard nicht zu** den

Instrumenten des **operativen Controllings** gezählt. Bei Eintritt von Erfolgen wird hingegen deutlich, dass die stringente Verfolgung der Maßnahmen und Anwendung des Tools letztendlich zum Erfolg führen kann.

An Hand des Beispiels wird die **Notwendigkeit** der **individuellen Gestaltung** und **Anwendung** des Controlling-Tools BSC **offensichtlich.** Die **Herausforderung** für das Controlling und die Unternehmensleitung **besteht** zunächst **in** der **Identifikation** der **Ursachen** für **Abweichungen**, der **Festlegung** von **Maßnahmen** zu deren Abwendung sowie in der **Bestimmung** von **Maßgrößen**, an Hand derer ein Fortschritt messbar ist. Zusammengefasst in der übersichtlichen Darstellung von vier Unternehmensperspektiven ergibt sich so ein **Instrument**, das eine permanente **Übersicht** aller durchzuführenden **Maßnahmen** und erreichbaren **Zielen** einschließlich der **Messgrößen** bietet.

Die BSC **schließt** somit die **Lücke** zwischen der **Entwicklung**, der **Formulierung** und der **Umsetzung** von Strategien. Es handelt sich

- in der ursprünglichen Form nach Kaplan und Norton um einen „**Kennzahlen-Mix**",
  - … der jedoch **auch** mit ausschließlich **absoluten Werten verwendbar** wäre (vgl. Umsatzsteigerung in der Finanz-/Ergebnisperspektive oder den Überschuss in der internen-/Prozessperspektive) sowie

strategische Geschäftseinheit			Abweichungsursachen			strategischeZiele		
Kennzahl	lfd. Jahr	Vergleichs-zeitraum	Forecast	Kennzahl	lfd. Jahr	Vergl.-Zeitraum	Forecast	
Betriebs-ergebnis				Markt				
EK-Rentabilität				Marktanteil				
GK-Rentabilität		Finanzkennzahlen		Umsatz				
liquide Mittel				Leistungs-erstellung		Erfolgsfaktoren		
Cash-Flow				Kapazitäts-auslastung				
Anlagen-deckung				Liefertreue				
Gegensteuerungsmaßnahmen								
Umsatz pro MA				strategische Maßnahmen und Projekte				

Abb. 4.10 Balanced Chance and Risk Card in Anlehnung an Reichmann

- ein **Instrument** des taktischen/strategischen Controllings
  - ... da die hierin formulierten Strategien und Maßnahmen selten innerhalb eines laufenden Geschäftsjahres umsetzbar sind.

In manchen Unternehmen wird die Balanced Scorecard gar als **organisatorischer Rahmen** für den gesamten **Managementprozess** eingesetzt, da durch die Berücksichtigung der vier verschiedenen Perspektiven Prozesse in verschiedenen Abteilungen überprüfbar sind (Graumann 2014, S. 43).

Die Konzept wurde seitens Reichmann weiterentwickelt zu einem Instrument, welches seinerseits mit dem geschützten Namen „**Balanced Chance and Risk Card** " bezeichnet ist und die Balanced Scorecard mit Risikomanagement verbindet. Auf diese Weise können Erfolgspotentiale und Risiken visualisiert und in die aus Kennzahlen resultierende Entscheidungsvorbereitung von Unternehmen einbezogen werden (Reichmann 2011, S. 590) (Abb. 4.10).

4.2.3 Fazit

Konsequenz für das in der Fallstudie beschriebene Unternehmen
Sofern die Balanced Scorecard zur Wiederherstellung der Kundenzufriedenheit und somit zur Erreichung aller Ziele beiträgt, ist sie für das Unternehmen selbstverständlich als positiv zu werten. Ist dies jedoch nicht der Fall, muss das Instrument dennoch von Nutzen und zum Operations Research dienlich sein. Sollten die Absatzschwierigkeiten und die hieraus resultierenden Liquiditätsengpässe weiterhin bestehen, sollte ein Unternehmen ...

- den Einsatz von **Fremddienstleistern** in Erwägung ziehen,
  - um Reklamationen resultierend aus schlechter Produkt- und/oder Dienstleistungsqualität vorzubeugen;
- das Leistungsspektrum anpassen,
  - indem es sich z. B. auf die Erbringung von Reparaturdienstleistungen auch an Fremdfabrikaten konzentriert, den Maschinenbau (partiell) einstellt und lediglich als Zulieferer/Fremddienstleister tätig ist.

4.3 Benchmarking

Als **Benchmarking** wird literarisch der **Vergleich** des **eigenen Unternehmens mit anderen** mit dem **Ziel** der **Identifikation** von Stellen, Abteilungen oder Prozessen mit **Optimierungspotential** beschrieben. Aus dieser, literarisch gängigen Definition hat sich im Laufe der vergangenen Jahre auch der umgangssprachliche Begriff des „**Bestenvergleichs**" entwickelt. Im Vordergrund steht nicht der Vergleich mit der Norm

(Betriebsvergleich) sondern vielmehr der Vergleich mit den Besten (Marktführer, Kompetenzcenter, „Center of Excellence"), wodurch Benchmarking zum Maßstab für Best-Practices im Sinne der bestmöglichen Durchführung z. B. des Kerngeschäfts eines Unternehmens, der Senkung einer möglichen Reklamationsquote o. ä. wird (Littkemann et al. 2018, S. 228). Der Ablauf kann grob in drei Schritte unterteilt werden:

Am **Anfang** steht die **Analyse** kritischer **Funktionsbereiche** oder **Prozesse** innerhalb eines Unternehmens, die z. B. **mittels** einer **SWOT**-Analyse (Strengths, Weaknesses, Opportunities and Threats) durchgeführt werden kann.

In **zweiter Instanz** steht die Identifikation geeigneter Vergleichspartner an, die ein in Art und Umfang dem Unternehmen ähnliches Produkt- oder Leistungsportfolio anbieten. Die Schwierigkeit liegt jedoch nicht in der reinen Identifikation sondern in der Überzeugung des Vergleichsunternehmens, interne Daten wie

- Umsätze
- Leistungszahlen oder
- Kosten

Preiszugeben. Sofern diese zur eigenen **Weiterentwicklung** einsetzt werden, bedeutet dies ggf. einen **Wettbewerbsvorteil**, den das die Informationen bereitstellende Unternehmen vermeiden will.

Abschließend erfolgt die **Darstellung** von **Ergebnissen** in einer für die **Entscheidungsvorbereitung** /das Operations Research **adäquaten Form**. Diesbezüglich bereitgestellt werden sollten

- Formulierungen von **Verbesserungsvorschlägen** zum Auf- und Ausbau von Stärken sowie zum Abbau von Schwächen,
- **Ansätze** zur **Rationalisierung** von Routinevorgängen,
- konkrete Verbesserungsansätze und -vorschläge (Ziegenbein 2006, S. 204).

In Abhängigkeit der ausgewählten **Vergleichspartner** und mit Blick auf die Tatsache, dass diese schwierig zu finden sind, lässt sich neben dem

- **externen Benchmarking** ... als Vergleich bezüglich von Produkten, Dienstleistungen, Prozessen, Strukturen, Methoden, etc. mit Dritten wie z. B. Partnern oder ggf. Wettbewerbern

auch ein

- **internes Benchmarking** ... als Vergleich bezüglich ähnlicher oder gleichartiger Sachverhalte (wie z. B. Strukturen oder Prozesse) zwischen Bereichen des eigenen oder gegenüber verbundenen Unternehmen

betreiben.

Externes Benchmarking

Zu Grunde liegt das bereits in Abschn. 4.2.2 beschriebene Maschinenbauunternehmen, das Werkzeugmaschinen fertigt und an den eigenen Produkten Reparaturdienstleistungen innerhalb und außerhalb der Gewährleistungsfrist erbringt.

Resultierend aus dem **Einbruch** der **Kundenzufriedenheit**, die sich in **Umsatzeinbrüchen** insbesondere bei den Schlüsselkunden **manifestiert**, ist die **Unternehmensleitung** nun **bestrebt, Maßnahmen** zu ergreifen, um **Fehler**, die zur beschriebenen Situation geführt haben, **künftig** zu **vermeiden**. Ein **Vergleich** mit einem in der **gleichen Branche** tätigen **Unternehmen** soll diesbezüglich zur Unterstützung durchgeführt werden.

Die **hohe** Anzahl von **Gewährleistungseinsätzen** macht das Vorhandensein von Qualitätsproblemen offensichtlich und für einen zielführenden Unternehmensvergleich wäre das Vorliegen von Angaben

- zu Qualitätsstandards,
- zur Lebensdauer der Produkte,
- hinsichtlich der Anzahl erforderlicher Reparaturen während der Gewährleistungsfrist und auch
- bezüglich des Produktportfolios

erforderlich.

Dass **Mitbewerber** eine diesbezügliche **Anfrage** nur mit großem Argwohn behandeln bzw. rundweg **ablehnen** liegt einerseits auf der Hand und **ist** darüber hinaus, aus der Sicht der Unternehmensleitungen, auch **nachvollziehbar**.

In Abschn. 4.2.1 sind die **Besonderheiten** und **Schwierigkeiten** klein- und mittelständischer Unternehmen erläutert; u. a. die **hohe Anzahl** der Mitbewerber innerhalb der Branchen (... erkennbar an der hohen, absoluten Zahl der KMU in Deutschland). Auch wenn die Aussage bitter und geringschätzend klingen mag, werden Anbieter auf Grund der hohen Mitbewerberzahlen und des hieraus resultierenden Wettbewerbs um jedes Unternehmen dankbar sein, das keine Konkurrenz mehr für sie darstellt.

Bei der Identifikation und Beseitigung von Schwächen, die zur in Abschn. 4.2.2 beschriebenen Umsatzsituation geführt haben, kann das Unternehmen möglicherweise ein externer Unternehmensberater unterstützen. Benötigt werden in dieser Situation Erfahrungen aus und über andere Unternehmen sowie Impulse und Ansätze für Verbesserungs- und entwicklungsmaßnahmen. Durch die Inanspruchnahme eines unabhängigen Beraters muss keine direkte Kooperation mit einem Wettbewerber angestrebt werden.

Für die **Durchführung** der **Variante** des internen Benchmarkings ist kein externes Vergleichsunternehmen erforderlich, sie wird innerhalb der „eigenen Reihen" durchgeführt. Voraussetzung hierfür ist jedoch, dass das Unternehmen eine ausreichende Größe aufweist.

Internes Benchmarking

Innerhalb eines **großen Unternehmens** bzw. eines **Konzerns** ist die **Auffindung** von **Vergleichspartnern** dann **einfach**, wenn **mehrere Standorte** existieren **und** die dort erbrachten **Leistungen gleich** sind. Eine solche Situation herrscht wie im bereits in Abschn. 2.2 beschriebenen **Beratungsunternehmen** vor, das insgesamt über 5 Standorte in den Städten Hamburg und Berlin bereitstellt (Abb. 4.11).

Angenommen sei, dass die Konzernleitung beabsichtigt, die Gründe für das im **Vergleich** zu **anderen Standorten** deutlich **schlechtere Ergebnis** des Hauses 5 zu ermitteln. Der „Bestenvergleich" würde in diesem Fall mit den Häusern 2 oder 3 durchgeführt. Hierbei handelt es sich um die **Standorte**, welche die **höchste Anzahl** durchgeführter **Beratertage** und die **besten Ergebnisse** aufweisen. Auffällig und als Impuls für Verbesserungen ist z. B.

- … die hohe **Anzahl** von **Mitbewerbern** des Hauses 3:
  - welche **Marketingmaßnahmen** werden durchgeführt? Wie schafft es das Haus **trotz** vieler **Mitbewerber** ein derartig **gutes Ergebnis** zu erzielen? Kann **Haus 5** die **gleichen Maßnahmen** in Hamburg **einsetzen** und **von** den **Erfahrungen** der Kollegen in Hamburg **profitieren**?
- … die vergleichsweise **geringe** Höhe der **Zusatzkosten**, die durch Wochenend-/Feiertagsarbeit und Zuwendungen an die Kunden entsteht:
  - lässt sich die **Verfahrensweise** seitens des Hauses 5 **adaptieren**? Resultiert Wochenend- und Feiertagsarbeit aus den ebenfalls vergleichsweise häufigen Reklamationen, die korrigiert werden mussten und somit für zusätzliche Arbeit gesorgt haben?

Zeilenbeschrif-tungen	Summe von Berater-tage	Summe von Umsatz	Summe von Kosten	Summe von Zusatz-kosten	Ergebnis / Gewinn	Anzahl von Mitbe-werber	Anzahl von Reklama-tion
Berlin	**24.960**	**12.022.434**	**9.984.227**	**243.100**	**1.795.107**	**24**	**133**
HAUS 2	10.122	4.982.894	4.048.894	52.800	881.200	20	16
HAUS 3	14.838	7.039.540	5.935.333	190.300	913.907	4	117
Hamburg	**23.073**	**11.199.338**	**9.229.350**	**91.900**	**1.878.088**	**86**	**98**
HAUS 1	8.096	3.957.125	3.238.388	3.300	715.437	58	8
HAUS 4	9.332	4.490.378	3.732.800	34.700	722.878	23	59
HAUS 5	5.645	2.751.835	2.258.162	53.900	439.773	5	31
Gesamt-ergebnis	**48.033**	**23.221.772**	**19.213.577**	**335.000**	**3.673.195**	**110**	**231**

Abb. 4.11 Kosten und Leistungsauswertung aller Standorte innerhalb des Konzerns

In **Großunternehmen** ist die **Durchführung** der **internen** Variante des **Benchmarkings vorherrschend**, da **Vergleichsmöglichkeiten** in **ausreichend** großer **Menge** zur Verfügung stehen. KMU verfügen nicht über diesen Vorzug – ein Nachteil, der zu den übrigen, bereits in Abschn. 4.2.1 erwähnten hinzukommt.

Die **Zuordnung** des Benchmarkings **zu** den **strategischen** Instrumenten des **Controllings** resultiert aus der Tatsache, dass die **Umsetzung** der hieraus resultierenden **Strategien** und Maßnahmen **nicht** – oder nur verbunden mit größeren Schwierigkeiten – **innerhalb** eines **laufenden Geschäftsjahres** umsetzbar sind und hierfür ein Zeitraum von ggf. mehreren Jahren einzuplanen ist.

4.4   Sonderform des strategischen Controllings: Projektcontrolling

Als eine regelrechte **Sonderform** des strategischen Controllings kann die **Steuerung** und **Kontrolle** von **Projekten** angesehen werden. In **Abhängigkeit** der **Art** und des **Umfangs**

- erstrecken sie sich über einen **Zeitraum** von **mehr** als **einem Jahr**
  - und sind somit gemäß der verbreiteten literarischen Definition der strategischen Planung zuzuordnen.
  - Darüber hinaus sind sie
- mit organisatorischen Änderungen/Umstrukturierungsmaßnahmen verbunden,
  - was sich wiederum mit dem bereits in Abschn. 2.1 genannten Zuordnungskriterium des strategischen Controllings deckt.

Projekte sind insbesondere dadurch gekennzeichnet,

- dass sie durch einen **definierten Anfang sowie** ein definiertes **Ende** zeitlich und sachlich **definiert** sind;
  - … was bedeutet, dass zum **Starttermin** alle Beteiligten mit der **Arbeit beginnen und** diese **zu** einem **Fixtermin** auch **beendet** haben müssen;
- dass sie in ihrer Gesamtheit **durch Einmaligkeit gekennzeichnet** sind;
  - … was bedeutet, dass ein und dasselbe Projekt nur ein einziges Mal durchgeführt wird
    - … selbst eine identische Produktionsstätte, die im Anschluss an eine zuvor erstellte gebaut wird, stellt ein einmaliges Projekt dar;
- dass sie gegenüber anderen Vorhaben sachlich abgegrenzt sind
  - … was sich sowohl auf **zeitliche** als auch auf **sachliche** Vorgaben bezieht. Die **Arbeit** im Rahmen des „normalen" **Tagesgeschäfts** innerhalb von Unternehmen **läuft** (zusätzlich) **weiter**.

Anders ausgedrückt bedeuten die o. g. Kennzeichen für die Mitarbeiterinnen und Mitarbeiter von Unternehmen, dass sie im Rahmen von Projekten häufig in „Teilzeitarbeit" Innovationen für das Unternehmen realisieren, für das sie tätig sind (Olfert 2012, S. 470).

Grundsätzlich lassen sich drei Standard-Projektarten unterscheiden:

- Investitionsprojekte
  - ... wie der **Neubau** einer **Produktionsstätte** oder eines Verwaltungsgebäudes,
- Forschungs- und Entwicklungsprojekte
  - ... wie die **Implementierung** von **klinischen Pfaden** im **Gesundheitswesen** oder die **Ausgliederung** des **Dienstleistungsbereiches** von **Produktionsunternehmen** in Shared Service Centers,
- Organisationsprojekte
  - ... wie die **Einführung** oder **Umstellung** auf ein (neues bzw. abweichendes) **ERP** (Fiedler 2012, S. 2).

Die **Relevanz** der Thematik lässt sich an der diesbezüglichen Intervention des **Deutschen Instituts** für **Normung** ableiten, die **Leistungserstellungen** mit **Projektcharakter** eine eigene Norm (**DIN 69 901**) widmet.

Projektmanagement, die „unterstützende" Tätigkeit im Rahmen der Durchführung lässt sich in allgemeingültige Managementfunktionen unterteilen.

Projektmanagement

- ... plant und legt Ziele fest, die im Rahmen eines Projekts bzw. nach seinem Abschluss angestrebt werden,
- ... organisiert und bringt Prozesse „zum Funktionieren",
- ... führt und leitet andere Projektbeteiligte in zielorientierter Art und Weise,
- ... steuert und verfolgt eine erfolgreiche Projektabwicklung.

Die o. g. **Formulierungen** legen die **Vermutung** nahe, dass die **Tätigkeiten** bzw. **Funktionen** des **Projektmanagers** mit denen eines (Projekt-)**Controllers identisch** sind. Zugegebenermaßen sind die **Grenzen** an dieser Stelle **fließend**.

Dem Projektmanagement obliegt im Rahmen der Projektdurchführung die Verantwortung für das Gelingen bzw. das Scheitern eines Projekts und hieraus resultierend auch dir Verantwortung. Das Projektcontrolling ist im Gegensatz dazu primär in beratender Funktion tätig und zeichnet sich für (Miss-)Erfolge nicht verantwortlich. Abb. 4.12 verdeutlicht den Zusammenhang sowie die Tatsache, dass beide Instanzen sich gemeinschaftlich auf die jeweilige Phase des Betrachtungsobjekts fokussieren (Abb. 4.13).

In **hierarchischer Hinsicht** lässt sich demnach feststellen, dass das **Projektmanagement** dem **Projektcontrolling** „überstellt" ist. Bezug nehmend auf die Erläuterungen zur organisatorischen Einbindung des Controllings in Abschn. 1.2 soll dieser Zusammenhang hier noch einmal schematisch dargestellt werden. Während das **Controlling** als **Stabsstelle** zur **Geschäftsführung** gemäß der Ausführungen von Horváth (Horvath 1978, S. 205) eine „reine" Informationsfunktion und Weisungsbefugnis wahrnimmt, überträgt die Geschäftsführung die Kompetenz einschließlich der Verantwortung – jedoch limitiert für die Dauer der Durchführung des Projekts – an das Projektmanagement (Abb. 4.14).

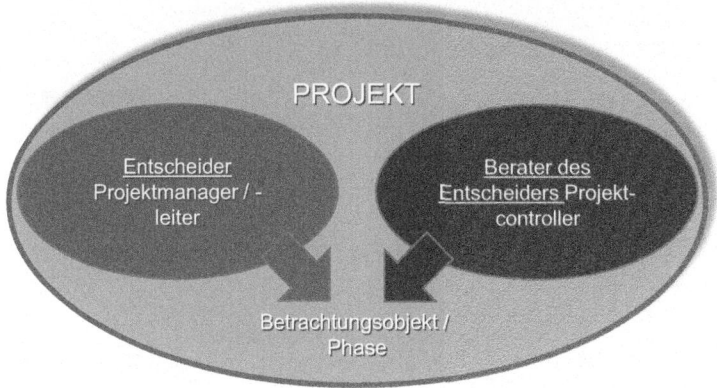

Abb. 4.12 Funktionen des Projektmanagements sowie des Projektcontrollings. (Vgl. Schreckeneder 2010, S. 58)

Als **Aufgaben**, **Tätigkeiten** und einzusetzende **Instrumente** des Projektmanagements
und -controllings werden literarisch folgende genannt:

Projektmanagement
- **fachübergreifende Koordination** von Planungs-, Steuerung- und Entscheidungspro-
zessen
  - Instrumente: Soll-Ist-Vergleiche, Meilensteintrendanalyse

Projektcontrolling
- **Beratung** des Projektmanagements,
- **Bereitstellung** entscheidungsvorbereitender **Informationen**,
  - Instrumente: Soll-Ist-Vergleiche, Meilensteintrendanalyse (Schreckeneder 2010,
  S. 51 ff.)

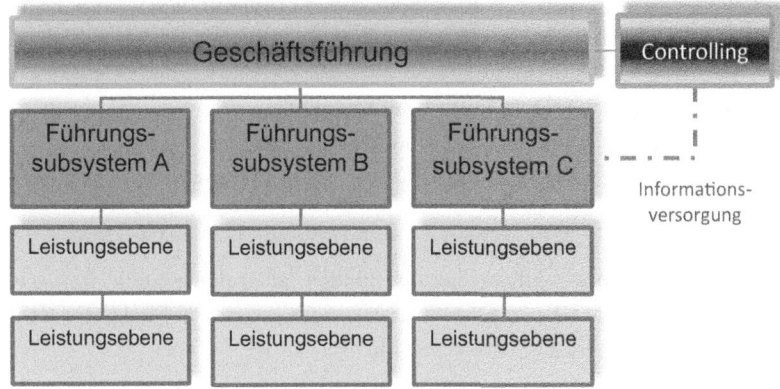

Abb. 4.13 Organisatorische und hierarchische Einbindung des Controllings im Unternehmen

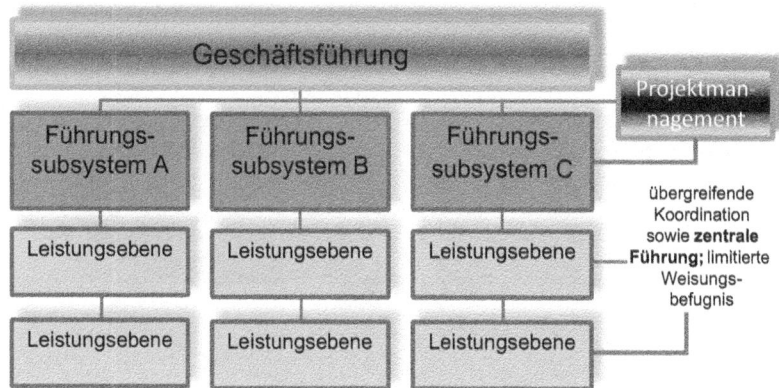

Abb. 4.14 Organisatorische und hierarchische Einbindung des Projektcontrollings im Unternehmen

Die **Ähnlichkeit** der **Tätigkeiten** sowie die **Übereinstimmung** der einzusetzenden bzw. adäquaten **Instrumente** legen den **Schluss** nahe, dass die zur Bewältigung der jeweiligen Aufgaben erforderlichen **Qualifikationen** der Personen **identisch** sind. Dies bedeutet wiederum, dass die **Funktionen**, in Abhängigkeit der Größe des jeweiligen Unternehmens sowie des Aufgabenumfangs, von **einer Person ausgeübt** werden können.

Beispiel

Als **Beispiel** für die Durchführung eines Projekts, seine Steuerung und Kontrolle soll abweichend zu den bisherigen Fallstudien **kein Fertigungs-** oder **Dienstleistungsunternehmen** sondern ein **Krankenhaus** betrachtet werden, in welchem im Rahmen eines **Projekts** ein sogenannter „**klinischer Pfad** " zu implementieren ist.

Im Rahmen **klinischer Pfade** werden Patientinnen und Patienten gemäß standardisierter Behandlungspläne unter Beteiligung **verschiedener** Fachdisziplinen (interdisziplinär) durch den Gesundheitsbetrieb geleitet. Die Intention liegt in der **Transparenz** der Aufgabenverteilung sowie klar **festgelegter Verantwortungsbereiche**, die eine **Verkürzung** der **Verweildauer** bewirken sollen. Zu erreichen ist dieses Ziel

- durch **Vermeidung** von **Doppeluntersuchungen**
- sowie **Vermeidung** unnötiger Tests und **Wartezeiten,**
- bei gleichbleibender **Behandlungsqualität** und **Zufriedenheit** aller Patientinnen und Patienten.

Zu Beginn des Projekts gilt es, herauszufinden, an welcher Stelle bzw. zwischen welchen Fachabteilungen die Implementierung eines klinischen Pfades als sinnvoll erscheint. Voraussetzung ist das Vorhandensein

- hoher **Fallzahlen**,
- hoher **Umsätze**,
  - – zwischen welchen Kliniken/Fachabteilungen verlieren Krankenhäuser bedingt durch Kürzungen seitens der Krankenkassen und des MDK Geld?
- **standardisierbarer Behandlungsprozesse** sowie
- einer hohen **Anzahl** von **Datensätzen**
  - – ... zur **Identifikation** von **Potentialen** für **Synergieeffekte**, die sich z. B. in Verweildauerreduktionen manifestieren (Abb. 4.15).

Die **Suche** nach einer **geeigneten** „Stelle" für die Implementierung eines klinischen Pfades muss demnach bei **Kliniken** beginnen, die **hohe Fallzahlen** aufweisen. Ein Blick in die Auswertung des Statistischen Bundesamtes zeigt, dass Erkrankungen des **Kreislaufsystems** sowie des **Muskel-, Skelett-** und **Bindegewebssystems** mit Abstand am Häufigsten diagnostiziert und behandelt werden. Behandelnde **Fachabteilungen** wären demnach die Kliniken für **Unfallchirurgie/Orthopädie** sowie die Kliniken für **innere Medizin** mit dem Schwerpunkt **Kardiologie** (Abb. 4.16).

Zur **Bestätigung** der **Zweckmäßigkeit** eines klinischen Pfades zwischen den beiden o. g. Kliniken kann jetzt noch eine **Überprüfung** der **Nebendiagnosen** in Abhängigkeit der durchgeführten Behandlung vorgenommen werden, welche die **Standardisierbarkeit zwischen** den **Fachabteilungen** zu bestätigen vermag. Aus Abb. 4.16 ist zu entnehmen, dass bei allen ausgewählten Hauptdiagnosen als Nebendiagnose die arterielle Hypertonie bestimmt werden konnte. Von 10 anderen – jeweils unterschiedlichen – Diagnosen wird diese Erkrankung so häufig festgestellt, dass ein ihr Anteil grafisch/in Form eines Säulendiagramms messbar ist. Die entsprechende Behandlung stellt ein klassisches Betätigungsfeld der Hauptabteilung „Innere Medizin/Kardiologie" dar. Die

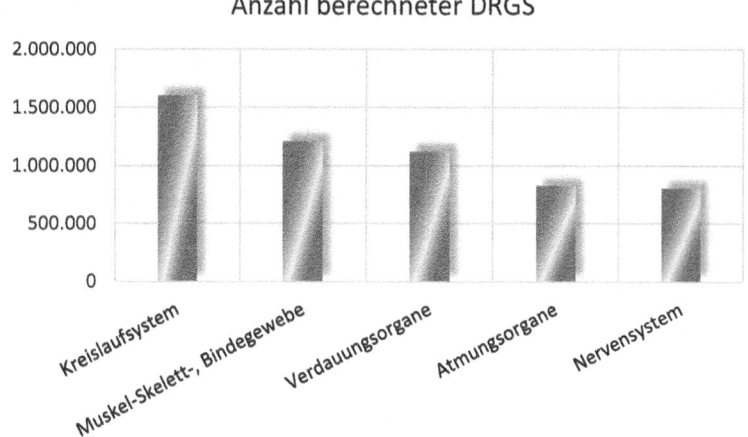

Abb. 4.15 Häufigkeit von Erkrankungen in Deutschland (Auszug). (Vgl. Statistisches Bundesamt 2017, Tabelle 4.1.1.1)

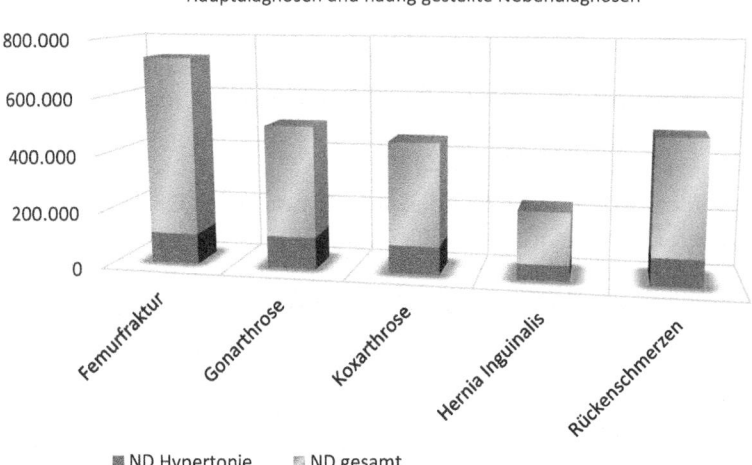

Abb. 4.16 Häufige Nebendiagnosen im Fall der Erkrankungen des Muskel-, Skelett- und Bindegewebssystems. (Vgl. Gemeinsamer Bundesausschuss: Ausgewählte Hauptdiagnosen und ihre 10 häufigsten Nebendiagnosen)

Implementierung eines klinischen Pfades zwischen der Kardiologie und der Unfallchirurgie/Orthopädie erscheint mit Blick auf die Standardisierbarkeit der Prozesse als sinnvoll.

Die **Stufen** des Projekts, zu denen als Beteiligte neben den Entscheidungsträgern der beiden genannten Kliniken auch die Verwaltung und die Funktionsdiagnostik gehören (z. B. Labor, Radiologie) umfassen:

- die **Information** der betreffenden Kliniken bei Anmeldung eines Patienten zur Behandlung,
- die gemeinsame **Diagnostik** und Befundung durch die Mediziner der Kliniken Unfallchirurgie/Orthopädie und Kardiologie/Angiologie,
- die schnellstmögliche **Durchführung** von Labor- und Röntgenuntersuchung sowie
- die **gemeinsame** Behandlung **Therapie** und Visite der Mediziner und Pflegekräfte,
- mit dem **Ziel** der **Verweildauerverkürzung** und somit **Vermeidung** von **Entgeltkürzungen** durch die Krankenkassen im Fall der Überschreitung der vorgeschriebenen, maximalen stationären Verweildauer.

Die einzelnen **Stufen** stellen sogleich **Meilensteine** im Projektablauf dar, an Hand derer der **Fortschritt durch** das **Projektcontrolling** zu **messen** und **beurteilen** ist (Abb. 4.17).

Während die **Aufgabe** des **Projektmanagements** in der organisatorischen **Koordination** sowie der **Motivation** der **Beteiligten** zur Einhaltung der Vorgaben besteht, welche die Voraussetzungen für einen erfolgreichen Projektabschluss darstellen, ob-

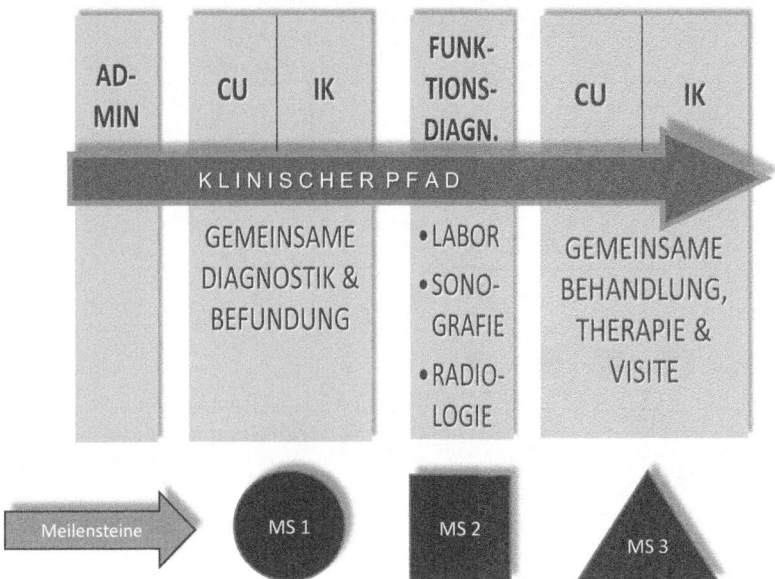

Abb. 4.17 Durchzuführende Schritte und Meilensteine bei der Implementierung eines klinischen Pfades

liegt dem **Projektcontrolling** die **beratende Funktion** und **Entscheidungsvorberei-tung**.

Sofern sich die einzelnen Stufen des Projekts

- Information seitens der Verwaltung,
- gemeinsame Diagnostik,
- etc.

als **Meilensteine** titulieren lassen, können diese sogleich im zu Beginn des Kapitels genannten **Controlling-Tool** des „**Meilenstein-Trendcharts**" verarbeitet werden. Es dient dem Operations Research in der Weise, dass die **messbare Erreichung** von **Meilensteinen** den **Start** der **Folgephase** auslöst, während die **nicht-Erreichung** von Meilensteinen eine **Wiederholung** der **Phase** oder **ggf**. den vollständigen **Abbruch** des **Projekts** zur Folge hat.

In Abb. 4.18 ist ein solches Chart als **Negativbeispiel** dargestellt und es werden die **Auswirkungen** der **Verzögerungen** des Abschlusses von Projektphasen deutlich.

Verzögert sich der **Abschluss** der **Phase**, im Rahmen derer die ersten Patientinnen und Patienten gemeinsam diagnostiziert werden sollen (Kreise), zieht dies eine **Ver-zögerung** des **Starts** der abgestimmten Funktionsdiagnostik (Quadrate; **Folgephase**) nach sich. Die **Konsequenz** hieraus ist, dass sich der **Abschluss** des **Projekts**, der mit der Phase der gemeinsamen Gesamtbehandlung endet immer weiter nach hinten **ver-schiebt** und das gesamte Projekt **schlimmstenfalls abgebrochen** werden muss.

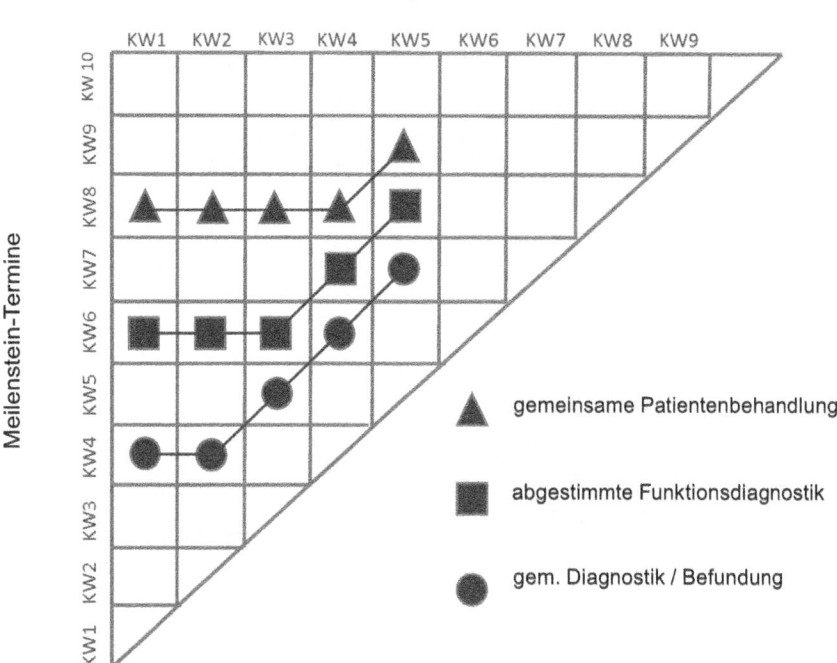

Abb. 4.18 Meilensteintrendanalyse. (Darstellung in Anlehnung an Patzak und Rattay 2014, S. 426)

Die **Bereitstellung** derartiger **Informationen** zur **Entscheidungsvorbereitung** ist **Aufgabe** des **Projektcontrollings**. Die **Motivation** der **Beteiligten** zur **Einhaltung** der **Vorgaben** sowie die **Entscheidung** hinsichtlich der **Projektfortführung** oder seines **Abbruchs** (ggf. in Abstimmung mit der Unternehmensleitung) **hingegen** ist Aufgabe des **Projektmanagements**.

Erfolgreiche **Projektabwicklung erfordert**, neben angemessenem **Methodeneinsatz**, **Teamgeist** und **Kommunikation**. Insbesondere der letzte Aspekt sollte nicht unterschätzt werden, wenn Leistungserstellungen über einen Zeitraum von mehr als einem Jahr durchgeführt werden und mit erheblichen Kosten verbunden sind. Abb. 4.19 zeigt eine Auswahl von Gründen, die im Rahmen diverser Umfragen für das Scheitern von Projekten angegeben wurden.

Das Zusammenspiel zwischen dem Projektcontrolling und dem Projektmanagement als Ersteller und Verwender des Operations Research ist in diesem Zusammenhang von großer Bedeutung. Unliebsame Entscheidungen, die während Projekten getroffen werden und Tätigkeiten, die Beteiligte gegen ihren Willen zusätzlich zu ihren sonstigen Tätigkeiten ausüben müssen, sollten hinsichtlich ihrer Notwendigkeit argumentativ begründbar sein. Hierin liegt die Grundvoraussetzung für eine funktionierende Kommunikation, de-

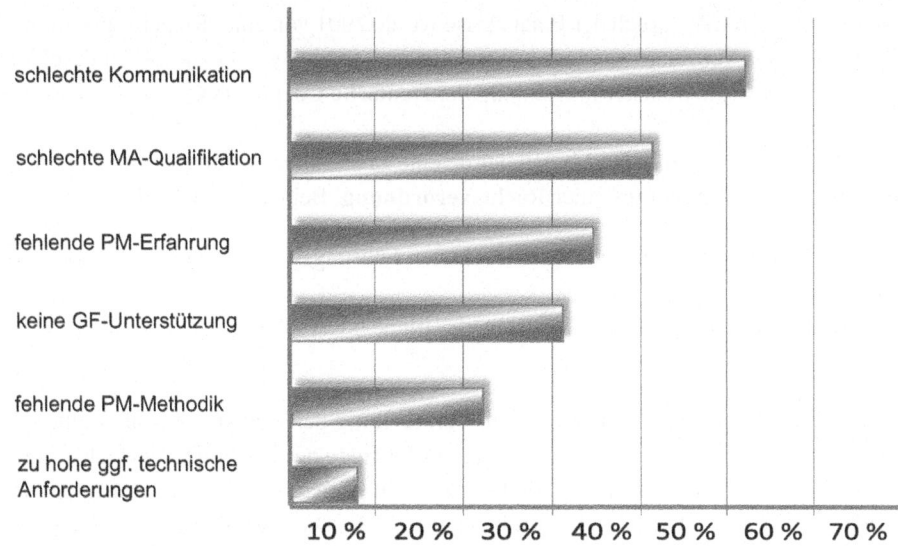

schlechte Kommunikation

schlechte MA-Qualifikation

fehlende PM-Erfahrung

keine GF-Unterstützung

fehlende PM-Methodik

zu hohe ggf. technische Anforderungen

10 % 20 % 30 % 40 % 50 % 60 % 70 %

Abb. 4.19 Gründe für das Scheitern von Projekten. (Fiedler 2012, S. 9)

ren Fehlen gemäß der Grafik nach Fiedler in Abb. 4.19 als der häufigste Grund für das Scheitern von Projekten angegeben wird.

4.5 Corporate Governance

Die als Corporate Governance **Konzeption** der **Unternehmensführung** lässt sich als der „Gipfel" des strategischen Controllings bezeichnen und sollte erst **dann** angestrebt und **verfolgt** werden, **wenn** alle anderen **Instrumente** und **Konzeptionen** innerhalb eines Unternehmens **funktionieren** und die gewünschten **Ergebnisse** liefern, welche den langfristigen **Fortbestand** des **Unternehmens** sicherstellen.

Der **Ursprung** der Konzeption stammt aus den USA und wurde zu Beginn der 90er Jahre erstmalig in Deutschland diskutiert. Übersetzt entspricht der Begriff am ehesten den „Grundsätzen einer verantwortungsvollen Unternehmensführung" oder „Regelungen zur Unternehmensverfassung", die bedingt durch Diskussionen um **Missmanagement** sowie die Effizienz der Entscheidungen von Aufsichtsräten in den vergangenen Jahren entstanden sind (Olfert und Rahn 2013, S. 246). Auslöser der verstärkten Diskussion des Themas in den vergangenen Jahren waren negative Schlagzeilen namhafter Wirtschaftsunternehmen in der deutschen Presse. Beispielhaft sei an dieser Stelle die Meldung der deutschen Presseagentur aus dem Jahr 2008 genannt, gemäß derer Manager der Dresdner Bank kurz vor der Übernahme durch die Commerzbank noch Boni in 3-stelliger Millionenhöhe erhalten haben, obwohl sie seit Ausbruch der Finanzkrise im gleichen Jahr für einen Verlust i. H. v. 2,5 Mrd. € verantwortlich gewesen sein sollen (DPA 2008).

Bereits lange vor Ausbruch der Finanzkrise wurde 2001 von einer Regierungskommission, gebildet aus Vertretern namhafter Wirtschaftsunternehmen und unterstützt durch die damalige Bundesjustizministerin, erstmalig der **Deutsche Corporate Governance** Kodex verfasst.

Aus dem wissenschaftlichen Modell wurde eine **Zusammenstellung** gesetzlicher **Vorschriften** mit dem **Charakter** einer **Rechtsverordnung**. Beinhaltet sind z. B.

- eine Vorschrift zur Bereitstellung eines dualen Führungssystems (vgl. § 48 AktG) sowie
- die Verdeutlichung der Aktionärsrechte als (Eigen-) Kapitalgeber (über § 54 AktG hinaus).

Die primäre **Forderung** lautete auf eine **Verstärkung** der **Transparenz** aller eine Aktiengesellschaft betreffenden Informationen, um **Verluste** der **Kapitalanleger** als Folgen von Insolvenzen, die in den Jahren 2009 bis 2011 zu verzeichnen waren, künftig zu **vermeiden** (Statistisches Bundesamt, Insolvenzen, 2018). Die **Bezüge** zum **Aktiengesetz** verdeutlichen den Fokus der Verordnung auf börsennotierte Unternehmen (Abb. 4.20).

Ein Konzept, das die Transparenz der Geschäftsprozesse einer durch das Kapital von (Privat-)Anlegern finanzierten Aktiengesellschaft verstärkt, kann grundsätzlich als positiv angesehen werden.

- Eine duale Führung ermöglicht die Kontrolle/Überprüfung unternehmerischer Entscheidungen,

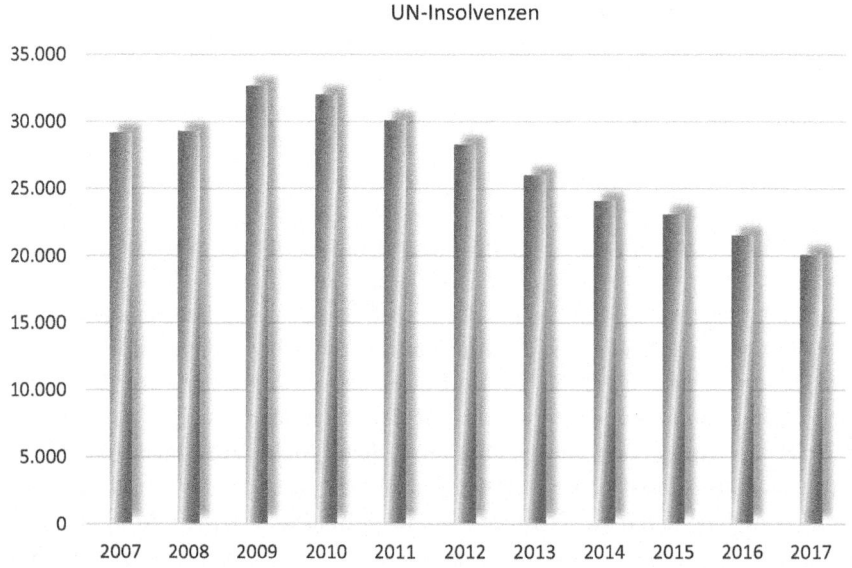

Abb. 4.20 Insolvenzmeldungen von Unternehmen in den Jahren 2007 bis 2017

- der Vorstand schuldet den Kapitalanlegern Rechenschaft hinsichtlich der erzielten/erwirtschafteten Ergebnisse,
- eine Operationalisierung in dieser Art erinnert alle Beteiligten an die Bestimmungen des AktG.

Ferner besteht die Möglichkeit

- in den Medien publizierte Vorfälle innerhalb namhafter, börsennotierter Unternehmen, die mit finanziellen- sowie dem Verlust von Arbeitsplätzen verbunden waren, künftig zu vermeiden und
- Vertrauen bei den Stakeholdern durch Maßnahmen zur Vermeidung von Fehlentscheidungen sowie Datentransparenz zu schaffen (Malik 2008, S. 35 ff.)

Hinsichtlich des **Vorstands** ...

- schreibt der Kodex eine enge **Zusammenarbeit** mit dem **Aufsichtsrat** vor,
  - was das bereits eingangs erwähnte **Konzept** der **dualen Führung** von Aktiengesellschaften unterstreicht und
  - dieses in Form der Forderung nach zeitnaher **Information** relevanter Fragen der Strategie, Planung und Geschäftsentwicklung des Aufsichtsrates seitens des Vorstands konkretisiert;
- legt der Kodex die Bereitstellung eines angemessenen Risikomanagements und -controllings sowie
- die Berücksichtigung von Genderaspekten bei der Besetzung von Führungspositionen nahe[6].

Hinsichtlich des **Aufsichtsrates**

- räumt der Kodex ein **Zustimmungsrecht** bei so genannten wesentlichen Geschäften ein
- und legt die Bildung eines Prüfungsausschusses nahe, der sich insbesondere mit der Überwachung
  - des Rechnungslegungsprozesses,
  - der Wirksamkeit des internen Kontrollsystems,
  - des internen Revisionssystems sowie
  - der Prüfung des Jahresabschlusses

auseinandersetzt[7],

---

[6] Vgl. Deutscher Corporate Governance Kodex in der Fassung vom 24.06.2015, S. 6–9.
[7] Vgl. Deutscher Corporate Governance Kodex in der Fassung vom 24.06.2015. S. 9–10.

- was die Notwendigkeit eines funktionierenden Operations Research unterstreicht, welches wiederum auf dem Einsatz adäquater Controlling-Instrumente (operativ und strategisch) basiert.

Der **Transparenz** innerhalb börsennotierter Unternehmen widmet die Kommission einen eigenständigen Punkt und fordert u. a.

- die unverzügliche Veröffentlichung von Insiderinformationen,
  - zur Vermeidung der Vorteilsnutzung bei z. B. aktienkurswirksamen Unternehmenszusammenschlüssen und/oder -transaktionen,
- die unverzügliche **Veröffentlichung** des Bekanntwerdens eines **Erwerbs** von 3, 5, 15, ..., 75 % der **Stimmrechte** an der Gesellschaft
  - zwecks zeitnaher Möglichkeit von Reaktionen auf versuchte, sog. „feindliche Übernahmen",
- sowie die **Gleichbehandlung** aller Aktionäre
  - zur Verdeutlichung der Wertschätzung eines jeden Anteilseigners[8].

Die **Forderung** nach mehr **Datentransparenz** ist **insbesondere** für **Global-Player interessant** und auch **relevant**. Da seit der Verabschiedung des **Bilanzrechtsmodernisierungsgesetzes** handelsrechtliche Abschlüsse durch umfangreichere Bewertungsvorschriften und -wahlrechte die Ausweisung eines im Vergleich zu den zuvor gültigen Regelungen höheren Eigenkapitals von Unternehmen ermöglichen, kommt der Datentransparenz eine gesteigerte Bedeutung zu.

Sofern ein Unternehmen bzw. seine Führungsspitze von sich zu behaupten in der Lage ist, alle Controlling-Instrumente in operativer und strategischer Hinsicht implementiert zu haben, was vom ausführlichen Berichtswesen bis zur Balanced Scorecard reicht, und auf diese Weise die Kommunikation im operativen Tagesgeschäft sicherzustellen, ist die Führung unter Anwendung des Corporate Governance Kodex sowie die diesbezügliche Kommunikation sicherlich sinnvoll. Vorteile hieraus können erwachsen für das
Employer Branding

- ... indem sich das Unternehmen als attraktiver und verantwortungsbewusster Arbeitgeber darstellt,
  - was die Möglichkeit zur Verpflichtung hochqualifizierter und motivierter Mitarbeiterinnen und Mitarbeiter mit sich bringt sowie

für die **Attraktivität** des Unternehmens **gegenüber** externen **Kapitalgebern**,

- ... die mit einer attraktiven Rendite rechnen können und ihr Kapital sicher angelegt wissen,
  - woraus eine höhere Anzahl potentieller Anleger und hieraus resultierend größere Fremdfinanzierungsoptionen resultieren.

---

[8] Vgl. ebda. S. 13.

4.6 Zusammenfassung

Im **Gegensatz** zum **operativen Controlling** und den diesbezüglichen Instrumenten erstreckt sich die dem strategischen Controlling zu Grunde liegende Planung auf Zeiträume von mehr als einem bis hin zu zehn Jahren. Ferner sind zur Umsetzung der geplanten Maßnahmen vielfach organisatorische Änderungen innerhalb des Unternehmens erforderlich. Es geht nun nicht mehr um rein kurzfristige Ziele, wie die Liquidität oder die Fähigkeit zur Zahlung von Löhnen und Gehälter am Ende eines Monats, sondern Maßnahmen, die langfristig zur Sicherung des Unternehmensfortbestands beitragen.

Strategische Planung entstand in den 70er Jahren und wurde **ausgelöst** durch die zunehmende **Komplexität** von **Märkten**. Eines der ältesten Instrumente des strategischen Controllings ist die strategische Umsatzplanung in Anlehnung an die Konzeption von Arnoldo Hax und Nicolas Majluff.

Unter Berücksichtigung von **Umweltfaktoren** wie

- dem Marktvolumen,
- den realisierten Marktanteilen sowie
- möglichen Wachstumsfaktoren

wird der potentielle Gesamtumsatz eines Unternehmens als Produkt des Gesamtmarktvolumens und seinem Marktanteil berechnet.

Die größte Herausforderung bei der Anwendung des Tools liegt in der Beschaffung von Prognosedaten hinsichtlich erreichbarer Absatzmengen und -preise, lückenhaft und unsicher sein können.

Da Fehleinschätzungen von **Nachfrage** und/oder der **Konkurrenzsituation** die Notwendigkeit zur Änderung der gesamten Absatzpolitik bzw. schlimmstenfalls ein negatives Unternehmensergebnis nach sich ziehen können, sollten **Unternehmen** in einer Art und Weise **aufgebaut** sein, die eine **permanente Kontrolle** ermöglicht. In Groß-/Mehrproduktunternehmen werden daher häufig Produkt-Marktsegmente gebildet, in denen die Potentiale der Produkte auf Basis der Produktlebenszykluskurve und/oder der Portfoliomatrix klassifiziert werden.

Insbesondere mit Blick auf die Schwierigkeit der Beschaffung verlässlicher Daten und den Aufwand, der mit der Produktklassifizierung einhergeht entsteht der Eindruck, dass es sich bei der strategischen Umsatzplanung nach Hax und Majluff um ein Instrument handelt, das primär auf Großunternehmen zugeschnitten ist. Die Anwendung am Beispiel eines Automobilherstellers macht deutlich, dass wenn **Daten** von Mitbewerbern **nicht** durch eine zentrale Stelle wie das Kraftfahrtbundesamt erhoben werden, insbesondere eine **verlässliche Bestimmung** des Marktanteils **schwer fällt**.

Die **Balanced Scorecard** lässt sich am Einfachsten als ein „**Mix**" aus **Kennzahlen** bezeichnen, die den vier Unternehmensperspektiven

- Finanz-/Ergebnis-,
- interne-/Prozess-,

- Entwicklungs- und
- Kundenperspektive

zugeordnet werden. **Anstelle** von **Kennzahlen** lassen sich, insbesondere in mittelständischen Unternehmen, die ggf. nicht über eine Controlling-Abteilung verfügen, auch **absolute Zahlen** verwenden.

Ähnlich einer Punktekarte beim Golf und/oder beim Bowling werden für die sich gegenseitig beeinflussenden Perspektiven

- Ziele,
- Kennzahlen,
- deren Vorgaben sowie
- adäquate Maßnahmen zur Zielerreichung

definiert. Auf diese Weise entsteht ein Kontroll- und Führungsinstrument, welches Führungskräfte in die Lage versetzt,

- alle Ziele,
- notwendige Maßnahmen und
- Verantwortlichkeiten/Kompetenzen

auf einen Blick zu erfassen um im Fall des Auftretens von Abweichungen der Planwerte, Gegenmaßnahmen einzuleiten.

Als **Benchmarking** wird der Vergleich von

- Ergebnissen,
- (organisatorischen) Strukturen oder
- Prozessen

eines Unternehmens mit einem **Unternehmen** der **gleichen** oder einer **verwandten** Branche bezeichnet. Der ideale Vergleichspartner wäre der Marktführer der jeweiligen Branche, warum das Benchmarking umgangssprachlich auch häufig als „**Bestenvergleich**" bezeichnet wird.

Auf Grund der Tatsache, dass aus der Anwendung des Instruments häufig organisatorische Änderungen resultieren, um die Abwicklung von Geschäftsprozessen übernehmen zu können, erfolgt die **Zuordnung** zu den **strategischen Instrumenten**.

Auf Grund der Tatsache, dass die Bereitschaft zur Preisgabe interner Daten zwischen Unternehmen insbesondere dann gering ist, wenn es sich um direkte Konkurrenten handelt lässt sich neben der externen auch eine interne Variante des Benchmarkings durchführen.

In diesem Kontext können bspw. Konzerne, die mehrere Standorte mit gleichem Leistungsspektrum bereithalten (Beratungsunternehmen), die organisatorische Struktur sowie die Ergebnisse miteinander vergleichen, ohne dass es eines externen Partners bedarf.

Die **Steuerung** und **Kontrolle** von **Projekten** wird, auf Grund des zeitlichen Horizonts von > 1 Jahr sowie der hiermit häufig verbundenen Notwendigkeit organisatorischer Änderungen (z. B. bei Investitionsprojekten wie dem Neubau von Gebäuden o. ä.), **ebenfalls** den **strategischen Instrumenten** zugeordnet. In hierarchischer Hinsicht ist das Projektcontrolling dem Projektmanagement untergeordnet und übernimmt somit, in Anlehnung an die konzeptionelle Formulierung nach Horváth primär eine informationsversorgende Funktion (Horváth 2011, S. 128). **Gängige Instrumente** im Rahmen des **Projektcontrollings** sind

- die Meilensteintrendanalyse oder
- der Projektstrukturplan,

die das Projektmanagement über den Fortschritt von Projekten informieren.

In Abhängigkeit des Projektumfangs und der über die Projektarbeit hinausgehenden Aufgaben sowie der Qualifikation besteht die Möglichkeit, **Projektmanagement** und diesbezügliches **Controlling** von **einer Person** ausüben zu lassen.

Corporate Governance ist ein Anglizismus, der sich als eine Auflistung von Grundsätzen zur verantwortungsvollen Unternehmensführung bezeichnen lässt. Ausgelöst durch Insolvenzen von Großunternehmen, die den Verlust vieler Arbeitsplätze sowie massive monetäre Schäden für Kapitalanleger zur Folge hatten, wurde 2001 von einer aus **Vertretern** namhafter **Wirtschaftsunternehmen** sowie der zu diesem Zeitpunkt amtierenden **Bundesjustizministerin** bestehenden Regierungskommission, erstmalig der Deutsche Corporate Governance Kodex verfasst.

Das wissenschaftliche Modell erhielt durch die Ergänzung gesetzlicher Vorschriften den Charakter einer **Rechtsverordnung**.

Insbesondere innerhalb **börsennotierter Unternehmen** sollen Insolvenzen und hieraus resultierende Schäden für Stakeholder mittels Vorschriften z. B. zur Bereitstellung eines dualen Führungssystems und die Verdeutlichung der Aktionärsrechte vermieden werden.

Der **Deutsche Corporate Governance Kodex** wird jährlich überarbeitet und aktualisiert und gilt als die Spitze der Controlling-Tätigkeit sowie deren „Produkt“. Er stellt ein Ziel dar, das erst verfolgt werden sollte, wenn alle erforderlichen Instrumente zur Unternehmenssteuerung implementiert sind und durch Datentransparenz eine verantwortungsvolle Führung ermöglichen.

4.7   Wiederholungs- und Kontrollfragen

1. **Strategische Umsatzplanung – Bezug:** Abschn. 4.1
   Erläutern Sie, basierend auf welchen Daten die strategische Umsatzplanung nach Hax und Majluff vorgenommen wird.

2. **Strategische Umsatzplanung – Bezug:** Abschn. 4.1

   Ein deutscher Automobilhersteller konnte 2013 insgesamt 686.772 Neuzulassungen seiner Produkte verzeichnen. Die Summe aller neu zugelassenen Fahrzeuge in Deutschland belief sich auf 3.173.634. Im Jahr 2014 beliefen sich die Neuzulassungen auf 672.921; die bundesweite Summe betrug 3.082.504.

   Berechnen Sie den zu erwartenden Umsatz für das Jahr 2015, wenn ein Gesamtvolumen auf dem Automobilmarkt i. H. v. € 128,5 Mrd. und eine identische Steigerung des Marktanteils prognostiziert wird.

3. **Balanced Scorecard – Bezug:** Abschn. 4.2

   Nennen Sie die im Rahmen der Balanced Scorecard betrachteten Unternehmensperspektiven.

4. **Balanced Scorecard – Bezug:** Abschn. 4.2

   Welchen Vorteil bietet die Anwendung der Balanced Scorecard insbesondere KMU?

5. **Benchmarking – Bezug:** Abschn. 4.3

   Erläutern Sie die Begriffe „internes Benchmarking" und „externes Benchmarking".

6. **Projektcontrolling – Bezug:** Abschn. 4.4

   Grenzen Sie die Funktionen des Projektmanagements und des Projektcontrollings gegeneinander ab.

7. **Corporate Governance – Bezug:** Abschn. 4.5

   Erläutern Sie den Grund des Zustandekommens einer Konzeption wie dem Corporate Governance und nennen Sie den Grund dafür, dass diese Konzeption wie eine Rechtsverordnung angesehen wird.

4.8   Lösungen Kap. 4

1. Gemäß der strategischen Umsatzplanung nach Hax und Majluff wird

   - das Gesamt-Marktvolumen als Produkt aus dem Marktvolumen der Vorperiode und dem Marktwachstumsfaktor;
   - der Marktanteil als Summe des Marktanteils der Vorperiode sowie der realisierten Änderung von Marktanteilen;
   - und abschließend der Unternehmensumsatz als Produkt aus dem Gesamtmarktvolumen und dem Marktanteil des Unternehmens

   berechnet.

2. Der erste Schritt bei der strategischen Umsatzermittlung nach Hax und Majluff besteht in der Bestimmung des Marktanteils des jeweiligen Unternehmens. Zur Ermittlung eines prozentualen Marktanteils wird die Anzahl der neu zugelassenen Fahrzeuge des

Herstellers durch die Gesamtzahl der Neuzulassungen dividiert und mit 100 multipliziert.

$$\text{Marktanteil} = \frac{\text{Neuzulassungen des Herstellers}}{\sum \text{Neuzulassungen bundesweit}} \times 100$$

$$2013: \quad \frac{686.772}{3.173.634} \times 100 = 21{,}64\,\%$$

$$2014: \quad \frac{672.921}{3.082.504} \times 100 = 21{,}83\,\%$$

Der Umsatz wird als Produkt des Gesamtmarktvolumens und des Marktanteils bestimmt. Da in den Vorperioden eine Veränderung des Marktanteils i. H. v. 0,19 % erreicht wurde, soll dieser Wert für das kommende Jahr fortgeschrieben und ein Anteil von 22,02 % (21,83 % + 0,19 %) zu Grunde gelegt werden.

$$2015: \quad 128{,}5\,\text{Mrd.} \times 22{,}02\,\% = €\,28{,}30\,\text{Mrd.}$$

3. Der Balanced Scorecard liegen die Finanz- und Ergebnisperspektive, die interne- und Entwicklungsperspektive, die Kundenperspektive sowie die Entwicklungsperspektive von Unternehmen zu Grunde.

4. Führungskräfte von KMU sind auf Grund einer häufig geringen Personal- und (Eigen-)Kapitalausstattung verstärkt in der Situation, das Unternehmen unter Berücksichtigung aller möglichen Perspektiven führen zu müssen. Die verwendeten Controlling-Tools müssen den Überblick über alle Perspektiven (gleichzeitig) bieten, um kurzfristige Reaktionen zu ermöglichen. Solches leistet die Balanced Scorecard und stellt insofern insbesondere für KMU ein adäquates Controlling-Tool dar.

5. Externes Benchmarking kennzeichnet den Vergleich eines Unternehmens mit einem anderen/externen und in der gleichen oder einer verwandten Branche tätigen Unternehmen. Als internes Benchmarking wird der Vergleich von unterschiedlichen Standorten oder Abteilungen eines und desselben Unternehmens bezeichnet, ohne dass ein externes hierfür erforderlich ist. Beide Verfahrensweisen dienen der Identifikation von Optimierungspotentialen. Da Unternehmen nur ungern interne und vertrauliche Daten hinsichtlich ihrer Organisation, Kosten und/oder Leistungen gegenüber einem Mitbewerber preisgeben, ist das interne Benchmarking die in Großunternehmen und Konzernen häufiger praktizierte Variante.

6. Dem Projektmanagement obliegt die Verantwortung für ein Projekt und die hiermit verbundene Weisungsbefugnis im Rahmen eines Projekts. Projektmanagement kommuniziert mit den Beteiligten und entnimmt Tools wie dem Projektstrukturplan oder der Meilensteintrendanalyse den Grad des Fortschritts.

Das Projektcontrolling ist dem Projektmanagement hierarchisch unterstellt, übernimmt in Anlehnung an die Konzeption nach Horváth in erster Linie die Aufgabe der Informationsversorgung und versteht sich primär als eine unterstützende Stelle für das Projektmanagement.

Da literarisch identische Instrumente für beide Funktionen erwähnt werden besteht die Möglichkeit, beide von einer Person gleichzeitig ausüben zu lassen, wenn Art und Umfang des Projekts sowie der sonstigen Aufgaben diese Option zulassen.

7. Der deutsche Corporate Governance wurde als Reaktion auf Insolvenzen und diesbezüglich negative Pressmeldungen namhafter, börsennotierter Unternehmen von Vertretern der Wirtschaft und der zur Zeit der ersten Formulierung amtierenden Bundesjustizministerin formuliert. Mittels der Richtlinien, deren Einhaltung eine verantwortungsvolle Unternehmensführung demonstriert, soll einerseits das Vertrauen von Kapitalgebern/Anteilseignern wiederhergestellt und Schäden für alle Stakeholder in der Zukunft vermieden werden.

Die Anmutung der Rechtsverordnung resultiert einerseits aus dem auf Paragraphen basierenden Aufbau des ca. 15-seitigen Kodex und der Beteiligung von Regierungsvertretern seit der Ersterstellung.

Literatur

Alter, R.: Strategisches Controlling, 2. Aufl. Oldenbourg, München (2013)

Bayerischer Industrie- und Handelskammertag e. V., Armbruster, A.: Ich mache mich selbständig! Bayerischer Industrie- und Handelskammertag e. V., München (2013)

Bundesanzeiger: Jahres- und Konzernabschluss zum Geschäftsjahr vom 1. Jan. 2017 bis zum 31.12.2017, Daimler AG. https://www.bundesanzeiger.de/ebanzwww/wexsservlet?session. sessionid=e0c927a3a8089054a91d85d12b959841&page. navid=detailsearchlisttodetailsearchdetail&fts_search_list.selected=041e2eb82e1c9642&fts_ search_list.destHistoryId=60979. Zugegriffen: 19. Juli 2018

DPA: Skandal um Bonus-Zahlungen für Manager (2008). http://www.t-online.de/wirtschaft/jobs/ id_16801214/skandal-um-bonus-zahlungen-fuer-bank-manager.html. Zugegriffen: 31. Dez. 2014

Fiedler, R.: Controlling von Projekten, 5. Aufl. Vieweg & Teubner, Wiesbaden (2012)

Gemeinsamer Bundesausschuss: Ausgewählte Hauptdiagnosen und ihre 10 häufigsten Nebendiagnosen. http://www.gbe-bund.de/oowa921-install/servlet/oowa/aw92/dboowasys921. xwdevkit/xwd_init?gbe.isgbetol/xs_start_neu/&p_aid=i&p_aid=38244122&nummer=663&p_ sprache=D&p_indsp=-&p_aid=12512220. Zugegriffen: 2. Juli 2018

Graumann, M.: Controlling, 5. Aufl. NWB, Herne (2014)

Hax, A., Majluff, N.: Strategisches Management. Campus, Frankfurt a. M. (1988)

Hohmann, K.: Dynamische Vielfalt als Chance. Deutsche Bank Research, Frankfurt a. M. (2010)

Horváth, P.: „Konzeption"; Controlling – Entwicklung und Stand einer Konzeption zur Lösung der Adaptions- und Koordinationsprobleme der Führung. ZfB **48**(3), 195–205 (1978)

Horváth, P.: Controlling, 12. Aufl. Vahlen, München (2011)

Horváth, P., Gleich, R., Seiter, M.: Controlling, 13. Aufl. Vahlen, München (2015)

Kaplan, R.S., Norton, D.P.: The balanced scorecard. Harvard Business School Press, Boston (1996). ISBN 978-0875846514

Kraftfahrtbundesamt: Fahrzeugneuzulassungen FZ18. Kraftfahrtbundesamt, Flensburg (2018)

Littkemann, J., Derfuß, K., Holtrup, M. (Hrsg.): Unternehmenscontrolling, Praxishandbuch für den Mittelstand, 2. Aufl. NWB, Herne (2018)

Malik, F.: Die richtige Corporate Governance. Campus, Frankfurt a. M. (2008)

Olfert, K.: Projektmanagement, 8. Aufl. Kiehl, Herne (2012)

Olfert, K., Rahn, H.-J.: Einführung in die Betriebswirtschaftslehre, 11. Aufl. Kiehl, Herne (2013)

Patzak, G., Rattay, G.: Projektmanagement, 6. Aufl. Linde, Wien (2014)

Paul, J.: Einführung in die Allgemeine Betriebswirtschaftslehre. Gabler, Wiesbaden (2007)

Reichmann, T.: Controlling mit Kennzahlen, 8. Aufl. Vahlen, München (2011)

Schreckeneder, B.C.: Projektcontrolling, 3. Aufl. Haufe, Freiburg (2010)

Söllner, R.: Die wirtschaftliche Bedeutung kleiner und mittelständischer Unternehmen in Deutschland. DeStatis, Wiesbaden (2014)

Spraul, A., Oeser, J.: Controlling. Schäffer-Poeschel, Stuttgart (2004)

Statistisches Bundesamt: Fallpauschalenbezogene Krankenhausstatistik. DeStatis, Wiesbaden (2017)

Statistisches Bundesamt: Umsatz der Automobilindustrie in Deutschland in den Jahren 2005 bis 2017 (in Milliarden Euro). DeStatis, Wiesbaden (2018)

Statistisches Bundesamt: Unternehmen, Handwerk, Insolvenzen. https://www.destatis.de/DE/ZahlenFakten/Indikatoren/LangeReihen/Insolvenzen/lrins01.html. Zugegriffen: 2. Juli 2018

Statistisches Bundesamt: Unternehmensregister 2018. https://www.destatis.de/DE/ZahlenFakten/GesamtwirtschaftUmwelt/UnternehmenHandwerk/Unternehmensregister/Tabellen/BetriebeBeschaeftigtengroessenklassenWZ08.html. Zugegriffen: 2. Juli 2018

Wöhe, G.: Einführung in die Allgemeine Betriebswirtschaftslehre, 18. Aufl. Vahlen, München (1998)

Wöhe, G., Döring, U.: Einführung in die Allgemeine Betriebswirtschaftslehre, 24. Aufl. Vahlen, München (2010)

Wöhe, G., Döring, U., Brösel, H.: Einführung in die Allgemeine Betriebswirtschaftslehre, 26. Aufl. Vahlen, München (2016)

Ziegenbein, K.: Kompakt-Training Controlling. Kiehl, Ludwigshafen (2006)

Sachverzeichnis

© Springer Fachmedien Wiesbaden GmbH, ein Teil von Springer Nature 2019
B. Hubert, *Grundlagen des operativen und strategischen Controllings*,
https://doi.org/10.1007/978-3-658-23006-7

The manufacturer's authorised representative in the EU is Springer
Nature Customer Service Centre GmbH, Europaplatz 3, 69115 Heidelberg,
Germany. If you have any concerns regarding our products, please
contact ProductSafety@springernature.com

Printed and bound by CPI Group (UK) Ltd, Croydon, CR0 4YY
27/04/2026
02097655-0013